U0113358

本书系浙江省社科基金 " '一带一路' 设施联通的
效应分析及其保障机制研究 (18NDJC228YB)" 成果

# "一带一路"政策效应
# 及外贸形势分析

向永辉　著

中国财经出版传媒集团
经济科学出版社
Economic Science Press

图书在版编目（CIP）数据

"一带一路"政策效应及外贸形势分析／向永辉著.
—北京：经济科学出版社，2019.6
ISBN 978 – 7 – 5218 – 0461 – 4

Ⅰ.①—…　Ⅱ.①向…　Ⅲ.①"一带一路"－国际
合作－研究 ②对外贸易－贸易发展－经济发展趋势－
研究－中国　Ⅳ.①F125 ②F752

中国版本图书馆 CIP 数据核字（2019）第 071799 号

责任编辑：周胜婷
责任校对：隗立娜
责任印制：邱　天

"一带一路"政策效应及外贸形势分析
向永辉　著
经济科学出版社出版、发行　新华书店经销
社址：北京市海淀区阜成路甲 28 号　邮编：100142
总编部电话：010 – 88191217　发行部电话：010 – 88191522
网址：www. esp. com. cn
电子邮件：esp@ esp. com. cn
天猫网店：经济科学出版社旗舰店
网址：http：//jjkxcbs. tmall. com
北京密兴印刷有限公司印装
710×1000　16 开　16 印张　250000 字
2019 年 9 月第 1 版　2019 年 9 月第 1 次印刷
ISBN 978 – 7 – 5218 – 0461 – 4　定价：78. 00 元

# 前　言

2013 年秋习近平总书记提出"一带一路"倡议以来，应者云集，成就斐然。经过 5 年的实践，"一带一路"建设从理念、愿景转化为现实行动，取得了重大进展。5 年来的实践表明，共建"一带一路"顺应时代潮流和发展方向，国际认同日益增强，合作伙伴越来越多，影响力持续扩大。"一带一路"倡议承载了各国人民实现共同发展、共同繁荣的美好愿望，契合了应对世界经济风险和挑战的现实需要，展示了引领和建设开放型世界经济的战略视野，也展现了中国作为负责任大国的建设性作用。"一带一路"倡议广受欢迎的一个体现是：共建"一带一路"倡议及其核心理念写入了联合国等重要国际机制成果文件，截至 2018 年 8 月，已有 103 个国家和国际组织与中国签署了 118 份合作协议[①]；在 2017 年首届"一带一路"国际合作高峰论坛的 279 项成果中，265 项已完成或转为常态工作，14 项正在督办推进，落实率达 95%。"一带一路"倡议广受欢迎的另外表现是经贸合作成效显著。5 年来，中国同"一带一路"沿线国家贸易往来不断扩大，目前已成为 25 个沿线国家最大贸易伙伴，与 13 个沿线国家签署或升级了 5 个自贸协定，立足周边、覆盖"一带一路"、面向全球的高标准自由贸易网络正在加快形成；5 年来，中国同沿线国家贸易总额超过 5 万亿美元，年均增长 1.1%；5 年来，中国对沿线国家直接投资年均增长 7.2%，在沿线国家新签订对外承包工程合同额超过 5000 亿美元，年均增长 19.2%。同时，不断放宽外资准入领域，营造高标准的营

---

① 103 个国家和国际组织同中国签署"一带一路"合作协议。http：//www. cic. mofcom. gov. cn/article/economicandtrade/doubleinvestement/201809/403563. html.

1

商环境，吸引沿线国家来华投资；5 年来，中国企业在沿线国家（地区）建设境外经贸合作区共 82 个，累计投资 289 亿美元，入区企业 3995 家，上缴东道国税费累计 20.1 亿美元，为当地创造 24.4 万个就业岗位。

然而，我们还必须清醒地意识到，"一带一路"倡议提出以来取得的这些对外直接投资和进出口贸易的成就可能与"一带一路"倡议有关，也可能与倡议没关系。为什么这么说呢？因为中国对"一带一路"倡议沿线国的直接投资和贸易增长并不是从倡议提出之后才开始的，而是从 21 世纪初就开始了。因此，倡议提出前后中国对"一带一路"沿线国家直接投资和贸易的增长可能全部来自于中国对这些国家固有的增长趋势，当然也可能部分来自于固有趋势，另外部分来自"一带一路"倡议引发的新增长趋势。换言之，如果要想知道"一带一路"倡议是否真正促进直接投资和贸易，需要分离出倡议提出前后归属于中国对"一带一路"沿线国家直接投资或贸易固有趋势的增量部分。但问题在于，"一带一路"倡议提出后，我们无法观测到如果"一带一路"倡议不提出沿线国家相应的直接投资或贸易数据，也就无法直接得到沿线国家固有趋势的增量部分，这就是政策处理效应估计的数据缺失问题，其解决有赖于反事实估计。对于政策效应的反事实估计已经发展出较多行之有效的前沿计量方法，例如双重差分方法、得分倾向匹配、合成控制法等，可以得到"一带一路"倡议的政策效应的准确估计。我们尝试利用这些前沿方法，对"一带一路"倡议的政策效应进行谨慎而科学的评估，发现倡议确实存在比较正面的效应。

2018 年中美贸易摩擦带来巨大的不确定性，无人能确切预知贸易摩擦的烈度、持续时间、福利损失，以及现行以 WTO 为核心的贸易体制被废弃的可能性，从而引发各界强烈焦虑。对于中美贸易摩擦，已有多位学者从贸易摩擦的肇始、演变、定性及其应对策略（余永定，2018；雷达，2018；张幼文，2018；陈继勇，2018；张杰，2018）等方面给出了分析，从宏观层面提供了极具价值的建议。在本书作者的知识范围之内，尚未发现从微观产品层面作出的具体分析。如果将美国发起的对中国进口产品加征高额关税视为贸易保护政策，则必须清醒地认识到，该项政策并非是美国现任总统特朗普的心血来潮，其实施是有一定民意基础的。即使特朗普和习近平主席在阿根廷 G20

峰会上达成了暂时休战协议，双方在 90 天期限内继续谈判，但谈判是否能够完全成功，贸易摩擦是否继续甚至升级，仍具有非常大的不确定性。正是预判到贸易摩擦可能的长期性，高层提出要"稳外贸"。稳外贸其实就是稳出口，问题在于政府怎么帮扶出口企业才能有效稳定出口呢？具体而言，不同产品虽然被加征同等关税税率，但出口额萎缩程度大不一样，如果中国政府实施减税或补贴等各种帮扶，其力度是否需要因出口的产品、行业而异？为此，需要了解各产品以及行业因为加税导致的出口额萎缩度，以及哪些因素影响该出口额萎缩度，从而出台有效政策来稳定出口。出口额是出口产品离岸价与需求量的乘积，加税可能同时影响价格和数量。一般而言，出口企业为保住出口市场份额，加征关税时会选择降低不含关税在内的离岸价，导致包含关税的最终价格的增加幅度小于关税税率，好像吸收了部分关税，关税吸收弹性（绝对值）越大，离岸价下降越多，同时最终价格增加幅度越小；出口产品在目的国的需求弹性（绝对值）越大，则包含关税的最终价格增加导致的需求量下降幅度也越大。因此本书同时估计了美国的进口产品需求弹性和中国出口产品的关税吸收弹性，进而估计因为加征关税各产品的出口萎缩程度，再以此为依据制定差异化帮扶政策。

在中美贸易摩擦背景下，对"一带一路"区域的出口日益凸显其重要性。由于钢铁是中美贸易冲突的第一枪，而"一带一路"沿线国占据中国钢铁出口较大份额，而且中国与"一带一路"沿线国基础设施建设合作引发钢铁的长期需求，所以我们聚焦于钢铁行业以及"一带一路"。如果受制于诸多约束，人民币不能大幅度贬值，则美国对中国钢铁出口加税必然导致中国对美国出口额的萎缩，这些萎缩的出口额转移到哪里去？要回答该问题，需要弄清楚两种情况。一是中国需转移商品与竞争对手的竞争力比较，如果中国竞争力较强，无须过度担忧其转移问题；二是哪些国家或地区对中国需转移商品具有较大的贸易潜力，从而确定重点转移对象国或地区。为此，首先我们找到中国在"一带一路"地区钢铁出口的主要竞争对手，并比较中国与这些竞争对手在钢铁出口上的竞争优势；然后我们基于进口需求弹性估计"一带一路"国家钢铁进口的贸易潜力，找出比较有潜力的钢铁进口国；最后分析中国可以采取哪些措施来增强竞争优势和实现钢铁出口潜力，借此对冲中美贸易冲突的不利后果。

总之，本书结合"一带一路"和中美贸易摩擦，对当下非常重要和紧急的贸易和投资方面的热门话题给出了深入的思考和富有启发性的回答。本书主要面向的读者是对"一带一路"政策评估和"一带一路"贸易以及投资感兴趣的学术同行、专家和学者，以及出口企业或对外投资企业等相关人员。

非常感谢浙江省哲学社会科学规划课题"'一带一路'设施联通的效应分析及其保障机制研究（18NDJC228YB）"的资助；非常感谢浙江科技学院经济与管理学院院长黎东升教授和吕军书记对我的支持和关怀，让我没有后顾之忧；非常感谢宋承发老师对书稿认真负责地进行整理，节约了我大量的时间；非常感谢出版社编辑严谨细致的工作，指出了本书中的一些疏漏以及行文不通顺之处，提升了本书质量以及可读性；非常感谢课题组成员孙泽生教授、孟祺副教授、杭雷鸣副教授、莫家颖博士和王耀青博士对本书部分内容的评论，有效提升了本书的学术质量。

向永辉

2018 年 12 月

# 目　　录

# 第一章 "一带一路"渊源及其发展现状

## 第一节 "一带一路"倡议的进程、方案及其机制

### 一、"一带一路"倡议的发展进程

2013年9月，习近平主席出访哈萨克斯坦，在纳扎尔巴耶夫大学提出用创新的合作模式共同建设"丝绸之路经济带"。同年10月，习近平主席出访东盟，在印度尼西亚提出发展好海洋合作伙伴关系，共同建设"21世纪海上丝绸之路"。从此，"一带一路"的宏伟构想开始成为我国领导人处理邻国以及亚欧国家政治、经济关系的关键抓手。

2014年6月，在中阿合作论坛第六届部长级会议开幕式上，习近平主席提出"中阿共建'一带一路'，应该坚持共商、共建、共享原则"。9月，在印度世界事务委员会发表重要演讲时，习近平指出，"一带一路"倡议就是要以加强传统陆海丝绸之路沿线国家互联互通，实现经济共荣、贸易互补、民心相通，希望以"一带一路"为双翼，同南亚国家一道实现腾飞。

2015年3月28日举行的博鳌亚洲论坛开幕式上，习近平主席强调："一带一路"建设秉持的是共商、共建、共享原则，不是封闭的，而是开放包容的；不是中国一家的独奏，而是沿线国家的合唱。同一天，国家发改委、外交部、商务部联合发布了《推动共建丝绸之路经济带和21世纪海上丝绸之路的

愿景与行动》。自此，中国向世界正式发出"一带一路"倡议。

2016年，在推进"一带一路"建设工作座谈会上，习近平主席强调，要"坚持各国共商、共建、共享，遵循平等、追求互利"，牢牢把握重点方向，聚焦重点地区、重点国家、重点项目，抓住发展这个最大公约数，不仅造福中国人民，更造福沿线各国人民。

2017年5月，"一带一路"国际合作高峰论坛在北京举行，29个国家的元首和政府首脑，140多个国家、80多个国际组织的1600多名代表共赴盛会。在开幕式上，习近平主席用4年来"一带一路"取得的丰硕成果向世界表明，"一带一路"倡议顺应时代潮流，适应发展规律，符合各国人民利益，具有广阔前景，标志着共建"一带一路"倡议已经进入从理念到行动、从规划到实施的新阶段。国际合作高峰论坛还发表了联合公告，这代表了参会的各国和各个国际组织对"一带一路"合作理念的认可。2017年6月，国家发改委、国家海洋局联合发布《"一带一路"建设海上合作设想》，提出除海上既有通道建设外，要"积极推动共建经北冰洋连接欧洲的蓝色经济通道"。2017年9月11日，"一带一路"建设的"共商、共建、共享"的三共原则被纳入"联合国与全球经济治理"决议，标志着"一带一路"理念逐渐成为国际共识。

2018年中非合作论坛北京峰会上，习近平主席指出，中非早已结成休戚与共的命运共同体，并就"共筑更加紧密的中非命运共同体"提出新主张：携手打造责任共担、合作共赢、幸福共享、文化共兴、安全共筑、和谐共生的中非命运共同体，把"一带一路"建设成为和平之路、繁荣之路、开放之路、绿色之路、创新之路、文明之路。

2019年还将在中国召开第二届"一带一路"国际合作高峰论坛，可以预期将有更多的国家和地区响应"一带一路"倡议，加入"一带一路"的建设，构建新型的国际经贸合作关系，推动全球一体化的进程。

## 二、"一带一路"倡议的愿景和方案

根据《推动共建丝绸之路经济带和21世纪海上丝绸之路的愿景与行动》

以及党的十九大报告中涉及"一带一路"的文书内容,"一带一路"对所有国家或地区开放,并且欢迎国际和区域组织的参与。倡议遵循《联合国宪章》的宗旨和原则,坚持和平共处五项原则:互相尊重主权和领土完整、互不侵犯、互不干涉内政、平等互利以及和平共处,同时坚持市场机制和促进所有人的实际合作。因此,"一带一路"的精神实质是合作,是全球性的公共品。

在当前的全球政治经济体制下,存在因为利益分配不均等导致各国内部以及各国之间发展不均衡等问题,全球普遍出现"民粹主义"和"反全球化"的思潮,使现有的国际政治经济体制的基础出现了较大的裂缝,需要吸收新的理念进一步夯实根基。在这种背景下,中国提出的"一带一路"倡议并不是要推倒和重建现有国际体系,而是要对现有国际体系的一个有益补充,促进"和谐、和平与繁荣",并没有地缘政治的意图。

具体而言,"一带一路"倡议与以往的区域经济合作协议或者区域经济一体化的构想有所不同,中国政府希望在"一带一路"区域通过交通、通信等基础设施的建设来增进亚洲、欧洲和非洲大陆之间的连通性,达到贸易和投资在区域之间无缝流动,改善产品供应链,从而强化贸易畅通,刺激长期经济增长和发展,使所有有关国家受益。

根据中国政府提出的实施方案,"一带一路"旨在构建自东向西、陆上和海上延展的五条跨区域大通道连接亚洲、欧洲和非洲。其中,在丝绸之路经济带上有三条通道:中国经中亚、俄罗斯至欧洲(波罗的海);中国经中亚、西亚至波斯湾、地中海;中国至东南亚、南亚、印度洋。而在 21 世纪海上丝绸之路上有两条:从中国沿海港口过南海到印度洋,延伸至欧洲;从中国沿海港口过南海到南太平洋。这五大通道如果都能成功建设好,将连接亚洲、欧洲和非洲几十个国家。根据上述五个方向的大通道,"一带一路"建设的行动方案是依托国际交通要道,以沿线中心城市以及重点港口为节点,重点建设六条国际经济合作走廊,具体包括:从中国西部到俄罗斯西部的新欧亚大陆桥;从中国北部到俄罗斯东部的中蒙俄经济走廊;从中国西部到土耳其的中国—中亚—西亚经济走廊;从中国南部到新加坡的中国—中南半岛经济走廊;从中国西南部到巴基斯坦的中巴经济走廊;从中国南部到印度的孟中印缅经济走廊。

## 三、"一带一路"倡议背后的深层动机

"一带一路"并不是中国领导人灵机一动或心血来潮突然提出的想法或者决定。事实上，在倡议提出之前已经出现了许多与此相关的提案，以及在"一带一路"区域进行了较多的经济贸易合作活动。据中国商务部统计，从2005年以来中国对现今"一带一路"沿线国家的国际直接投资就开始快速增长，投资增长速度远超对其他区域的投资，而且中国对"一带一路"沿线国家的贸易也在稳步增长，已经占据了越来越大的市场份额。为了促进中国与这些国家的贸易和投资，中国政府在"一带一路"倡议提出之前已经与这些国家在贸易便利化，货币互换和投资方面达成了大量双边协议。而"一带一路"倡议想要做的是将这些不同的举措综合起来构架一个统一而全面的框架，进而建立一个宏伟的促进国际合作的基础。由于"一带一路"建设涉及的国家数量很多，涉及各种经济事务，因此需要中国从中央政府到各级地方政府、从国有企业到民营企业等各经济部门全方位的参与。同时，"一带一路"建设除了基础设施等的硬件建设之外，也还需要法律法规、各种产品服务标准、各种政策规划以及各种合作协议等软件建设的配套。当然，"一带一路"除了这些外部的经济贸易合作因素之外，也有中国自身的考量。

### （一）中国需要新一轮开放

"一带一路"倡议由不同的考虑因素驱动。经济上，从计划经济到市场经济标志着中国发展战略的转变。吸收外来投资是自1978年中国改革开放以来发展经济的一个重要的经济发展方式和行之有效的手段。经过四十年的努力，中国的资本积累已经足够，当前的经济发展战略一方面是"引进来"，继续吸引外来高质量外资，另一方面也开始鼓励"走出去"，激励中国自己的资本流向邻国。中国的对外投资有两种主要类型：一个是逆梯度投资，即中国向发达国家投资，目的是获得更先进的技术和更高端的品牌；另一个是顺梯度投资，即中国向一般的发展中国家投资，目的是接近当地的市场和自然资源等。但是对于前者，美欧等发达国家常常以国家安全等理由否决中国的并购等正

常投资行为。对于后者投资类型,中国受到的来自政治方面的干预相对较少。"一带一路"相当于中国政府为企业构建了一个比较大的平台,在这个平台上,中国企业的对外直接投资可以更顺畅地进行,更好地进行产业升级和业务重组,从而更好地融入全球经济。

而从国内战略角度看,由于中国东部沿海地区比较依赖于出口,2008年的全球金融危机引发世界贸易和外商直接投资的下滑对中国东部沿海地区造成较大影响,这使中国政府认识到经济过度依赖于东部沿海将危及中国经济稳定性,由此中国政府迫切需要发展西部地区,并带来新的经济增长动力。要实现这一点,就是通过"一带一路"倡议将中国西部与"一带一路"沿线国家联系起来,从而将西部地区变为新的前沿地区,进行全方位的开放。

### (二)中国需要经济再平衡

经过大规模基础建设投资和持续的出口高增长,中国现在已经成为世界第二大经济体。但是,现有的经济增长模式在取得巨大成就的同时,也导致了很多问题,包括资本投入边际回报率的日益降低、内需不足等,这使得基础建设的持续巨额投入变得不可持续。而由于人口红利趋于消失,导致中国的劳动力成本急剧上升,以及土地成本的高企,使得中国正在丧失其在劳动密集型产品中的比较优势,如服装、鞋类和电子产品组装等。这意味着中国的中低端制造业将出现萎缩,其在世界市场上所占份额也将有所下降,这给了比中国工资更低的发展中国家发展中低端制造业的机会。这些国家的中低端产品要么直接出口到美国或欧洲的最终消费市场,要么作为供应链的一部分出口到中国。正是经济大环境出现的这些变化,中国面临着产业转移、产业升级、产业重组的重大机遇。

为了继续保持强劲增长,对中国而言,重要的是要在内部和外部建立新的增长动力。发达国家的市场虽然巨大,但是竞争也非常激烈甚至残酷,对企业而言,其实是一片红海。发展中国家尽管现在市场相对较小,但是发展中国家人口更多而且人口结构相对年轻,潜在的消费能力巨大。如果发展中国家的经济能够保持持续增长,则未来值得期许和开拓的市场将位于亚非拉这些发展中国家。由于中国本身人口的快速老龄化,中国经济的高增长已经不再可能恢复到过去了,由此中国迫切需要找到新的机会和新的市场。比较多的发展中国家例如一些东南亚国家(如菲律宾)陷入了"中等收入陷阱"。"要想富,先修路",如果"一带一路"可以通过改善发展中国家相对落后的基础建设,帮助这些国家获得持续稳定的经济增长,突破"中等收入陷阱",将给中国的基础建设行业和制造业带来巨大的市场,也助力中国制造业向中高端升级,从而完成中国自身的经济转型和发展增长。

### (三)需要调整周边政策

在过去四十年中,为了服务对内经济改革和对外开放的大局,中国主要实施以经济为导向的周边政策,强调"外交工作为国内经济服务"。借助其不断增长的经济实力,中国希望通过利益让步和扩大经济合作加强与周边国家的稳定关系。经济导向的外围外交政策日益成功,中国与邻国之间的经济联系更为紧密。但仅靠经济合作不能自发地解决国家之间的安全等各种问题。在过去的几年里,中国与其邻国之间的整体实力发生了变化,中国相对变得更强大,由于历史原因中国与邻国或多或少存在领土领海等各种纠纷,这让邻国产生了不安全感,使得外围安全和战略环境变得更加复杂,影响了中国的经济导向的周边外交的效果。既然如此,中国需要改变以经济为导向的思考,更好地平衡和解决来自周边国家的经济和政治诉求。在这种政治经济背景下,"一带一路"创造了国际关系的一种新模式,其强调中国及周边国家通过建设基础设施连通性和促进区域经济核心竞争力来实现共同发展和共同繁荣。"一带一路"沿线国家中有大量的中国周边国家,中国提供了亚投行、丝绸之路基金和中国—东盟投资合作基金等区域性公共产品,加大对周边国家的基础建设投资,通过这些巨额投资使得中国的利益与周边国家更紧密地联系起来,这样有利于中国与周边国家建立相互信任,从而更有利于建立中国与邻国"亲诚惠容"的外交关系,为中国创造和平稳定的外部环境。

# 第二节 "一带一路"倡议与中华复兴

习近平总书记力推的"一带一路"倡议实施以来，进度和成果超过预期，不仅中国与"一带一路"国家间的贸易量大增，双边直接投资快速增长，民间交流也日益亲密。随着与"一带一路"配套的亚投行、新开发银行、丝路基金等多边金融结构的建立和完善，以及人民币国际化的稳步推进，一个新的、多极的、包容性的全球治理体系呼之欲出。这个以"一带一路"国家为主体构成的新型全球治理体系，对于中华民族伟大复兴将起到重大作用。

中华民族要实现伟大复兴，基础还是经济的持续发展和人均收入的持续增长。这需要将越来越多的国家纳入中国自己的全球分工体系，借助全球资源，来实现共同成长。一个孤立的、封闭的国家，即使再大，也无法实现经济持续发展。中华伟大复兴，需要一代又一代人齐心勠力的接力奋斗。"中国人民站起来了"的庄严宣告，昭示了中华伟大复兴的肇始。从1949年到1978年的三十年，我国建立了完整的工业体系，为后面中国制造业的大发展奠定了物质基础。改革开放是中华伟大复兴的重要节点和契机。改革开放后，外资大量进入，中国开始卷入全球分工体系。中国加入WTO后，更加深刻地融入了全球分工体系，无数的中国人都从这个体系中得到了好处，收入有了巨大的增加。毋庸置疑，在市场体制下通过贸易和分工加入全球经济体系，充分利用中国劳动力的比较优势，是中国经济发展的巨大推动力之一。然而，中国巨量的劳动力卷入全球分工，也产生了意想不到的后果，就是西方劳工工资的增长缓慢甚至下降。西方劳工工资增长停滞主要是因为其本身生产率增长缓慢，但面临中国劳动力的间接竞争也是一个事实。因为中国的贸易净出口实质上相当于间接出口中国价格低廉的劳动。最近二十年欧美下层民众乃至中产阶级收入停滞甚至下降，使得西方民众尤其是底层民众产生较强的抵触情绪，对全球化以及自由贸易等现有的全球治理体系产生了某种程度的反感。特朗普之所以出人意料地当选美国总统，正是利用了底层普遍的失落感，希望对现状有所改变。美国一些政界精英也觉得中国搭了现行国际贸易体制的"便车",获益最大,所以出台了跨太平洋伙伴关系协定(TPP)、跨大西洋贸易与投资伙伴协议(TTIP)等战略,希望能将中国排除在外。2018年,美国悍然发动对中国的贸易战,甚至希望废弃WTO,借以将中国排除在外。面对这种复杂局势,中国有必要从两方面加以应对:一方面不能自我封闭,自我设限,将自己主动排除在美国主导的分工体系之外;另一方面也需要以我为主,构建自己的全球化分工体系。"一带一路"加上中非命运共同体正是承载这个以中国为主的分工体系的最好载体。

我们预期,未来可能并存两种国际贸易投资体系,一个是美国等倡导的TTIP或者另外名字的类似贸易投资体系,在该体系中,贸易投资和劳工、环保、知识产权标准甚至人权等东西绑在一起,这个体系只有少数一些国家能够达标和进入。而另外一个,就是中国以"一带一路"、中非命运共同体为载体的国际贸易投资体系,该体系奉行的是真正的自由贸易,不会捆绑贸易以外的任何东西。这个体系,因为门槛低,必然吸引更多的国家加入,而且由于加入的发展中国家有更大的发展空间和潜力,可以预期有更快的发展速度。中国在这个体系中可以大有作为。现在非洲、中亚、东南亚等一些发展中国家比较贫穷,主要是因为这些国家还没有完成从传统的农业、资源依赖的产业向现代化的制造业转型。这个转型,其实就是经济结构变迁过程。在该过程当中,技术创新、产业升级、基础设施完善都需要巨额投资。而现在中国积累了大量资本,资本相对充裕。这样,"一带一路"沿线国家以及非洲国家与中国就有了对接的根本可能。同时,中国原来依靠劳动密集型加工业成为"世界工厂",现在随着工资上涨,也出现了日本在20世纪60年代、亚洲"四小龙"在20世纪80年代那样的产业转移的窗口机遇期。这也是中国和"一带一路"国家实现产业合作共赢的一个基础。而且由于中国巨大的人口规模,这个转移可以惠及相当多的"一带一路"沿线国家和非洲国家。某种意义上讲,这些国家就像是中国更广大的"西部"。这样,中国有可能成为发展中国家工业化和结构变迁的"领头羊"。在这个产业结构变迁中,通过一个开放的国际市场体系,各个国家利用比较优势,互通有无,将各自协调互补的产业结构发展起来。

在这个以"一带一路"、中非命运共同体为载体的全球治理体系中,将实现多赢。对于中国来说,劳动力成本上升和环境污染严重使得以往靠低廉的工资和破坏环境的经济发展道路难以为继,往后只能通过创新或产业升级来持续发展。但是,产业升级不是一年半载就升得了的,需要十年甚至更长的时间。在这个时间内,传统的产业怎么办?传统产业内的大量就业怎么办?所以,我们还是需要在"一带一路"沿线国家和非洲国家为传统产业找到市场,以更大的空间来换取创新和升级的时间。而对于"一带一路"沿线国家和非洲国家,得到中国大量资本和技术的帮助,建设和完善各种基础设施,承接中国的产业转移,可实现产业结构的变迁。如果在这个以"一带一路"、中非命运共同体为载体的全球治理体系中,通过经济上的互惠互利,未来10~15年中国顺利跨过"中等收入陷阱",跻身于发达国家,那么,这将是人类发展史上的最大奇迹。而且这也将给广大发展中国家树立伟大的榜样,带来巨大的希望,让他们看到一条行之有效真真切切的社会发展道路。"一花独放不是春,百花齐放春满园"的新发展思路,将使得中国真正成为发展中国家的领导力量。

所以,"一带一路"不仅是中华民族伟大复兴的机遇,也是"一带一路"沿线国家和非洲国家经济大发展的巨大契机。中国自己在走一条前无古人的发展道路,也在为广大发展中国家探索发展的康庄大道,功德无量,利在千秋。

# 第二章 政策效应评估的理论及工具

"一带一路"倡议是空前宏伟的构建,但再宏伟的计划也需落在实处。"一带一路"倡议对"一带一路"沿线国产生了哪些影响,需要进行谨慎的政策效应评估。

## 第一节 政策效应评估问题

如果将政策视为一个处理(treatment),则政策效应就是处理效应(treatment effects)。处理效应的相关文献,聚焦于科学或政策问题中,二元变量 $\omega$(称之为处理变量,或政策变量)对产出变量 $Y$ 的因果影响。正如"处理"这一词条暗含的含义,文献发现,它起源于医药试验评估,因此 $\omega$ 表示执行一种新药或外科手术,$Y$ 衡量了健康的结果——如存活或康复。

在处理效应术语和方法用于检测美国培训项目补贴的效应时,这个方法成为经济学家的关注点。从这个应用中,经济学家们认识到,简单的回归分析,虽然很有用,但是却不能尽数解决处理效应评估提出的问题。事实上,现在处理效应的方法已经遍布在经济学经验研究的各个领域,并且在政治经济学、劳动经济学、发展经济学和国际经济学等有了强劲的发展。

## 一、例子

围绕估计处理效应的问题,可以从一个政府为失业者实施补贴培训项目的例子开始。政府要求评估该项目在帮助失业者就业和获得更高工资方面的效果。因此希望检验的假设是，接受培训的人比那些不接受培训的人处境要好。

假设我们有工人的随机样本数据，其中一些人已经参与了培训。我们有所有工人的工资和培训数据。形式上，$Y$ 是收益（工资）的产出，$\omega = \{0, 1\}$ 是参与变量，也就是说，$\omega = 1$ 表示工人接受培训，0 则相反。定义 $Y_0$ 是不培训的产出，$Y_1$ 是培训的产出。我们计算样本的估计值：

$$E[Y_1 \mid \omega = 1] - E[Y_0 \mid \omega = 0]$$

也就是说，我们计算接受培训和不接受培训工人产业的两个平均值。如果按上式来计算，我们发现，两者之差是负的。这意味着接受培训的人工资更低些！难道接受培训反而减少了工资？到底怎么回事？我们怎么告诉政策制定者这个结果？

那么，一种可能是，接受培训的工人和那些不接受培训的工人，不是真实同类，不可比。他们可能在年龄、教育、工作经验和其他方面不相同。一种可能的解决方法就是，控制样本工人的教育、年龄、性别、种族等可以影响工资的属性。如果说，受教育的工人工资更高，参与培训的主要是未受教育的工人，那么，无条件平均差异 $E[Y_1 \mid \omega = 1] - E[Y_0 \mid \omega = 0]$ 应该是负的。

有两种方法可以控制可观察属性。一种方法是估计下面形式的回归：

$$Y_i = \delta + \alpha\omega_i + X_i\beta + u_i \tag{2.1}$$

这里 $X_i$ 是可观察属性向量。这个回归暗含了下面的假设：

$$Y_0 = \delta + X\beta + u$$
$$Y_1 = \delta + \alpha + X\beta + u$$

从这两式可以得到：

$$E[Y_1 \mid X, \omega = 1] - E[Y_0 \mid X, \omega = 0] = \alpha$$

系数 $\alpha$ 是处理效应的估计值。这是标准的计量经济学的处理方法：加入控制变量，可以减少遗漏变量带来的偏差。例如，有些控制变量既对产出有影响，也和接受培训相关。

另一种方法是限制对比个人的选择，也即，选取具有相同属性的个体作为对照。例如，假设参与培训的都是未受教育的。我们就可以简单对比未受教育的培训者与未接受培训者之间的工资差异，而不去考虑受教育的工人组。这种方法的优点是，我们不用做关于教育对产出影响的任何假设（如线性、函数形式）。这类估计法叫做匹配评估法。

现在假设我们控制可观测变量，我们还是发现：

$$E[Y_1 \,|\, X, \omega = 1] - E[Y_0 \,|\, x, \omega = 0] < 0$$

如果是这样，那么，我们应该怎样向政策制定者解释这个结果？他们应该取消该项目吗？

然而，不仅仅是这样，我们之前就说过，我们应该与对比者进行对比。这些接受培训的工人，可能是在第一阶段找工作很困难的个体，他们可能就有使他们就业能力更低的不可观测的因素，例如，他们技术不好，或者他们忘记了学校里学的技术。如果这是真的，那么方程（2.1）中的误差项就与培训的虚拟变量相关了：接受培训的个体如果没有培训，就应该具有更低的工资，因此在不培训的情况下，他们的工资本来就比不培训的个体（受教育个体）更低。如果相关性太强，会导致估计结果为负，用 $\alpha$ 标记。这个问题就是基于不可观测因素的选择问题：培训的个体是以一种不可观测的方式被"选择的"，同时这种方式与培训收益是相关的。

经济研究者马上想到的解决该问题的可能方法是：把 $\omega$ 作为工具变量来消除由于没有观察的选择影响导致的遗漏变量偏差。显然，只有我们能找到一个合适的工具变量，这个方法才是可行的。另一种可能的解决方法是通过 Mill 比率（Mill ration）方法直接修正选择偏差。这也需要工具变量。然而，找到一个合适的工具变量是非常困难的。

现在，我们对如何可信地估计处理效应的难度有了更深的了解，所以必须从一开始就预想到这些困难。如果政策制定者需要我们协助评估一个项目，最好进行随机试验。在一个随机试验里，参与是在个体间随机安排的，而且收集了参与者（treated）和未参与者（untreated）的相应产出的信息。接受参与的个体称为参与者；其他称为控制组。这样，通过构建随机试验，$\omega$ 和方程（2.1）的误差项就不相关了，随机化消除了基于不可观察因素的选择问题。

就算是随机试验，我们还是要小心解释结果。可以合理地预想，补贴培训项目可帮助缺乏培训的人，但是它应该对不需要培训的人不产生影响（意味着忽视了一般均衡影响）。这意味着随机试验的结果并不一定适用于其他组。这个思想即后面谈及的参与者的处理效应（treatment effect on the treated），意思是说，只考虑那些接受参与的个体组的处理效应。

这里还存在参与的自我选择问题，即尽管有资格参与却拒绝参与。这个问题可表述为"主动参与"问题或自我选择参与：政策制定者想要关注那些有资格但却拒绝参与的特定个体。这是我们要讨论的另一个问题。

## 二、符号

我们需要定义文献中的平均处理效应（average treatment effect，ATE）。在最简单的情况下，ATE 简单表示为：

$$ATE = E[Y_1 - Y_0]$$

如前所述，式中 $Y_1$、$Y_0$ 是参与和未参与的相应的产出变量，ATE 是所有涉及人群的参与平均收益。

文献也关注参与者的平均处理效应（average treatment effect on the treated，ATT），ATT 用下式表示：

$$ATT = E[Y_1 - Y_0 \mid \omega = 1]$$

这个表达式乍一看很无理，根据定义，$Y_0$ 是未参与的相应的产出变量。某个个体只能处于一个状态，要么参与要么不参与，如果该个体选择参与，则我们只能观察到在参与状态下相应的产出水平，而没办法观察到该参与者如果不参与的产出水平，也就是说，在 $\omega = 1$ 的前提条件下 $Y_0$ 不可能被观测到，这使得 ATT 无法直接计算出来。但是我们可以通过反事实（counter-factual）构造来得到 $Y_0$。ATT 是要求出参与者由于参与所多获得的产出。

为了说明 ATE 和 ATT 的区别，参考 20 世纪 90 年代后期墨西哥乡村引入的扶贫干预项目 Progressa，这个项目被许多拉丁美洲国家模仿。在 Progressa 项目里，乡村人口依据他们的收入和健康情况被划分为符合条件（注：穷人）和不符合条件的住户，符合条件住户获得有条件的财政补助，而不符合条件住户什么都没有得到。因此在每个村子不是每个人都参与。ATE 给出整个村子的平均处理效应——包括符合条件和不符合条件的住户。ATT 给出参与者——就是说穷人的平均处理效应。在这种情形下，我们预期 ATT > ATE。

这些定义可以扩展到允许以协变量为条件。比如说 $X$ 是协变量的向量，以 $X$ 为条件的 ATE 和 ATT 分别是：

$$ATE(X) = E[Y_1 - Y_0 \,|\, X]$$
$$ATT(X) = E[Y_1 - Y_0 \,|\, X, \omega = 1]$$

通过选择 $X$，我们可以定义样本的子集的处理效应，如女性或未受教育的人群。通过整合 $X$ 可以获得包含整个相关群体的 ATE 和 ATT。举个例子，如果 ATE(men) = a，ATE(women) = b，那么整个人群的 ATE 就是男性 ATE 和女性 ATE 的平均值。

如前提到的，估计 ATE 和 ATT 的困难在于我们不能观察到反事实：我们只能观察到同一个人的 $Y_1$，或者 $Y_0$，不能同时观察到两个。换言之，可观察到的结果就是：

$$Y = (1 - \omega)Y_0 + \omega Y_1 = Y_0 + \omega(Y_1 - Y_0) \tag{2.2}$$

那么我们怎么才能估计 ATE 和 ATT 呢？

第一种可能的方法就是 $\omega$ 和 $(Y_1, Y_0)$ 在统计上是独立的（注：通过随机实验）。不要搞混，这不表示 $\omega$ 和 $Y$ 是独立的，我们知道这也不可能发生。它的意思是：$Y_0$ 和 $Y_1$ 的分布不依赖于一个人是否接受参与。例如，如果参与是随机分布的，则可以确保独立性。

独立性意味着，接受参与的可能性和参与的收益是独立的。在这种情况下，可以得出，ATE = ATT，因为 $E[Y_1 - Y_0 \mid \omega = 1] = E[Y_1 - Y_0]$。而且 ATE 可以简化为：

$$E[Y \mid \omega = 1] = E[Y_1 \mid \omega = 1] \ [由方程（2.2）得到]$$
$$= E[Y_1]（由独立性得到）$$

同样的：

$$E[Y \mid \omega = 0] = E[Y_0 \mid \omega = 0]$$
$$= E[Y_0]$$

从而得到：

$$ATE = ATT = E[Y \mid \omega = 1] - E[Y \mid \omega = 0]$$

通过从参与者的平均产出减去未参与者的平均产出就可以得到平均处理效应。这表明，简单的随机试验可以简单地从均值之差获得无偏、一致和渐近的平均处理效应的估计。有时候这种方法被称为"差分"估计法，因为它取的是两个均值之差。

参与的随机化不是经常可以实现的。假设 $\omega$ 和 $Y_0$ 相互独立，则结果是差分估计法的 ATT，仍然是一致估计量。为了验证，我们这样写：

$$E[Y \mid \omega = 1] - E[Y \mid \omega = 0]$$
$$= E[Y_1 \mid \omega = 1] - E[Y_0 \mid \omega = 0]$$
$$= E[Y_1 \mid \omega = 1] - E[Y_0 \mid \omega = 0] + E[Y_0 \mid \omega = 1] - E[Y_0 \mid \omega = 1]$$
$$= E[Y_0 \mid \omega = 1] - E[Y_0 \mid \omega = 0] + E[Y_1 - Y_0 \mid \omega = 1] \tag{2.3}$$

现在如果 $\omega$ 和 $Y_0$ 是相互独立的，我们可以得到：

$$E[Y_0 \mid \omega] = E[Y_0] \tag{2.4}$$

将式（2.4）带入式（2.3），则式（2.3）最后等式后面三项中的前两项抵消了，最后得到的是 $E[Y_1 - Y_0 \mid \omega = 1]$，根据定义这正是 ATT。因此，差分之后的估计量正是 ATT。

不幸的是式（2.3）是一个强假设。如果个体可以决定是否参与，那些从参与中获利最多的人群会选择参与。这导致一个选择偏差，因为参与者比未

参与者期望的 $Y_0$ 更低。在就业培训项目中,例如,挣得极少的人群更有可能加入就业培训。许多处理效应文献关注于参与的选择偏差。

定义 $\mu_g = E[Y_g]$,这里 $g = \{0, 1\}$,$Y_0 = \mu_0 + v_0$,$Y_1 = \mu_1 + v_1$,那么:

$$Y_1 - Y_0 = ATE + (v_1 - v_0)$$

以条件 $\omega = 1$,有:

$$ATT = ATE + E[v_1 - v_0]$$

这里 $E[v_1 - v_0]$ 是特定个人从参与中的获益。如果 $Y_1 - Y_0$ 和 $\omega$ 不独立,那么 ATE 和 ATT 一般情况下是不等同的。幸运的是,通常我们可以在比 $\omega$ 与 $(Y_0, Y_1)$ 相互独立更弱的假设之下估计 ATE 和 ATT。

# 第二节 处理效应估计的前沿方法

处理效应估计属于因果推断的工作。进行因果推断的黄金标准就是使用随机控制实验的方法(randomized controlled experiment)。合理的随机控制实验能够保证实验组和控制组在各个方面都是相似相近的,则正像第一节所证明的,平均处理效应的计算将变得异常简单,我们只需要将控制组的平均结果减去处理组的平均结果即可获得平均处理效应。然而,在大部分情况下,由于金融、政治或道德的原因,又或者因为受益群体太小,随机实验仍然难以或基本不可能实施。例如,如果为了获得就读大学对于劳动力市场的因果影响而阻止某些潜在的学生去读大学,是不道德的;以及通过将最低工资进行随机分配来研究最低工资的因果效应在政治上是行不通的。正因为以上这些原因,随机实验在政策评估中还无法成为主流,尽管其具备理论上的种种优势,基于观测性数据和一些非随机分配政策事实的研究还是占了我们政策效应评估研究的大部分。但是,希望从观测性数据集中推断得到因果效应是极为困难和极具挑战性的。

为了更容易理解基于观测性数据进行政策评估研究的困难所在,可由最低工资的简单例子来说明。我们很容易得到各个地区的最低工资以及就业率等数据，我们想知道最低工资变动是否影响就业率。一个比较天真的做法是将具有较高最低工资的地区的平均就业水平与具有较低最低工资的地区的平均就业水平直接相减，以此来估计最低工资对就业的因果影响。如果就业率只有最低工资这个影响因素，这么做当然没有问题。但显然，还有许多其他因素也影响着就业率水平。例如，在具有更高生活成本、消费者价格弹性较小的地区，如果选择更高的最低工资标准，这些地区的企业可能通过提高商品价格把更高的工资成本转移给消费者来保持其生产和销售规模，这样就业率不见得有下降；相反，如果在生活成本低、消费者价格弹性较大的地区选择了较低的最低工资标准，就业率不见得会上升。正是因为这些较难被观察到的"混杂因素"提供了其他影响就业率的渠道，使得我们无法分离出最低工资变动对就业率的准确影响，也使得上述对就业率差异的简单比较无法提供对最低工资的因果影响的可信估计。

经济学研究人员发展出各种各样的策略来尝试进行观测数据的因果推断。这些策略通常被称为识别策略或经验策略（Angrist and Krueger, 1999）。自 20 世纪 90 年代初以来，潜在结果的方法，有时被称为鲁宾因果模型，作为分析因果问题的框架已经获得了广泛接受。在潜在结果方法中，每个个体都有不同级别的处理水平 $\omega$，而潜在结果 $Y_i(\omega)$ 则描述了该个体接受处理 $\omega$ 后的结果值。研究人员可以观察到给定个体接受的处理水平及该个体的相应结果，但由于我们没有办法同时观察到该给定个体如何接受其他处理水平的结果，所以我们永远无法直接观察进而直接测度因果效应，这是霍兰（Holland, 1986）所指的"因果推断的根本性难题"。因果效应的估计最终只能是基于不同单位与不同处理水平的比较。然而，除了处理水平 $\omega$ 和潜在结果 $Y_i(\omega)$ 之外，我们还可以观察到个体 $i$ 本身的一些特征，记为向量 $X$，也称为协变量。这样，总体可以由 $(Y_0, Y_1, \omega, X)$ 来表示。如果个体 $i$ 对于 $\omega$ 的选择完全取决于可观测到的 $X_i$，称为"依可测变量选择"（selection on observables），则即使没有合适的工具变量也可以找到估计处理效应的合适办法。这就是罗森鲍姆和鲁宾（Rosenbaum and Rubin, 1983a）引入的无混淆性假设（un-con-foundedness assumption）的用意所在：他们证明在无混淆性假设下可以利用具备相同的协变量的处理组和控制组之间的平均差异来估计处理效应，而且其效果等同于随机实验。但是，无混淆性假设是一个很强的假定，相当于已经包括了所有可能影响处理水平 $\omega$ 选择和潜在结果 $Y_i(\omega)$ 的相关变量，从而解决了遗漏变量偏误。只有在协变量 $X$ 相当丰富时，才可以认为无混淆性假设近似得到了满足。在无混淆条件下对于平均处理效应的估计有比较多的成熟方法，比如匹配和倾向得分匹配等（Imbens，2004；Abadie and Imbens，2006；Imbens and Rubin，2015；Heckman and Vytlacil 2007）。我们更多关注最近发展起来的一些前沿策略方法：断点回归设计（regression discontinuity design，RDD）、合成控制法（synthetic control method，SCM）和双重差分法（difference in difference，DID）。

### （一）断点回归设计

断点回归设计可以通过利用激励中的不连续性或接受离散处理的能力来估计因果效应。例如，学区边界可能意味着两个孩子的房子虽然在同一条街却可能会在不同的学校上学，或者截止出生日期的限制可能会决定在截止日期前后两天出生的孩子开始上幼儿园的资格。许多政府的资助或扶贫计划都经过经济情况调查，这意味着能否取得被资助的资格取决于收入是否低于阈值。在这些情况下，可以通过比较生活在边界两侧的儿童的结果，或通过比较资格阈值两侧的个人来估计学区房或政府资助计划的因果效应。

通常，断点回归设计的关键特征是存在外生变量，称为强制变量，如学生的生日或地址，其中参与程序的概率在强制变量的阈值（或断点）处不连续地变化。断点回归设计之所以奏效是因为接近阈值但在不同侧面的个体之间具备非常好的类似性或者可比性，相当于在断点这个局部进行了随机实验，因此在断点两侧的个体之间的平均结果的任何差异都可归因于处理。如果在断点处的条件处理概率的变动是从 0 到 1，我们将该设计称为"精确断点回归"（sharp regression discontinuity，SRD）。如果在断点处接受处理的概率的跳跃幅度小于 1，则称其为"模糊断点回归"（fuzzy regression discontinuity，FRD）。例如，高考成绩上线并不能完全保证上大学，因为能否上大学还取决于填报的志愿，甚至有些上线考生觉得考试成绩不够理想上不了理想的大学而选择再复读一年；另一方面，即使成绩没有上线，但也可能因为某种特长而得到加分，从而得到上大学的机会。这表明，分数线并不能完全决定上大学。

对于运用断点回归设计需要考虑四个关键问题。首先，是采用局部线性还是采用核回归方法。核回归方法通过对附近观测结果进行加权平均来预测某一点的平均结果，其中更接近的观察结果的权重更高。问题在于，当在边界附近应用这样的方法时，所有观察都位于边界的一侧，从而产生偏差估计（Porter，2003）。作为替代方案，波特提出局部线性回归，其涉及在断点的左侧和右侧分别估计强制变量的结果的线性回归，然后取断点处的预测值之间的差异。如果结果在边界附近系统地变化，则该方法的效果更佳，因为模型为此计算并且校正由于在边界处截断数据而产生的偏差。局部线性估计量明显具有比不考虑断点效应的非参数方法更好的有限样本性质，并且已成为经验文献中的标准做法。有关具体操作，可见哈恩、托德、范德克劳（Hahn，Todd and van der Klaauw，2001），波特（2003）以及卡洛尼科、卡塔内奥和蒂丢尼克（Calonico，Cattaneo and Titiunik，2014a）等文献。

在给定局部线性估计方法的情况下，进行断点回归分析的第二个关键因素是带宽的选择，即如何对附近以及较远的观察值选择权重。用于在非参数回归中选择最佳带宽的常规方法是寻找对于估计整个回归函数而言最佳的带宽，但是这里的兴趣仅在于特定点处的回归函数的值。目前的文献建议使用带宽值的估计量的渐近展开来选择局部线性回归的带宽（Imbens and Kaly-anaraman，2012；Calonico，Cattaneo and Titiunik，2014a）。

断点回归设计分析的第三个关键问题是如何评估将估计结果解释为因果效应所必需的假设的有效性。笔者建议进行补充分析以评估设计的可信度，特别是测试操纵强制变量的证据，以及测试断点处的平均协变量值的不连续性。断点回归设计的内部有效性非常强，但因为其效应评估是在断点这个非常有限的区域进行的，所以其外部有效性到底如何是存在疑问的。所以第四个关键问题是如何保障其外部有效性。笔者建议研究人员通过评估外推到其他亚群的可信度来研究断点回归设计的外部有效性（Bertanha and imbens, 2014；Angrist and Rokkanen, 2015；Angrist and Fernandez-Val, 2010；Dong and Lewbel, 2015）。

断点回归设计领域的一个有趣的新进展涉及对条件期望不连续性的推广，而不是水平上的不连续性。其基本思想是，在强制变量的断点处，结果函数的斜率（作为强制变量的函数）发生了变化，断点回归的新目标是估计在斜率上的这种变化。近 10 年来，一些文献中出现了关于这些回归扭结设计的讨论（Nielsen, Sorensen and Taber, 2010；Card, Lee, Pei and Weber, 2015；Dong, 2014）。例如，卡德等（Card, Lee, Pei and Weber, 2015）认为，分析的目标是估计失业救济金增加对失业持续时间的影响的因果效应，其中收入是强迫变量。该分析利用了这样一个事实，即在断点处，受益水平与强制变量之间的关系发生了变化。如果我们愿意假设在福利制度没有扭结的情况下，预期失业持续时间在滞后收入中会是平稳的，那么预期持续时间相对于滞后收入的变化就会为我们提供预期持续时间和政府福利计划之间因果关系的新信息。

### （二）合成控制法和双重差分法

自 20 世纪 90 年代初以来，由于可以很大程度上避免内生性问题的困扰以及逆向因果问题，同时又足够简单直观，双重差分方法成为政策评估的重要工具。双重差分方法通常在某些群体（如城市或地区）经历处理（如政策变更）时使用，而其他群体则不会。在这种情况下，选择哪些组进行处理不一定是随机的，并且在没有处理的情况下各组的结果不一定相同。在处理前后观察各组的变化。在其中进行因果推断的挑战是如何在没有处理的情况下对处理组的结果进行可靠的估计。如果没有发生处理，就需要估计处理组随时间的（反事实）变化。双重差分方法采用的假设是，我们可以通过观察控制组随时间的变化结果，对处理组在假如没有处理时会发生什么变化提供信息。在基本的双重差分方法设计中，需要两个或两个以上的组别，其中至少包含一个控制组和一个处理组，同时我们观测到所有组别两期或两期以上的数据，其中必须包含政策冲击之前和冲击之后。处理组和控制组在政策冲击之前的相减是为了调整两组政策冲击之前就已经存在的差异。在简单的双重差分方法设计中，这些调整是线性的：两组在政策冲击之后的结果变量均值之差减去两组在政策冲击之前的结果变量均值之差。在实际应用中，双重差分模型需要非常强的假设，即所谓的共同趋势（common trend，CT）假设，具体指在没有政策处理干扰下，控制组和处理组的结果变量需具有平行的发展趋势。

在运用双重差分分析时，必须进行稳健性检验，即必须证实所有效应确实是由政策实施所导致的。关于双重差分的稳健性检验，主要表现在两个方面：

一方面，共同趋势的检验。这个假设是比较难验证的，如果只有政策实施前后各一年的数据，则无法验证政策实施前的趋势问题。不过，如果是多年的面板数据，可以通过画图来检验共同趋势假设。

另一方面，即便处理组和控制组在政策实施之前的趋势相同，仍要担心是否同时发生了其他可能影响趋势变化的政策，也就是说，政策干预时点之后处理组和控制组趋势的变化，可能并不真正是由该政策导致的，而是同时期其他的政策导致的。这一问题可以概括为处理变量对产出变量作用机制的排他性，对此，可以进行如下的检验：

（1）安慰剂检验，即通过虚构处理组进行回归，具体可以：首先，选取政策实施之前的年份进行处理，比如原来的政策发生在2008年，研究区间为2007~2009年，这时可以将研究区间前移至2005~2007年，并假定政策实施年份为2006年，然后进行回归；然后，选取已知的并不受政策实施影响的群组作为处理组进行回归。如果不同虚构方式下的双重差分估计量的回归结果依然显著，说明原来的估计结果很有可能出现了偏误。

（2）可以利用不同的控制组进行回归，看研究结论是否依然一致。

（3）可以选取一个完全不受政策干预影响的因素作为被解释变量进行回归，如果双重差分估计量的回归结果依然显著，说明原来的估计结果很有可能出现了偏误。

双重差分方法的两个重要进展是合成控制法和非线性变化中的变化法（nonlinear changes-in-changes）。合成控制法（Abadie，Diamond and Hainmueller, 2010, 2014; Abadie and Gardeazabal, 2003) 可以说是过去 15 年来政策评估文献中最重要的创新。该方法建立在双重差分估计的基础上, 但系统地使用更具吸引力的比较方法。为了获得关于这些方法的一些直觉, 可以参考卡德的经典双重差分研究 (Card, 1990; Peri and Yasenov 2015)。卡德对低技能的古巴工人如何影响迈阿密劳动力市场, 特别是低技术工人的工资非常感兴趣。他将处理城市 (迈阿密) 的结果与对照城市的相应变化进行了比较。他考虑了各种可能的控制城市, 包括休斯敦、匹茨堡和亚特兰大。相反, 合成控制方法不像经典的双重差分方法那样使用单个控制单元或控制单元的简单平均值, 而是使用该组控制的加权平均值。换句话说, 不是在休斯敦、匹茨堡或亚特兰大之间做出选择, 或者在这些城市中采用简单的结果平均值, 合成控制法为三个城市中的每个城市选择权重, 以便加权平均值与迈阿密相比更为接近。该概念的简单性以及对标准方法的明显改进使其成为自成立以来短时间内广泛使用的方法。

合成控制方法的实施需要对权重进行特定选择。在最初的论文 (Abadie, Diamond and Hainmueller, 2010) 中使用了最小距离方法, 并结合了所得到权重非负的限制并且总和为 1。这种方法可以得到特别的权重组合。然而, 如果某个单元位于单元分布的极端, 则允许总和不同于 1 的权重或允许负的权重组合可以改善拟合。有学者探索了用于计算合成控制方法的适当权重的替代方法, 例如最佳子集回归、最小绝对收缩和选择算子 (the least absolute shrinkage and selection operator, LASSO) 和弹性网方法, 这些方法在潜在的控制单位数量较大时表现更好 (Doudchenko and Imbens, 2016)。

函数形式假设在双重差分方法中发挥重要作用。例如, 在只有两组和两个时期的极端情况下, 尚不清楚我们是否应该假设平均结果随时间变化的百分比在处理和控制中是相同的, 还是应该假设随时间变化的水平是相同的。一般而言, 处理可能会影响结果的均值和方差, 处理的影响也可能因人而异。

对于数据包括重复的个体横截面的情况 (即, 数据包括在两个不同时间段内关于每个组内的许多单元的个体观察, 但是个体不能跨时间段或可能来自不同的样本, 例如通过调查), 阿西和因本斯 (Athey and Imbens, 2006)

提出了双重差分模型的非线性版本。这种方法，可以称之为变化中的变化，可以不依赖于函数形式假设，同时仍然允许时间和处理的影响在个体之间系统地变化。例如，人们可以想象一种情况，即技能的回报随着时间的推移而增加，或者新的处理对于病情加重的人来说会带来更大的益处。出现的结果分布来自非线性差异模型，模型与政策含义直接相关，超出了处理本身的平均效应。可以选择该种方法作为传统方法的稳健性检验。

# 第三章 "一带一路"倡议对于中国与沿线国的政治关系的政策效应

## 第一节 中国与"一带一路"沿线国的双边政治关系现状

国家间的双边关系受双边政治、经济、文化、外交等各方面的相互影响，国家之间的关系使得双边经济活动进入特定的历史背景中，也可导致双边制度与文化的变迁，并且投资在制度路径依赖机制下可能持久地受制度影响。中国先后在"一带一路"沿线国家中投资形成中巴经济走廊、中孟印缅经济走廊、中蒙俄经济走廊，合作空间、辐射范围宽广。"一带一路"是由中国主导的，沿线国家互利共赢、共商、共建、共享的经济计划，目标是进一步促进中国与"一带一路"沿线国家建立政治互信和实现共同发展。

本章参照阎学通（2010）的方法，通过对 2000~2016 年在外交部网站和《人民日报》上的事件进行整合计算，测算了中国与"一带一路"沿线 40 个国家的 2005~2016 年国家间双边关系值。

根据我们的测算，发现 2005~2016 年中国与"一带一路"沿线国家的双边关系均在 [0, 9] 区间内，并且整体趋势越来越好。其中，中国与俄罗斯的国家间双边关系分值在此期间一直处于 7 以上，中俄两国间具有完善的高层定期会晤及其他级别的会晤机制，在核心利益问题上互相支持，在军事上进行了广泛的合作，经济上的合作逐步增加，国家间双边关系友好且表现稳定。从分值上看，其次为巴基斯坦和哈萨克斯坦两个国家。

中国已经与几十个国家建立了不同等级的伙伴关系，这些伙伴关系在功能上发挥着层次不同的作用。不同层次的伙伴关系的建立并不意味着不同国家对于中国具有重要与不重要的区别。本章中 40 个样本国家中有 38 个国家和中国建立了伙伴关系，其中巴基斯坦和俄罗斯分别在 2005 年和 2011 年和中国建立了全天候战略合作伙伴关系和全面战略协作伙伴关系，这种伙伴关系是真正意义上的全面合作的关系，不会受到价值观念和意识形态的干扰。从双边关系值也可以看出，中国与俄罗斯和巴基斯坦两个国家的双边关系处于友好水平。

东盟十国除了菲律宾外，其他 9 个国家与中国的国家间双边关系均在 2011 年具有明显的提升。中国与东南亚大多数国家都存在着同宗同源的关系。自中国提出"一带一路"重大倡议以来，通过动态变化的国家双边关系值来看，中国与东南亚国家的双边关系有很大提高。

"一带一路"沿线亚洲国家（不包括东南亚 11 国）中，巴基斯坦与哈萨克斯坦与中国的国家间双边关系处于友好阶段，中国与其他国家的双边关系均维持在普通至良好阶段并逐步增强。在整个分类中，亚洲 18 个"一带一路"沿线国家（不包括东南亚 11 国）中既包含了与中国在人口、经济和科技上不断进行博弈的大国印度，也包含了和中国建立了"全天候战略合作伙伴关系"的巴基斯坦。

## 第二节 "一带一路"倡议的政策效应分析

### 一、问题的提出

习近平总书记提出"一带一路"倡议以来，得到了海内外广泛关注。同时，与倡议相关的政治、经济、外交、文化等各项措施也在稳步推进，也得到了"一带一路"沿线国家的普遍友好回应。我们想知道的是，"一带一路"倡议作为统领全局的大政方针，它是否确实起到了指导外交路线的作用，导致了中国与沿线国家的双边政治亲密度的变化趋势跟中国与非沿线国家的相应趋势有着明显的不同？同时，我们还希望知道，即使同是"一带一路"沿线国，不同类型的国家与中国的政治亲密度对倡议的反应是否存在差异化？根据项目评估理论，沿线国在倡议提出之后为处理组，其他国家为对照组，比较处理组和对照组之间的差异，就可以估计倡议对于中国与沿线国之间政治亲密度的影响效应。一个直观的想法是利用双重差分法（difference in difference，DID）对比倡议提出之后沿线国与中国的双边政治亲密度的变化和其他国家与中国双边政治亲密度的变化，两者之间的差距就反映了倡议对于沿线国的政治亲密度的影响。但是，DID 方法在处理该问题时存在两个比较大的困难：一是参照组的选取具有一定的随意性，说服力不太强；二是"一带一路"倡议并非是一个心血来潮异想天开的构想，而是有其深刻的历史和现实的各种渊源，是内生的，沿线国与非沿线国之间存在系统性差别，可能正是这种差别使得中国在最开始时针对这些地区提出"一带一路"倡议，进而这些国家成为"一带一路"倡议沿线国。由于第二个困难即内生性问题，直接利用 DID 方法进行估计将得到有偏的结果。合成控制法（synthetic control method，SCM）比较好地解决了以上两个困难，因此我们采用该方法来进行倡议的政治亲密度的处理效应估计。同时，我们还选取了印度尼西亚、俄罗斯和印度三个代表性国家，分别进行了估计，得到了非常有趣的结论：在"一带一路"倡议提出之后，印度尼西亚和俄罗斯与中国的双边政治亲密度都有了明显提升，但是印度与中国的双边政治亲密度却几乎没有变化。

## 二、估计方法

对于政策或事件的真实效应，需要科学的方法。比较粗糙的方法是考察政策实施前后的时间序列，看所关心的结果如何变化。但此结果还可能受其原有变化趋势的影响，因此结果的变化可能仅仅是固有趋势而已，并非政策的真实效应；或者其他同时发生的混淆性事件（confounder）也可能带来结果的变化。为此，常使用"鲁宾的反事实框架"（Rubin's counterfactual framework），即假想该地区如未受政策干预将会怎样，并与事实上受到干预的实际数据进行对比,二者之差即为"处理效应"(treatment effect)。困难之处在于,我们无法观测到"该地区如未受政策干预将会怎样"(反事实)。

常用解决方法是,寻找适当的控制组,即在各方面都与受干预地区相似却未受干预的其他地区,以作为处理组的反事实替身。但通常不易找到最理想的在各方面都接近于处理地区控制地区。比如,要考察仅在北京实施的某政策效果,自然会想到以上海作为控制地区;但上海毕竟与北京不完全相同。或可用其他一线城市(上海、广州、深圳)构成北京的控制组,比较上海、广州、深圳与北京在政策实施前后的差别,此方法也称"比较案例研究"。但如何选择控制组通常存在主观随意性,而上海、广州、深圳与北京的相似度也不尽相同。为此,阿瓦迭和加德亚萨瓦尔(Abadie and Gardeazabal,2003)提出"合成控制法"。其基本思想是,虽然无法找到北京的最佳控制地区,但通常可对中国的若干大城市进行适当的线性组合,以构造一个更为优秀的"合成控制地区",并将"真实北京"与"合成北京"进行对比,故名"合成控制法"。合成控制法的一大优势是,可以根据数据来选择线性组合的最优权重,避免了研究者主观选择控制组的随意性。

参照阿瓦迭和加德亚萨瓦尔(2003),我们的分析框架如下。

假设我们观察到了 $J+1$ 个国家与中国的双边政治亲密度,其中第一个国家(即我们选取的印度尼西亚、俄罗斯和印度中的一个)在时间 $T_0$ 受到了"一带一路"倡议的影响,其余 $J$ 个非沿线国为对照组。记 $PI_{it}$ 为国家 $i$ 在第 $t$ 期实际观测到的结果变量(即国家 $i$ 与中国的双边政治亲密度),其中 $i=1,\cdots,J+1$,而 $t=1,\cdots,T$。记 $PI_{it}^N$ 为国家 $i$ 在第 $t$ 期如果未受"一带一路"倡议影响的结果变量(上标 $N$ 表示未受影响)。记 $T_0$ 为倡议开始之前的时期数,且 $1 \leq T_0 < T$。如果国家 $i$ 在第 $(T_0+1)$ 至第 $T$ 期持续地受到倡议影响,则记 $PI_{it}^I$ 为国家 $i$ 在第 $t$ 期的结果变量(上标 $I$ 表示 Intervention)。假设倡议在提出之前对于结果变量没有影响,即对于所有 $i$ 以及 $t \leq T_0$,都有 $PI_{it}=PI_{it}^N=PI_{it}^I$。这样设定之后,"一带一路"倡议对于中国与相应沿线国之间的双边政治亲密度的处理效应可以表示为:

$$\alpha_{1t} \equiv PI_{it}^I - PI_{it}^N = PI_{it} - PI_{it}^N \tag{3.1}$$

在式（3.1）中，$PI_{it}^N$ 是未知的，需要估计，我们可以通过设定一个因子模型来估计 $PI_{it}^N$：

$$PI_{it}^N = \delta_t + \theta_t Z_i + \lambda_t u_i + \varepsilon_{it} \tag{3.2}$$

其中，式（3.2）右边第一项 $\delta_t$ 为时间固定效应；第二项中的 $Z_i$ 为可观测的向量（不受"一带一路"倡议的影响，也不随时间变化，比如可以取倡议提出之前的预测变量的平均值），$Z_i$ 对于 $PI_{it}^N$ 的作用可能随时间变化而变化，所以第二项中 $Z_i$ 的系数 $\theta_t$ 是带时间下标的；第三项为不可观测的"互动固定效应"，即个体固定效应 $u_i$ 与时间固定效应 $\lambda_t$ 的乘积（Bai, 2009）；第四项 $\varepsilon_{it}$ 为随机扰动项。根据"因子分析"的术语，我们可将第三项中不可观测的 $\lambda_t$ 称为"共同因子"，可理解为不同国家或地区所面临的共同冲击；而各国家或地区对于共同冲击 $\lambda_t$ 的反应并不相同，所以用带有地区下标的 $u_i$ 来表示，称为"因子载荷"。如果 $\lambda_t$ 是一维且为常数，则式（3.2）简化为"双向固定效应模型"，包含个体固定效应 $u_i$ 与时间固定效应 $\delta_t$。由此看来，式（3.2）可视为双向固定效应模型的推广，允许不同个体对于共同冲击的异质性反应（heterogeneous impacts），因而更具一般性。

为了能将 $PI_{it}^N$ 合理估计出来，参照阿瓦迭和加德亚萨瓦尔（2003），解决思路是通过对控制组的加权来模拟处理组的特征。记构造合成控制的权重向量为：

$$W \equiv (w_2 \cdots w_{J+1})' \tag{3.3}$$

其中，$w_2$ 表示第 2 个国家在合成控制所占的权重，以此类推；所有权重皆为非负，且权重之和为 1。对于任意给定的 $W$，可将合成控制地区的结果变量写为：

$$\sum_{j=2}^{J+1} w_j PI_{jt} = \delta_t + \theta_t \sum_{j=2}^{J+1} w_j Z_j + \lambda_t \sum_{j=2}^{J+1} w_j u_j + \sum_{j=2}^{J+1} w_j \varepsilon_{jt} \tag{3.4}$$

用式（3.2）减去式（3.4）可得：

$$PI_{it}^N - \sum_{j=2}^{J+1} w_j PI_{jt} = \delta_t \left( Z_1 - \sum_{j=2}^{J+1} w_j Z_j \right) + \lambda_t \left( u_1 - \sum_{j=2}^{J+1} w_j u_j \right) + \sum_{j=2}^{J+1} w_j (\varepsilon_{1t} - \varepsilon_{jt}) \tag{3.5}$$

如果能找到一个 $W$，使得式（3.5）右边的第一项和第二项均为 0，则式（3.5）左边的期望为 0，这样合成控制就是 $PI_{1t}^N$ 的无偏估计。但由于式（3.5）中第二项的 $u_i$ 是不可观测的，故不可行。然而，阿瓦迭等（2010）证明，如果能找到 $W$，使得：

$$Z_1 \approx \sum_{j=2}^{J+1} w_j Z_j，而且 PI_{1t} \approx \sum_{j=2}^{J+1} w_j y_{jt}（1 \leqslant t \leqslant T_0）$$

则 $u_1 \approx \sum_{j=2}^{J+1} w_j u_j$。

即根据可观测的经济特征与干预前结果变量所选择的合成控制 $W$，也会使得合成控制的不可观测特征接近于处理地区。如果我们能够找到这样一个合成控制向量 $W^*$，能够很好地复制处理地区的经济特征与干预前的结果变量，则可定义如下合成控制估计量（synthetic control estimator）：

$$\hat{\alpha}_{1t} \equiv PI_{1t} - \sum_{j=2}^{J+1} w_j^* PI_{jt}（t = T_0 + 1, \cdots, T） \tag{3.6}$$

合成控制法虽然仅提出十多年，但近来其应用日益广泛[1]。比如，使用跨国数据研究经济自由化（economic liberalization）的增长效应（Billmeier and Nannicini, 2013）；博恩（Bohn et al., 2014）研究美国亚利桑那州"合法亚利桑那工人法"（legal arizona workers act）对该州非法移民的影响；王贤彬、聂海峰（2010）研究行政区划调整（设立重庆直辖市）的经济效应；刘甲炎、范子英（2013）研究重庆房产税试点对房价的作用；苏治、胡迪（2015）使用跨国数据研究通货膨胀目标制（inflation targeting）对通胀率的影响；王利辉、刘志红（2017）研究上海自贸区对于上海的经济影响效应。

## 三、实证结果与分析

### （一）数据、变量的定义及来源

由于合成控制法是利用对照组国家来拟合一个处理组的反事实状态，通过

---

[1] 阿瓦迭等（Abadie et al., 2010）开发了可应用于 stata 的命令 synth 来做合成控制法分析。

处理组和对照组的一些性质进行匹配，该方法要求处理组可以通过对照组加权估计。哈萨克斯坦在与中国的政治亲密度中基本处于第一位置，无法通过其他国家进行加权平均；不过，幸运的是印度尼西亚、俄罗斯和印度等国家符合本方法的要求。

本书使用的数据为 2006~2015 年 193 个国家的平衡面板数据①。我们的目标是用其他国家的加权平均来模拟没有响应"一带一路"倡议的印度尼西亚、俄罗斯和印度这三个主要国家的潜在政治亲密度，然后与真实的这三个国家的政治亲密度进行对比，来估计"一带一路"倡议是否促进了中国与这三个国家的政治亲密度。根据合成控制法的思想，我们选择权重时要使得在"一带一路"倡议提出前"合成印度尼西亚""合成俄罗斯""合成印度"决定双边政治亲密度的因素和印度尼西亚、俄罗斯和印度尽可能地一致。本书的被解释变量是中国与相关国家的双边政治亲密度。我们曾经考虑过使用清华大学当代国际关系研究院的中外关系数据库的中国与大国的双边关系指数来测度中国与相关国家的双边政治亲密度。这一数据库包括了 1950~2016 年中国与几个国家关系的月度指标，指标取值在 -9~9 之间，代表了关系从最敌对的程度到最友好的程度。指标的构建基于《人民日报》、外交部网站等来源的新闻报道，采用人工对相关政治事件进行分类，并按照预先设计的事件赋值标准表对每一事件进行赋分，之后将每个月发生事件的分值按一定公式进行加总和累加而得（详见阎学通等，2010）。因此，该指标综合了不同类型的政治事件，如访问、会议、表态、条约协议、军事行动或摩擦、游行示威等。该数据库建立之初包含中国与世界 7 个主要大国的关系，即美国、英国、法国、德国、俄罗斯、印度、日本（阎学通等，2010），后又陆续增加与其他国家关系的衡量，包括澳大利亚、巴西、韩国、印度尼西亚、越南、巴基斯坦。虽然里面包含了我们需要的印度尼西亚、俄罗斯和印度三个国家，然而根据合成控制法，我们还需要其他控制组的政治亲密度的相关数据，所以我们根据外交部网站公布的中国与其他国家的双边关系的文本，进行赋值，构建了

---

① 国家的相关数据来自于 WDI 数据库，但是删除了一些与中国没有外交关系以及一些人口极少面积极小的微型国家或地区，共得到 193 个国家和地区。

某国与中国的政治亲密度的变量测度。具体而言，参照郭烨和许陈生（2016），其赋值标准为某一年度的正国级领导人出访得分为3，副国级出访得分为2，正部级为1，所有得分相加就得到中国与东道国间政治亲密度的测度。

我们选择的预测控制变量包括市场潜力（lngdp，GDP 的对数）、资源禀赋（resource，石油和矿产品出口占总出口比重）、经济亲密度（lnimpexp，双边贸易总额的对数）、政治稳定性（ps，全球治理指数 WGI 中的政治稳定性指数）以及法治程度（rl，全球治理指数 WGI 中的法治指数）、地理距离（lndist，两国首都地理距离的对数）、是否地理相邻（contig）、是否在转型前具有相同意识形态（comleg）等。充分利用国内外各种资源搞好经济建设是最大的政治，外交是政治的一部分。对于中国的经济建设而言，具有较大的市场潜力的、较丰富的自然资源禀赋的国家相对比较重要，而与之有较大贸易来往的国家比较重要，与中国相邻相近的国家的周边安全对于保证中国经济建设的平稳进行也很重要，在转型前具有相同意识形态的国家往往有传统友谊在内，需要外交的维系。而一个国家的政治稳定与法治程度，也关乎中国与其进行贸易投资的风险。另外，我们将包括印度尼西亚、俄罗斯、印度在内的64 个国家作为"一带一路"沿线国，赋值为1，其他国家赋值为0。变量的定义及来源如表3.1所示。

表 3.1　　　　　　　　　变量的定义及数据来源

| 变量 | 定义 | 数据来源 |
| --- | --- | --- |
| pi | 某国与中国的政治亲密度 | 根据中国外交部网站整理 |
| lngdp | 某国 GDP 的对数 | WDI 数据库 |
| resource | 某国自然资源禀赋（石油和矿产品出口占总出口比重） | WDI 数据库 |
| lnimpexp | 沿线国与中国双边贸易总额的对数 | UNCOMTRADE 数据库 |
| comleg | 是否在转型前与中国具有相同意识形态 | CEPII 数据库 |
| ps | 政治稳定性指数 | WGI 数据库 |
| rl | 法治指数 | WGI 数据库 |
| contig | 是否与中国地理相邻 | CEPII 数据库 |
| lndist | 东道国首都到北京距离（千公里）对数 | CEPII 数据库 |

资料来源：作者自行整理。

## （二）"一带一路"倡议对于中国与沿线国双边政治亲密度的影响的实证结果

通过合成控制法的计算，表3.2、表3.3和表3.4分别展示了构成"合成印度尼西亚""合成俄罗斯""合成印度"的权重组合。其中"合成印度尼西亚"的权重最大的国家是安哥拉，"合成俄罗斯"的权重最大的国家是美国，"合成印度"的权重最大的国家是尼日利亚。表3.5、表3.6和表3.7分别给出了在"一带一路"倡议提出之前真实国家和合成国家的一些重要经济变量的对比，我们可以看到：总体而言，真实国家与其合成国家之间各种经济变量更为接近。但我们也看到，相比其他非沿线国家而言，三个"一带一路"沿线国家的政治稳定性指数相比起合成国家普遍偏小，也就是说，其政治不稳定性普遍偏大。从图3.1、图3.2和图3.3也可看出，在"一带一路"倡议提出之前，真实国家和合成国家与中国的双边政治亲密度非常接近，这说明合成控制法比较好地拟合了三个国家在"一带一路"倡议提出之前的特征，非常好地预测了政治亲密度，因而可以利用该方法比较好地估计"一带一路"倡议对于双边政治亲密度的效应。

表3.2　　　　　　　　　　"合成印度尼西亚"的国家权重

| 国家 | 安哥拉 | 韩国 | 墨西哥 | 索马里 |
|---|---|---|---|---|
| 权重 | 0.68 | 0.291 | 0.013 | 0.015 |

资料来源：作者自行计算。

表3.3　　　　　　　　　　"合成俄罗斯"的国家权重

| 国家 | 朝鲜 | 尼日利亚 | 美国 |
|---|---|---|---|
| 权重 | 0.248 | 0.151 | 0.601 |

资料来源：作者自行计算。

表3.4　　　　　　　　　　"合成印度"的国家权重

| 国家 | 日本 | 朝鲜 | 韩国 | 墨西哥 | 尼日利亚 | 美国 |
|---|---|---|---|---|---|---|
| 权重 | 0.241 | 0.068 | 0.017 | 0.103 | 0.386 | 0.185 |

资料来源：作者自行计算。

**表 3.5** 预测变量的拟合与对比——印度尼西亚

| 变量 | 印度尼西亚 | "合成印度尼西亚" | 非沿线国家 |
|---|---|---|---|
| $\ln gdp$ | 8.60162 | 7.289083 | 5.15556 |
| $resource$ | 0.3723351 | 0.372361 | 0.2180143 |
| $\ln impexp$ | 5.782774 | 5.776434 | 1.442614 |
| $\ln dist$ | 1.652666 | 1.727828 | 2.300739 |
| $contig$ | 0 | 0 | 0.0077519 |
| $comleg$ | 0 | 0 | 0.0155039 |
| $ps$ | −1.01625 | −0.26714 | 0.0420155 |
| $rl$ | −0.6675 | −0.6648875 | 0.0062016 |

资料来源：作者自行计算。

**表 3.6** 预测变量的拟合与对比——俄罗斯

| 变量 | 俄罗斯 | "合成俄罗斯" | 非沿线国家 |
|---|---|---|---|
| $\ln gdp$ | 9.534945 | 9.533108 | 5.15556 |
| $resource$ | 0.6978983 | 0.1942431 | 0.2180143 |
| $\ln impexp$ | 6.218044 | 6.320124 | 1.442614 |
| $\ln dist$ | 1.757002 | 1.756739 | 2.300739 |
| $contig$ | 1 | 0.248 | 0.0077519 |
| $comleg$ | 1 | 0.248 | 0.0155039 |
| $ps$ | −0.9325 | −0.0363675 | 0.0420155 |
| $rl$ | −0.8525 | 0.4835613 | 0.0062016 |

资料来源：作者自行计算。

**表 3.7** 预测变量的拟合与对比——印度

| 变量 | 印度 | "合成印度" | 非沿线国家 |
|---|---|---|---|
| $\ln gdp$ | 9.48883 | 9.233082 | 5.15556 |
| $resource$ | 0.208499 | 0.4045542 | 0.2180143 |
| $\ln impexp$ | 6.06983 | 5.858705 | 1.442614 |
| $\ln dist$ | 1.331049 | 1.808441 | 2.300739 |
| $contig$ | 1 | 0.068 | 0.0077519 |
| $comleg$ | 1 | 0.068 | 0.0155039 |
| $ps$ | −1.17625 | −0.5131137 | 0.0420155 |
| $rl$ | 0.04 | 0.0393138 | 0.0062016 |

资料来源：作者自行计算。

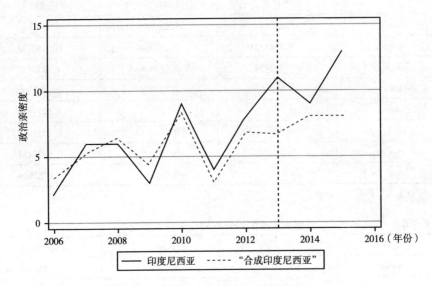

**图 3.1　真实的和合成的印度尼西亚与中国的双边政治亲密度**

资料来源：作者自行计算。

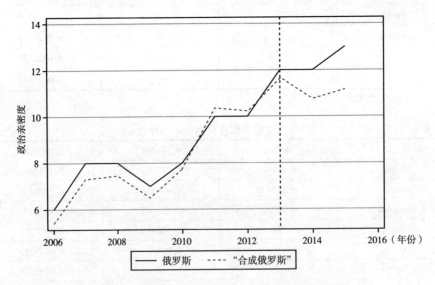

**图 3.2　真实的和合成的俄罗斯与中国的双边政治亲密度**

资料来源：作者自行计算。

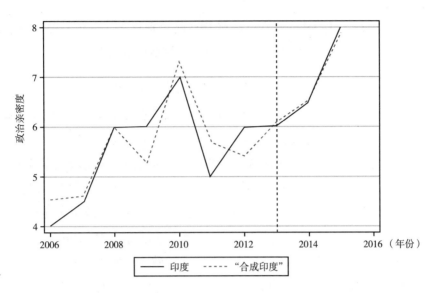

**图 3.3　真实的和合成的印度与中国的双边政治亲密度**

资料来源：作者自行计算。

　　从图 3.1、图 3.2 和图 3.3 可以得到非常有趣的发现：在"一带一路"倡议提出之后，印度尼西亚和俄罗斯与中国的双边政治亲密度都有了明显提升，但是印度与中国的双边政治亲密度却几乎没有变化。这与 2017 年中国召开"一带一路"国际合作高峰论坛印度没有派出国家元首出席以及 2017 年"中印边境对峙"事件，可以相互对照。这也表明由于中国和东盟之间紧密的经贸关系，作为东盟的领袖国家，印度尼西亚对于中国提出的"一带一路"倡议政治上还是欢迎的；俄罗斯虽然也在力推欧亚经济联盟，但是中国的"一带一路"倡议与其并无根本冲突，所以俄罗斯对于"一带一路"倡议并不抵触；针对中国的"一带一路"倡议，印度也提出了"季风计划"（或称"香料之路"），意图打造以印度为中心的环印度洋政治经济平台。因此，印度虽然参加了中国的海上丝绸之路，但从未明确表态支持。

**（三）稳健性检验**

1. 稳健性检验一：DID 方法与合成控制法的对比

合成控制法相对于 DID 更有效，是因为前者在选取参照组时更加科学，为了证实这种科学性，我们在本节按照 DID 的识别估计"一带一路"倡议的影响，并将之与合成控制法的结果进行对比。模型设定如下：

$$PI_{it} = \beta_0 + \beta_1 BR_i \times Period_t + \beta_2 \ln X_{it} + \gamma_i + \delta_t + \varepsilon_{it}$$

其中，$PI_{it}$ 为中国与国家 $i$ 年度 $t$ 的双边政治亲密度；$BR_i$ 表示国家 $i$ 是否属于"一带一路"沿线国，如是为 1，否则为 0，用以控制分组效应；$Period_t$ 在倡议提出之后年份取 1，之前取 0；$BR_i \times Period_t$ 是 $BR_i$ 与 $Period_t$ 的交互项；$X_{it}$ 表示来自于国家 $i$ 影响双边政治亲密度的控制变量，包括市场潜力（$\ln gdp$）、资源禀赋（$resource$）、经济亲密度（$\ln impexp$）、政治稳定性（$ps$）以及法治程度（$rl$）等变量；$\gamma_i$ 和 $\delta_t$ 分别控制个体和时间的固定效应；$\varepsilon_{it}$ 是随机扰动项。这些变量的定义及其来源与表 3.1 一致。

从表 3.8 可以看出，如果将"一带一路"沿线国视为一个整体，平均而言，"一带一路"倡议使得与中国的双边政治亲密度上升了，而其中印度尼西亚上升较大，俄罗斯次之，印度有所提升，但统计上不显著。DID 的估计结果与合成控制法的估计结果的符号一致，且显著程度也非常一致，进一步说明我们采用合成控制法的稳健性。

表 3.8　"一带一路"倡议对双边政治亲密度的效应——DID 方法

| 变量 | "一带一路"沿线国 | 印度尼西亚 | 俄罗斯 | 印度 |
|---|---|---|---|---|
| $br \times period$ | 0.923 ***<br>(0.238) | 4.165 ***<br>(1.443) | 3.261 **<br>(1.431) | 1.183<br>(1.429) |
| $\ln gdp$ | 0.196<br>(0.303) | 0.201<br>(0.351) | 0.233<br>(0.350) | 0.272<br>(0.350) |
| $resource$ | 0.574<br>(0.686) | 0.293<br>(0.725) | 0.287<br>(0.721) | 0.283<br>(0.719) |
| $\ln impexp$ | 0.304 ***<br>(0.0863) | 0.297 ***<br>(0.0916) | 0.299 ***<br>(0.0912) | 0.303 ***<br>(0.0910) |
| $ps$ | 0.449 **<br>(0.188) | 0.133<br>(0.226) | 0.0819<br>(0.225) | 0.0805<br>(0.225) |
| $rl$ | 0.815 **<br>(0.362) | 0.212<br>(0.411) | 0.221<br>(0.408) | 0.192<br>(0.407) |
| $year\ Dummy$ | Yes | Yes | Yes | Yes |

续表

| 变量 | "一带一路"沿线国 | 印度尼西亚 | 俄罗斯 | 印度 |
|------|------|------|------|------|
| $R^2$ | 0.137 | 0.096 | 0.091 | 0.087 |
| *Observations* | 1930 | 1300 | 1300 | 1300 |

注：括号中数值为标准差，***、**分别代表在1%、5%的水平上显著。

资料来源：作者自行计算。

### 2. 稳健性检验二：安慰剂检验

由于合成控制法利用宏观数据估计政策效应，避免了因微观数据估计宏观效果引起的不确定性，但无法确定构造的合成控制组是否能够很好拟合处理组的潜在变化路径，即"反事实"状态，故估计参数仍存在一定程度的不确定性。为检验实证结果是否稳健，对其他地区进行安慰剂试验，并判断是否还有其他地区会出现与处理组一样的特征。思路如下：对控制组的某一国家，假设该国家也属于"一带一路"沿线国，利用合成控制法构造其合成样本，估计该国与合成样本之间的政治亲密度差距，若所得结果与处理组类似，则表明合成控制法没有提供有力的证据说明"一带一路"倡议对沿线国家的双边政治亲密度产生了影响。选择安慰剂对象的标准是构成合成处理组权重最大的国家，对于印度尼西亚而言安哥拉最为接近（见图3.4），对于俄罗斯而言美国最为接近（见图3.5）。

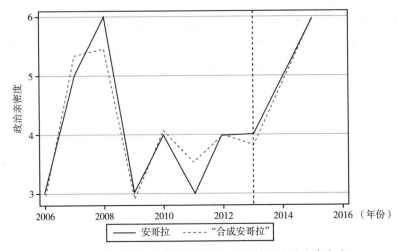

**图 3.4 真实的和合成的安哥拉与中国的双边政治亲密度**

资料来源：作者自行计算。

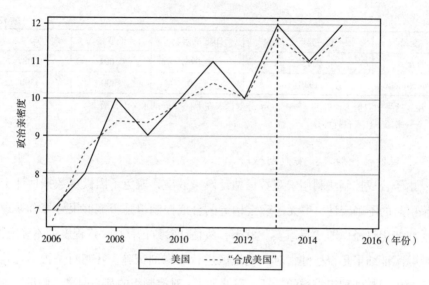

**图 3.5 真实的和合成的美国与中国的双边政治亲密度**

资料来源：作者自行计算。

我们可以看到，对于安哥拉和美国在"一带一路"倡议提出前后，实际政治亲密度始终沿着合成样本的政治亲密度的走势变化，即使有所波动也是围绕着合成样本的政治亲密度上下波动，与图3.1和图3.2相比这种波动的幅度都相对小。这说明合成控制法非常好地拟合了安哥拉和美国两者的政治亲密度走势，并且两个国家在"一带一路"倡议提出前后的拟合情况没有发生突变，因此在一定程度上证明了是"一带一路"倡议影响了中国与印度尼西亚以及中国与俄罗斯的双边政治亲密度而不是其他共同的偶然因素。

# 第四章 "一带一路"倡议对于中国对沿线国直接投资的政策效应

## 第一节 中国对"一带一路"沿线国直接投资的现状

据 2018 年国家统计局统计公报显示，中国在 2015～2017 年间，对"一带一路"沿线国家的直接投资总额高达 437.1 亿美元，2017 年的投资额就达到 143.6 亿美元，较十年前的 32.5 亿美元翻了两番有余，在中国对外直接投资总额 1200.8 亿美元中占比 12.0%，截至 2017 年年底，中国在"一带一路"沿线国家共建成了 35 个境外经贸合作区，正在建设的有 56 个，投资存量 185.5 亿美元，向所在国家缴税近 13 亿美元，创造了近 20 万个就业岗位，其中以新加坡、印度尼西亚、老挝以及俄罗斯所占比重最高[①]。

### 一、中国对"一带一路"直接投资的现状

#### （一）"一带一路"背景下中国对外直接投资的区域分布

在当今世界经济发展普遍疲软的总体态势下，"一带一路"国家级顶层合

---

① 中华人民共和国商务部，中华人民共和国国家统计局，国家外汇管理局.2017 年度中国对外直接投资统计公报［M］.中国统计出版社，2018.

作倡议横空出世，为相关国家的发展注入了新的活力，其辐射区域西至西太平洋，南至南亚及东南亚各国，北达俄罗斯，而且，"一带一路"具有高度的开放性和包容性，其合作范围并不限于古丝绸之路区域，可以预见，在未来将会有更多的国家加入这个倡议当中。

从目前"一带一路"合作国家分布来看，我们可以将这些国家分为六个地区：东南亚、南亚、中亚、西亚中东、俄蒙以及中东欧。中国在东南亚地区的直接投资存量最高，且增长速度最快，2003～2016年平均每年增长63.1%，翻了100余倍，直接投资存量占"一带一路"沿线国家投资总额的40%强。在俄蒙地区和西亚中东地区，中国虽然过去投资额度不高，2003年俄蒙地区仅有0.75亿美元，西亚中东地区仅有5.23亿美元，但是近十年来中国在这两个地区直接投资额度增长飞快，2016年在俄蒙地区的总额为177.8亿美元，西亚中东地区为146.4亿美元①。在南亚与中亚地区，中国直接投资的力度也不断加大，尤其是中亚地区，中国对其直接投资的增速为整个"一带一路"沿线地区之冠，如哈萨克斯坦，在中亚所有国家中获得中国直接投资最多，中国在其所获投资的来源国中位居第四位。另外，南亚的巴基斯坦、孟加拉国、斯里兰卡等国家也逐渐成为中国在该地区直接投资的主要目标国，中国在该地区的影响力不断增大。中东欧地区吸收中国直接投资的额度目前尚居末位，截至2016年中国在该地区直接投资存量为27.5亿美元，在"一带一路"沿线国家投资总额中的比例仅为2.4%，这和其历史因素、政治因素和地缘因素有莫大关系②。

### （二）"一带一路"背景下中国对外直接投资的行业分布

从行业分布来看，中国在"一带一路"沿线国家的直接投资逐渐趋于立体化。在"一带一路"倡议提出之前十年，中国在"一带一路"沿线国家的直接投资以能源行业为主，如今，中国在"一带一路"对外直接投资的行业已经拓展到了诸如通信业、金融业、铁路公路、农业、IT业等领域，并逐渐

---

①② 中华人民共和国商务部，中华人民共和国国家统计局，国家外汇管理局.2017年度中国对外直接投资统计公报［M］.中国统计出版社，2018.

向基础设施领域延伸。虽然能源行业仍占据重要位置，但不再是一枝独秀，中国政府已经以更为科学化、立体化和全面化的视野，逐渐加强了对外直接投资的深度、广度以及与当地实情的契合度，带动了沿线国家相关行业的发展，也为中国创造了良好的经济效益和国际影响力。

当然，中国在"一带一路"沿线对外直接投资的目标行业选择上，也注重因势利导、因地制宜，根据不同国家的特点，形成不同的投资规划。

首先，在东南亚地区，根据该地区海运条件优越，水利、油气、矿产资源丰富的优势，中国对其直接投资的主要行业集中在水电工程建设、油气资源开发和矿产资源开采等领域。如柬埔寨的甘再 BOT 水电项目和印度尼西亚的多个水电项目，都在中国的投资下才得以推进。同时，基于东南亚各国都拥有辽阔的海域和丰富的海上油气资源，中国的直接投资力度也相当大。值得一提的是新加坡，作为中国在"一带一路"沿线投资额最高的国家，中国在该国的投资行业涉及金融业、房地产、服务业、基础设施行业以及 IT 业等，新加坡以其独特的地理优势和海运枢纽地位赢得了中国资本的青睐。

其次，在中亚、西亚和中东地区，由于这些地区石油资源蕴藏量非常巨大，所以中国的直接投资主要面向能源行业、物流货运行业，还包括农产品行业。在中东欧地区，中国的对外直接投资主要面向基础设施、轻工业、电子信息等领域。在南亚地区的巴基斯坦、孟加拉国、印度、斯里兰卡等国家，中国对外直接投资领域包括基础设施、矿藏冶炼、天然气开采、工业制造等行业。

最后，在俄蒙地区，中国的对外直接投资也具有非常强的针对性。俄罗斯的领土上蕴藏了大量的石油和天然气资源，且由于幅员辽阔，疆域广大，森林覆盖率高，人口密度小，所以中国的直接投资行业包括石油与天然气开采、森林资源利用以及轻工业等领域。基于蒙古国在畜牧业和矿石开采与加工行业的优势，中国直接投资也集中于这些行业，并逐步辐射到了农产品加工、物流运输以及基础设施建设等领域。

### （三）"一带一路"背景下中国对外直接投资的额度分布

"一带一路"背景下，十多年来中国在其沿线对外直接投资的额度整体呈上涨趋势并形成了规模。据商务部统计显示，2006 年以前，中国在"一带一路"沿线直接投资存量并不大，仅为 24.4 亿美元，在中国对外直接投资总额中的比例不到 4%①。2000 年中共十五届五中全会之后，党中央国务院进一步奉行"走出去"的发展战略，制定了全方位的促进和鼓励政策，推进对外直接投资，尤其是与亚欧非发展中国家的精诚合作与互惠共赢，在这样的背景下，中国在"一带一路"沿线的对外直接投资额度每年平均增长 20% 以上，尤其在 2015 年之前，由于世界各发达国家的经济发展普遍走向疲软，导致其对外直接投资后劲不足，而中国则异军突起，替代这些国家成为"一带一路"沿线吸引外商直接投资的重要来源国，2015 年全年中国在"一带一路"沿线投资金额高达 148.2 亿美元，为历史最高点。从存量上看，从 2006 年年底的 27.8 亿美元增加到 2017 年年底的 1156.8 亿美元，增长了近 42 倍②。2016 年和 2017 年，由于亚投行的成立以及中国经济从高速增长转变为中高速发展的"新常态"，中国在"一带一路"沿线投资流量有略微下降，但也保持在 140 亿美元以上，我们仍然对今后的发展前景持乐观态度。

### （四）"一带一路"背景下中国对外直接投资的投资主体

"一带一路"背景下中国对外直接投资包括非金融投资以及金融投资，其投资主体则包括公有制企业以及非公有制企业。

在非金融投资领域，中国的对外直接投资以国有企业为主体，这是因为公有制企业在规模、实力、科技、资金雄厚程度和基建能力等方面都比较强。截至 2016 年，中国公有制企业在"一带一路"沿线的非金融领域投资总额超过了 1000 亿美元，占所有中国全部非金融投资存量的 68.4%，而非公有制企业投资额不到公有制企业的一半③。这些非公有制企业主要分布在北京以及

---

① 中华人民共和国商务部，中华人民共和国国家统计局，国家外汇管理局.2015 年度中国对外直接投资统计公报［M］.中国统计出版社，2016.

② 中华人民共和国商务部，中华人民共和国国家统计局，国家外汇管理局.2017 年度中国对外直接投资统计公报［M］.中国统计出版社，2018.

③ 中华人民共和国商务部，中华人民共和国国家统计局，国家外汇管理局.2016 年度中国对外直接投资统计公报［M］.中国统计出版社，2017.

"两广""两江"等东南沿海地区,而华中、华北、西南、西北等地区的企业投资额度远远小于前者。

在金融投资领域,中国的对外直接投资主体则主要是工、农、中、建四大国有银行,但是投资存量占总投资额比重不大,2016年总量不到40亿美元,而非公经济体投资额度占比很小。

## 二、中国对"一带一路"沿线国家直接投资存在的问题

鉴于"一带一路"沿线国家多处地缘政治敏感区和风险集中带,这使得中国对外直接投资(OFDI)面临的问题比较多,具体说来,主要表现在:

### (一)空间分布不合理,大多数东道国投资环境不好

鉴于中国 OFDI 有近邻化趋势,而这些国家投资环境却大多不太理想。根据中国电子科学研究院2016年所编制的丝路信息化指数,"一带一路"国家总体得分均不高,其中得分最高的为新加坡,评分为7.05;排名最低的国家为不丹,评分仅为2.93。从地区分布来看,中东欧国家信息化投资环境最为成熟,平均得分在4.88分,但我国对其投资非常少。东南亚居其次,平均得分4.81,是我国对外投资分布最多的地区。原苏联加盟共和国及周边地区国家平均得分排名第三,但除俄罗斯外,我国对其直接投资都不多。中东和中亚国家虽普遍在能源资源方面具有强大保障能力,也是我国直接投资分布较集中的地区,但其平均得分分别为4.47和4.03。南亚国家平均值仅为3.62,大多数国家在基础设施建设方面非常薄弱,但近几年我们国对其投资却增长很快。很显然,中国 OFDI 这种空间布局不是太好,有重构必要。

### (二)对外直接投资行业集中,投资失败案件比较多

长期以来,中国对"一带一路"沿线国家 OFDI 的行业分布一直比较集中。据 Merger market 数据,在2005年至2016年6月这段时间内,中国对"一带一路"沿线国家跨国并购的行业分类数据中,排名前四名的行业分别是能源(占比55.6%)、金属开采及冶炼业(占比11.6%)、交通制造业(占比

8.2%）、地产业（占比 6.8%），表现出非常明显的资源寻求型特征，资源类并购占比 67.2%。虽然近年来，中国对"一带一路"国家投资已经开始多元化，但总体尚未形成规模。从某种意义上说，这种行业结构也是一把"双刃剑"：一方面，通过 OFDI，中国获得了大量的资源补给，缓解了我国经济高速增长导致的资源不足问题；另一方面，便利资源的获得，也会弱化国内产业结构升级的动力。随着近些年美联储不断加息和中国经济进入新常态，国际大宗商品价格出现明显下滑，这不仅使相关产业投资不断萎缩，也使东道国对我国资本的疑虑不断加重，中国 OFDI 风险不断累积。据 Heritage Foundation 统计，2005 年至 2016 年上半年，中国对"一带一路"国家投资失败案件 51 宗，失败金额 686.8 亿美元，明显高于其他地区占比。其中能源业投资失败占比 69.5%，金属业占比 9.2%，而且从年度数据看，这些行业的投资失败事件出现最为频繁。

### （三）"走出去"企业多为国有企业，而且主要是央企

目前"一带一路"建设仍处于初期阶段，以"道路联通"，即基建、运输等项目为主。但从投资规模来看，央企是中国对"一带一路"沿线国家开展投资的主力军，地方企业和民营企业只能发挥补充性作用。据 Heritage Foundation 统计，截至 2017 年，央企对"一带一路"沿线国家大型项目投资的存量为 1333.1 亿美元，占中国对"一带一路"大型项目投资总量的 69.3%。与那些具备丰富投资经验的跨国公司和开发银行相比，中国企业甄别有利可图的项目和控制风险的能力更差。随着海外基础设施贷款迅速增加，由于信息披露较慢，还款期更长，这些投资未来可能会为中国金融体系带来新一轮资产质量问题。

### （四）培育竞争对手，可能导致产业"空心化"

长期以来，中国企业由于缺乏管理、技术、品牌和渠道等竞争优势，面对日趋激烈的国际市场竞争时，只是一味依赖国内的低成本劳动力优势。因此，在对外直接投资过程中，就比较容易培养竞争对手，导致国内相关产业出现"空心化"现象。例如纺织业，随着我国对越南、印度投资力度的加大，

当地兴起的相关竞争企业越来越多，这些发展中国家企业在美国等第三市场的份额越来越高，进而导致我国纺织产业竞争优势不断下降，甚至导致一定程度的产业空心化。类似的行业还有家电、箱包等行业。

# 第二节 "一带一路"倡议的政策效应分析

## 一、问题的提出

"一带一路"倡议是习近平主席 2013 年提出的，旨在为中国拓展国际经济空间，其主要内容之一是与沿线国家的国际产能合作，其实施还需落实到中国对沿线国家的投资项目上。那么"一带一路"倡议的提出是否引发了中国对"一带一路"沿线国家的投资新热潮和重构中国对外直接投资的版图呢？从表面数据看，"一带一路"倡议确乎展现出投资促进效应：从倡议提出到 2016 年 9 月，中国在沿线 18 国建设了 52 个经贸合作区，对沿线国累计投资达 511 亿美元[①]。然而，考虑到 21 世纪初实施"走出去"战略后中国 OFDI 持续迅猛增长，倡议提出前后中国对"一带一路"沿线国家投资的增长可能全部来自于中国对这些国家固有的投资增长趋势，也可能部分来自于固有趋势，部分来自"一带一路"倡议引发的新增长趋势。换言之，如果要想知道"一带一路"倡议是否真正促进投资，需要分离出倡议提出前后归属于中国对"一带一路"沿线国家 OFDI 固有趋势的增量部分。但问题在于，"一带一路"倡议提出后，我们无法观测到如果"一带一路"倡议不提出沿线国家相应的 OFDI 数据，也就无法直接得到沿线国家固有趋势的增量部分，这就是政策处理效应估计的数据缺失问题，其解决有赖于反事实估计。一个简单的解决办法是，将"一带一路"沿线国家视为处理组并将所有其他非"一带一路"沿线国家视为控制组，如果两组具有相同的固有趋势，则可将能被直接观测的控制组的趋势增量来代替处理组的趋势增量，进而利用双重差分方法得到

---

① 顾阳. "一带一路"建设受赞誉中国投资累计达 511 亿美元 [N]. 经济日报, 2016 - 9 - 7.

"一带一路"倡议的投资效应的准确估计。但我们的计算发现，2003～2013年中国OFDI的年均增速达到49.24%，对"一带一路"沿线国家直接投资的年均增速则高达58.07%[①]，处理组和控制组的趋势差异较大，单纯利用双重差分进行估计误差将较大。这就需要为"一带一路"沿线国家匹配合适的控制组。

那么，如何选择合适的匹配控制组呢？"一带一路"倡议提出后，才有沿线国家的说法。尽管"一带一路"倡议原则上是开放的，但刚提出时无疑有其具体地理指向，所以需要我们深刻理解为什么中国选择对这些国家提出"一带一路"倡议。单纯为了拓展国际经济空间，中国可以有其他选择，譬如以"亚非拉共同体"的名义来提出倡议，选择非洲或者拉丁美洲的其他国家。如果将"一带一路"倡议视为某种特别的区域合作协议，自由贸易区（FTA）和双边投资协定（BIT）等传统区域经济合作领域的研究告诉我们，加入FTA或者BIT的决策与一国自身特征有关，并非纯粹随机行为（Baier and Bergstrand, 2004；Bergstrand and Egger, 2013）。由此看来，中国针对这些国家提出"一带一路"合作倡议，应该是基于与这些国家深厚的历史渊源和紧密的现实需求。具体而言，应该还是因为这些国家具有某些特征，比如由于转型国家、发展中国家以及地缘等历史渊源而与中国有较好的政治关系，以及较好的自然资源禀赋、与中国比较互补的经济结构等，能够较好地促进中国自身发展，同时中国也能带动这些国家发展，实现多赢。我们还观察到，"一带一路"沿线国家中有较多原来是实行计划经济的转型国家，而中国是公认的经济转型最成功的国家之一，而且"一带一路"沿线国家中绝大多数是发展中国家，而中国也是发展中国家经济发展的楷模，众多的转型国家以及发展中国家都热衷于学习中国的发展模式。基于这些观察的一个合理的推测是，中国在提出"一带一路"倡议之前，应当与相关沿线国家进行过充分的沟通，而这些国家出于自身发展需要以及对中国模式的欢迎，也给予了积极回应。由此，我们可以认为中国选择这些国家提出"一带一路"倡议，其实是因为

---

[①] 中华人民共和国商务部，中华人民共和国国家统计局，国家外汇管理局. 2013年度中国对外直接投资统计公报［M］. 中国统计出版社，2014.

这些国家具备某些制度和禀赋等内生性特征,使得中国乐意选择,而且这些国家也乐意响应。中国和这些国家双向自我选择可能导致样本选择问题,给"一带一路"倡议的投资效应的准确估计造成了困难。

正是基于以上考虑,我们需要以资源禀赋、制度、地缘等特征为沿线国家选择合适的控制组,通过匹配使得处理组和控制组比较相似,从而具备相同趋势,方便利用双重差分方法估计政策处理效应。从理论上说,双重差分和倾向得分匹配两种方法的结合,可以相互弥补各自局限,从而比较准确地进行处理效应的估计(Heckman et al,1997)。我们将双重差分和倾向得分匹配结合进行估计,得到了有趣的发现:具备经济规模较大、自然资源较丰富、国家治理水平较弱以及与中国关系较好等特征的国家更加倾向于成为"一带一路"倡议沿线国,以及"一带一路"倡议确实促进了中国对沿线国的对外直接投资。

## 二、文献综述

2014年以来的"一带一路"文献可区分为两个时期。截至2015年的初期研究,主要聚焦于对"一带一路"倡议的意图、沿线国反应及投资风险的分析(胡鞍钢等,2014;阮宗泽,2014;李向阳,2015),且多是基于战略学和国际关系理论视角的研究。2016年至今,虽仍有文献关注"一带一路"的投资风险(于津平等,2016),但实证研究开始增多,包括对"一带一路"贸易、投资潜力的估计(许娇等,2016),以及中国与沿线国贸易、投资合作的影响因素等(郭烨等,2016;梁琦和吴新生,2016;张亚斌,2016)。但由于"一带一路"倡议提出时日尚短,投资数据积累有限,后一类文献多是将"一带一路"沿线国进行标示,以衡量这些国家的制度和禀赋等特征与中国OFDI的关联。

如果我们将文献扩展到过去十多年来中国OFDI领域的研究,则文献积累已较为丰富,且多与主流的基于发达国家经验的外商直接投资(FDI)理论有明显不同。例如,对中国OFDI的实证研究发现,国家风险高的国家吸引了更多的中国投资(Buckley et al,2007),尤其是自然资源丰裕但制度质量较差的国家（Kolstad and Wiig，2012）。不同企业类型对投资地的倾向也不一致，国有企业倾向于资源丰裕但政治风险高的国家，而民营企业则青睐政治稳定且市场规模大的国家（Ramasamy，2012；邱立成和杨德斌，2015）。

对中国 OFDI 特异行为的解释主要包括三个方面。首先是制度套利因素。因中国企业生长在相对不透明和高度复杂的商业环境中，形成了应对烦冗规则和驾驭不透明政治限制的特殊竞争能力，使其更适应制度质量相对较低的国家（Morck et al，2008；Yeung and Liu，2008）。其次是政府政策扶持因素。裴长洪和樊瑛（2010）、裴长洪和郑文（2011）认为中国政府作为政策制定者和公共服务提供者形成了国家特定优势，加速中国企业形成微观竞争优势，它形成了中国企业参与国际竞争的优势之源。政府扶持对中国 OFDI 产生正向影响（阎大颖等，2009；Lu et al，2014）。最后是双边关系治理因素。较亲密的双边政治关系能克服东道国制度不完善的不利影响（张建红和姜建刚，2012）；可作为一种替代性的制度安排，有效地促进中国 OFDI（潘镇和金中坤，2015）；作为双边关系治理水平之表征的高层互访层级和频度亦正向影响中国 OFDI（郭烨和许陈生，2016）。但以上中国 OFDI 的特异性在"一带一路"倡议下是否仍成立，还有待于进一步的实证研究。

尽管"一带一路"倡议与传统的 FTA 和 BIT 为代表的区域合作协议大为不同，但要讨论倡议的投资效应，仍可从 FTA 和 BIT 相关文献中得到有益的启示。其一是 FTA 对投资的影响。二者之间并不一定存在正向促进关系，如卡尔等（Carr et al，2001）发现，加入 FTA 可能增加对东道国的垂直型 FDI，但可能对水平型 FDI 具有消极影响。虽有实证研究表明了 FTA 对 OFDI 的显著正效应（Jaumotte，2004；TeVelde and Bezemer，2006），但也有研究发现影响不大乃至于副作用（Egger and Merlo，2007；Peinhardt and Allee，2012；Baltagi et al，2008；Jang，2011）。其二是 FTA 和 BIT 签订中存在的内生性问题。亦即，FTA 的签订并非纯粹随机的，它受签约国自身市场规模、禀赋及运输成本等因素影响，从而内生地决定了两国签订 FTA 的概率（Baier and Bergstrand，2004）；BIT 也存在类似问题（Bergstrand and Egger，2013）。这可以通过工具变量（Reed et al，2016）或者匹配的方法来解决（Baier and Bergstrand，2009）。由是观之，这种内生性问题在"一带一路"倡议中同样可能存在，即"一带一路"沿线国并非随机产生，而是受沿线国特征内生影响的，需要在实证研究中加以控制。

本书试图从以下两个方面来补充已有研究的不足。首先，我们将"一带一路"倡议与沿线国的自身制度、禀赋和地理等特征联系起来，从政治和经济的多维度视角，来深刻理解和回答中国和这些国家双向选择的问题。其次，在控制"一带一路"倡议可能存在的内生性上，由于令人信服的工具变量非常难以寻找，我们借鉴拜尔和伯格斯特兰（Baier and Bergstrand，2009），将倾向得分匹配和双重差分两种方法相结合，取"一带一路"倡议沿线国家为处理组，并依据其余国家的倾向得分选择匹配国，形成控制组，然后对处理组和控制组形成的新样本进行估计。

## 三、理论假说

作为一种新型区域合作机制，"一带一路"更像是亲密关系维系的"朋友圈"，与通过签订条约进行明确规则治理的传统区域经济合作体系大相径庭。因此，"一带一路"倡议对于中国对沿线国投资的效应，可能与传统的基于发达国家和成熟市场经济的投资效应有所不同，需要从经济以及政治多维度考虑中国以及沿线国的特别国情。

经济上的相互依赖是中国选择"一带一路"区域合作对象以及这些国家积极响应的重要因素。通常来说，促进双边乃至多边贸易是各国参加各种区域经济合作协定的重要动机。对于贸易来说，经济规模显然是影响中国和潜在加入国双向选择的重要因素。就中国而言，美欧日等传统出口市场已经饱和，竞争异常激烈，中国在这些市场已经占据了较大的份额，快速增长难以为继，因此开辟"一带一路"沿线国等新的市场就变得重要，而这些新市场的经济规模越大，意味着出口潜力就越大；就潜在加入国而言，中国的经济规模越大，同样意味着更大的出口潜力。因此，潜在加入国和中国组成的双边市场规模越大，潜在加入国和中国越易于相互选中成为"一带一路"沿线国。同样，潜在加入国的人均收入越高，也意味着越大的出口潜力。但由于"一带一路"潜在加入国是新市场，出口潜力尚未完全发挥，对中国的双边贸易额以及贸易依存度较低。这从长远看,对双方都意味着较大的潜力和增长空间,因此对中国贸易依存度较低的潜在加入国反而易于相互选择成为"一带一路"沿线国。除了经济规模,经济结构上的相互依赖也可能影响中国与潜在加入国的双向选择。中国不太均衡的自然资源禀赋结构以及中国比较依赖于投资的经济增长模式,形成了中国对自然资源的巨大需求。与此相对应,中国的对外投资也倾向于资源丰裕国家(Kolstad and Wiig, 2012),其主要源于中国经济发展对自然资源进口的较大程度依赖,以及通过投资对冲资源市场波动风险的动机(张宇燕和管清友,2007)。这些都暗示中国针对这些国家提出"一带一路"合作倡议可能存在自然资源动机。而从潜在加入国视角看,自然资源丰裕的国家与中国的资源进口国角色体现出很强的互补性,积极响应"一带一路"倡议意味着能以更低成本锁定全球主导性的目标市场,减少贸易条件等的波动,稳定其资源贸易收益,进而支持自身经济稳定和发展。这一点在 2008 年以来资源价格处于相对低位、资源国经济发展受到抑制的背景下尤为重要。因之,资源丰裕国家也有更强的意愿响应"一带一路"倡议。综上可得:

**假说 H1:对于"一带一路"倡议,较大的双边经济规模、较高的人均收入、较弱的贸易依存度以及较丰裕的自然资源有利于增强中国和潜在加入国双向选择的概率。**

政治亲密度是中国选择"一带一路"区域合作对象以及这些国家积极响应的另一个重要因素。相比于政治、经济等制度都比较成熟的国家而言,广大转型国家以及发展中国家的国家治理水平无疑较低。对于这些国家来说,当下最要紧的是发展经济提高国民生活水平。西方主流的观点认为发展中国家之所以经济落后,是因为缺乏西方发达国家的各项先进政治、经济制度,所以应该先进行各项政治经济体制改革。但是,发展中国家按照该思路操作,大都归于失败。中国务实而成功的经济发展模式提供了另外一条路径,对于转型国家和发展中国家具有巨大的吸引力。对于治理水平相对较低的转型国家以及发展中国家,由于中国经历过同样的阶段,更容易相互理解和相互沟通,因此中国也更倾向于选择这些国家进行"一带一路"倡议下的经济合作。而这些治理水平相对较低的国家,积极响应倡议,可以通过与中国更紧密的经济合作，找到更适合自身发展的道路，更好地促进经济发展。从历史上看，中国改革开放初期即是通过特区和选择性制度安排来进行试验性的制度实验，其成功则被复制推广，不成功则将风险限制于较小地域和范围。"一带一路"沿线国同样热望得到这种可控性，以及被中国改革实践检验成功的可复制性和示范性政策。而如此热望，还需要与中国建立较良好的双边关系。更高的政治亲密度还意味着可通过中国的特殊"制度性优势"吸引足够的中国投资，来实现沿线国选择性制度安排的收益。政治亲密度愈高，这一预期收益实现的可能性就越大。因此有：

**假说 H2：对于"一带一路"倡议，较弱的国家治理水平以及与中国较好的政治亲密度有利于增强中国和潜在加入国双向选择的概率。**

"一带一路"倡议不仅对沿线加入国发出了利好信号，对于中国国内微观企业也是如此，激励其作出正向的前瞻性反应。其一，沿线国响应倡议可带来更好的双边关系治理水平，会在不改变或明显影响沿线国国家风险的同时，带来中国投资边际风险下降、投资收益改善的预期。它直接来源于中国的特殊"制度性优势"所带来的投资信号，也来源于沿线国响应"一带一路"倡议所发出的更好关系治理质量信号。其二，即便我们观察到"一带一路"倡议伴随的亚洲基础设施投资银行（简称亚投行）、丝路基金和澜沧江—湄公河合作基金等区域/次区域公共产品的供给刚刚起步，但由此产生的公共产品收益分享预期就会对企业投资的成本—收益格局产生影响。由以上分析出发，提出和响应"一带一路"倡议带来的投资信号效应和相对应的投资成本—收益格局变化，以及分享区域公共产品收益的激励，均有助于促进中国 OFDI。由此可得：

**假说 H3："一带一路"倡议本身有助于促进中国向"一带一路"沿线国直接投资。**

## 四、计量模型、数据和变量

### （一）计量模型设定及其估计方法

为利用双重差分来估计"一带一路"倡议对中国对沿线国直接投资的效

应，我们引入直接投资的广义引力方程：

$$OFDI_{ijt} = \exp\left[\beta_0 + \beta_1 OBOR_i + \beta_2 Period_t + \beta_3 OBOR_i \times Period_t\right.$$
$$\left. + \beta_4 X_{it} + \beta_5 X_{jt} + \beta_6 D_{ij}\right] \times \varepsilon_{ijt} \tag{4.1}$$

其中，$OFDI_{ijt}$为中国对东道国 $i$ 年度 $t$ 的直接投资；$OBOR_i$ 表示东道国 $i$ 是否属于"一带一路"沿线国，如是为1，否则为0，用以控制分组效应；$Period_t$ 在倡议提出之后年份取1，之前取0，用以控制时间效应；$OBOR_i \times Period_t$ 是 $OBOR_i$ 与 $Period_t$ 交互项，测度了"一带一路"倡议的投资效应；$X_{it}$、$X_{jt}$ 分别表示来自于东道国和中国的影响直接投资的控制变量，包括市场潜力、资源禀赋、劳工成本等变量（对数形式）；$D_{ij}$ 表示东道国和中国之间的阻碍直接投资的距离变量，包括地理距离的对数、是否地理相邻、是否内陆国等；$\varepsilon_{ijt}$ 是随机扰动项。

对方程（4.1）两边取对数后，变量系数的含义就明显了。$\beta_3$ 是双重差分估计量，其值大于、等于和小于0分别代表投资效应为正、为零以及为负。

但如同已有 FTA 实证研究所揭示的那样（Baier and Bergstrand，2004），对"一带一路"沿线国而言，成为沿线国并不仅仅是因为在地理上碰巧与中国相邻或者离中国较近，还因为这些国家具备某些能够被观察以及不能被观察到的特征，使得中国针对这些国家提出合作倡议并且这些国家积极响应，这才有"一带一路"倡议以及相应的沿线国，因而并非纯粹随机的。这些特征不仅决定了中国选择向这些国家提出"一带一路"倡议，并且可能同时影响中国对这些国家的直接投资。这样可能导致两方面的问题，一方面 $OBOR_i$ 以及 $OBOR_i \times Period_t$ 这两个变量与误差项并不独立，存在内生性问题；另一方面也可能出现中国对沿线国和非沿线国的投资并没有相同的趋势，使得双重差分方法失效。如果通过匹配，使得处理组和匹配的控制组非常接近，这样某个观测值属于处理组还是控制组是接近随机的，也使得两个组别有共同的趋势，有助于解决这两个问题。本书采用的匹配方法是常用的倾向得分匹配（Rosenbaum and Rubin，1983），该方法可将所有影响处理组选择的可观测变量综合成一个指标变量。为了应用倾向得分匹配方法，我们首先利用所有中国对外直接投资对象国数据，基于 Logit 或 Probit 模型来估计某国成为"一带一路"沿线国的概率，即其倾向得分：

$$OBOR^* = X\beta + e, OBOR = 1[OBOR^* > 0],$$

$$P(OBOR = 1 \mid X) = P(OBOR^* > 0 \mid X) \tag{4.2}$$

其中，$e$ 是误差项，$X$ 是所有影响中国选择提出合作倡议以及潜在加入国积极响应倡议的可观测变量例如经济规模、自然资源禀赋、制度质量以及与中国政治关系等特征。基于式（4.2），我们可估计出哪些特征将影响中国和潜在加入国双向选择为"一带一路"沿线国的概率，以检验假说 H1 和 H2。

在估计出倾向得分后，我们即可利用给定半径下的最邻近国家作为"一带一路"沿线国的匹配。参照勒文和夏内西（2015），本书使用卡尺内最近邻匹配方法，以与沿线国倾向得分最接近的国家为匹配国。由此，可将沿线国确定为处理组 T，相匹配的国家确立为控制组 C，进而形成包含处理组和控制组的新样本。对新样本利用方程（4.1）回归，即可得到 $\beta_3$ 的一致估计。

对于方程（4.1），常用的估计方法是对方程两边取自然对数，然后利用面板固定效应或随机效应来估计。但是存在异方差和各种测度误差时，席尔瓦和滕雷罗（Silva and Tenreyro, 2006）发现随机效应的广义最小二乘法（GLS）估计方法可能产生较大偏差，而对随机效应采用泊松伪最大似然估计（Poisson pseudo-maximum-likelihood, PPML）可以获得一致估计，并且由于不需要对零值取自然对数，所以可以较方便地处理贸易和投资数据中常见的零值问题：如果零值确实包含了某些信息，删除零值或者对零值加上一个较小数然后取自然对数的做法是有问题的。法利（Fally, 2015）对于席尔瓦和滕雷罗（2006）做了进一步拓展，认为 PPML 结合固定效应可以比较有效地估计结构型引力方程。我们遵从席尔瓦和滕雷罗（2006）和法利（2015），分别利用 PPML 结合随机效应和固定效应的方法来估计方程（4.1）。如果系数 $\beta_3$ 显著为正，则印证了假说 H3，"一带一路"倡议确有促进中国对外直接投资效应。

## （二）数据和变量

因为"一带一路"倡议是开放的，包容的，而且为了避免被外界误解，中国政府没有明确指出哪些国家属于"一带一路"沿线国家，本文采用的是国家统计局对于"一带一路"的统计数据。

本文使用的中国对外直接投资数据来自于《2015 年度中国对外直接投资统计公报》，其中既报告了流量数据也报告了存量数据，但由于流量数据有正有负且有较多数据缺失，我们选择了数据报告较完整的存量数据。数据时期为 2006~2015 年。同时，由于中国对一些地区的直接投资是出于避税或者返程投资的目的，我们剔除了属于自由港和避税天堂的国家或地区，最后得到193 个国家（地区），总计 1930 个观察值。各变量的定义及数据来源报告见表 4.1。其中，我们定义 Year_1、Year_2 分别为倡议提出后首年和次年，即2014 年和 2015 年度的虚拟变量。为简便，我们用 DID 代替 $OBOR_i \times Period_t$，DID1 和 DID2 分别是 OBOR 和 Year_1、Year_2 的交互项，用于测度"一带一路"倡议对投资的动态效应。

表 4.1　　　　　　　　　　变量的定义及数据来源

| 项目 | 变量 | 定　义 | 数据来源 | 预期符号 |
|---|---|---|---|---|
| "一带一路"沿线国双向自我选择 | $P(OBOR=1)$ | 双向选择为"一带一路"沿线国的概率 | 作者计算 | |
| | TGDP | 双边市场规模，用中国和目标国 GDP 乘积表示 | WDI 数据库 | + |
| | GDPP_D | 某国人均收入水平，用人均国内生产总值（美元）表示 | WDI 数据库 | + |
| | GDPG_D | 经济成长性，用某国 GDP 增长率表示 | WDI 数据库 | + |
| | Tra_dep | 贸易依存度，用某国与中国双边贸易额除以该国 GDP 表示 | UNCOMTRADE 数据库 | − |
| | Resource | 某国自然资源禀赋，用石油和矿产品出口占总出口比重表示 | WDI 数据库 | + |
| | Patent | 某国科技水平，用居民申请专利数（千件）表示 | WIPO 数据库 | + / − |
| | Pol_int | 与中国的政治亲密度 | 中国外交部网站 | + |
| | Comleg | 是否在转型前与中国具有相同意识形态 | CEPII 数据库 | + |
| | Pol_sta | 政治稳定性指数 | WGI 数据库 | + |
| | Cor_con | 腐败控制指数 | WGI 数据库 | + |
| | Contig | 是否与中国地理相邻 | CEPII 数据库 | + |
| | Distance | 东道国首都到北京距离（千公里） | CEPII 数据库 | − |

续表

| 项目 | 变量 | 定 义 | 数据来源 | 预期符号 |
|---|---|---|---|---|
| 中国对外直接投资选择 | OFDI | 中国对外直接投资（亿美元） | 中国对外直接投资统计公报 | |
| | OBOR | 是否沿线国的虚拟变量 | 作者计算 | + |
| | Period | "一带一路"倡议的时期虚拟变量 | 作者计算 | + |
| | Year_1 | "一带一路"倡议提出首年虚拟变量 | 作者计算 | + |
| | Year_2 | "一带一路"倡议提出次年虚拟变量 | 作者计算 | + |
| | DID | "一带一路"倡议的平均处理效应 | 作者计算 | + |
| | DID1 | "一带一路"倡议首年平均处理效应 | 作者计算 | + |
| | DID2 | "一带一路"倡议次年平均处理效应 | 作者计算 | + |
| | GDP_O | 中国的国内生产总值（亿美元） | WDI 数据库 | + |
| | GDP_D | 东道国的国内生产总值（亿美元） | WDI 数据库 | + |
| | GDPP_D | 东道国劳工成本，用人均国内生产总值（美元）表示 | WDI 数据库 | − |
| | Resource | 东道国自然资源禀赋，用石油和矿产品出口占总出口比重表示 | WDI 数据库 | + |
| | Patent | 东道国科技水平，用居民申请专利数（千件）表示 | WIPO 数据库 | + |
| | Cor_con | 东道国腐败控制指数 | WGI 数据库 | +／− |
| | Pol_sta | 东道国政治稳定性指数 | WGI 数据库 | +／− |
| | Pol_int | 与中国的政治亲密度 | 中国外交部网站 | + |
| | Distance | 东道国首都到北京距离（千公里） | CEPII 数据库 | − |
| | Contig | 是否与中国地理相邻 | CEPII 数据库 | + |
| | Landlock | 是否属于内陆国 | CEPII 数据库 | + |

资料来源：作者自行整理。

本章考虑的解释变量分为两大类：第一类是影响中国和潜在加入国双向选择的变量，包括中国与加入国形成的共同体市场规模（TGDP）、某国人均收入（GDPP_D）、某国未来经济的成长性（GDPG_D）、某国对中国的贸易依存度（Tra_dep）、某国的自然资源禀赋优势（Resource）、某国的科学技术优势（Patent）、某国与中国的政治亲密度（Pol_int）、某国与中国具有的共同政治历史渊源（Comleg）、政治稳定程度（Pol_sta）、腐败控制程度（Cor_con）、是否属于中国邻国（*Contig*）以及地理距离（*Distance*）等。第二类主要是影响中国对外直接投资的引力变量，包括三类：一是母国变量：中国 GDP；二是东道国变量：包括东道国的 GDP、劳工成本优势、自然资源禀赋优势、科学技术优势、政治稳定程度、腐败控制程度、是否内陆国等；三是双边变量：包括与中国政治亲密度、与中国距离、是否与中国相邻等。其中，与 GDP 相关的数据来自于世界银行的 WDI 数据库、东道国与中国双边贸易额来自于 UNCOMTRADE 数据库，利用这些数据可以计算形成合作后的共同体市场规模和某国对中国的贸易依存度。自然资源禀赋优势采用石油和矿产品出口占总出口比重（*Resource*）来度量（杨宏恩等，2016），所需数据也来自于 WDI 数据库。政治稳定性指数（*Pol_sta*）和腐败控制指数（*Cor_con*）两个指标，均来源于世界银行的 WGI 数据库。东道国科技创新水平用该国居民的专利申请数（*Patent*）来度量，数据来自于世界知识产权组织（WIPO）数据库。至于东道国与中国的政治亲密度变量，我们利用中国与东道国之间高层互访之层级和数量来综合给出。参照郭烨和许陈生（2016），其赋值标准为某一年度的正国级领导人出访得分为 3，副国级出访得分为 2，正部级为 1，所有得分相加就得到中国与东道国间政治亲密度的测度，以上高层互访信息来自于中国外交部网站。*Distance*、*Contig*、*Comleg* 和 *Landlock* 等与引力相关的地理变量数据都来自于 CEPII 地理距离数据库。从表 4.1 可以具体看出哪些共同的因素同时影响某国成为"一带一路"沿线国以及某国吸引中国的直接投资。我们还特别关注到，由于双向选择是在国家政府的宏观层面进行的，对外直接投资是在企业的微观层面进行的，同样的变量其意义和影响可能不一样，因而预期系数符号不一样。比如以政治稳定性测度的国家风险，政府层面的双向选择可能并不太在意较高的国家风险，因为沿线国家对于中国来说基本上都是小国，中国政府有力量进行控制；但对于中国投资企业而言，再小的国家也属于不同层级的庞然大物，政治稳定性必须加以考虑。除"一带一路"倡议及其相关的虚拟变量外，其他变量的描述性统计报告见表 4.2。值得指出的是，被解释变量 OFDI 有零值，占全部观测值的 12.4%，因此采用 PPML 的估计方法有其好处和必要性。

**表4.2** 主要变量的统计描述（观测值＝1930）

| 变量 | 平均值 | 标准差 | 最小值 | 最大值 |
|---|---|---|---|---|
| $\ln TGDP$ | 16. 55579 | 2. 43621 | 8. 686929 | 23. 67276 |
| $\ln GDPP\_D$ | 8. 458274 | 1. 589834 | 4. 716492 | 12. 1738 |
| $GDPG\_D$ | 0. 093954 | 0. 132788 | − 0. 53594 | 1. 360426 |
| $Tra\_dep$ | 0. 0845699 | 0. 1977139 | 0 | 3. 597408 |
| $Resource$ | 0. 255224 | 0. 301866 | 0 | 0. 99873 |
| $Patent$ | 4. 593192 | 30. 1807 | 0 | 367. 96 |
| $Pol\_int$ | 4. 377202 | 3. 50127 | 0 | 25 |
| $Comleg$ | 0. 176166 | 0. 38106 | 0 | 1 |
| $Pol\_sta$ | − 0. 07832 | 0. 998612 | − 3. 32 | 1. 94 |
| $Cor\_con$ | − 0. 06581 | 0. 997077 | − 1. 92 | 2. 55 |
| $Contig$ | 0. 072539 | 0. 259445 | 0 | 1 |
| $Landlock$ | 0. 19171 | 0. 393748 | 0 | 1 |
| $\ln distance$ | 2. 091313 | 0. 5144088 | − 0. 2112916 | 2. 959975 |
| $OFDI$ | 6. 521039 | 24. 16275 | 0 | 408. 0195 |
| $\ln GDP\_O$ | 11. 03195 | 0. 4510068 | 10. 20838 | 11. 60894 |
| $\ln GDP\_D$ | 5. 523848 | 2. 352325 | − 1. 521448 | 12. 06382 |

注：ln 代表取对数。对于存在零值的 $Resource$、$Patent$、$Pol\_int$，存在负值的 $Pol\_sta$、$Cor\_con$，以及 $Contig$、$Landlock$ 等二值变量，没有取对数。表中数据由作者自行计算。

## 五、实证结果与讨论

### （一）"一带一路"倡议的倾向得分匹配估计

倾向得分可以用 Logit 或 Probit 模型来估计，我们两种都使用，结果见表4.3。Logit 或 Probit 模型的估计结果非常一致，只是系数的大小有差异。表4.3 的结果强烈支持假说 H1。也就是说，中国和潜在加入国组成的双边共同体的绝对经济规模越大，潜在加入国的人均收入越高以及自然资源禀赋越优，其倾向得分就越高，显示中国和潜在加入国越趋于相互选中对方。

GDPG_D 的系数显著为正，表明中国选择合作对象时也关注其未来经济的成长性。而 Tra_dep 的系数显著为负，也表明中国和潜在加入国在相互选择时也关注未来相互贸易的成长性。中国与"一带一路"沿线国当下贸易依存度较低只是因为其人均收入偏低而购买力较低。但是，"一带一路"沿线国的人口基数较大，只要其经济持续增长，人均收入持续增加，则可预料未来必成中国的重要出口市场。多少令人意外的是，Patent 的系数显著为负，我们的解释是，也许中国愿意选择科技创新水平较高的国家合作，但这些国家出于某些原因不太愿意合作，没有达成双向选择的一致。

表 4.3　　　　　基于 Logit 和 Probit 模型的倾向得分估计结果

| 解释变量 | logit1 | logit2 | probit1 | probit2 |
|---|---|---|---|---|
| $\ln TGDP$ | 0.250 *** (0.060) | 0.292 *** (0.068) | 0.082 *** (0.028) | 0.095 *** (0.029) |
| $\ln GDPG\_D$ | 0.260 *** (0.080) | − 0.284 *** (0.079) | 0.218 *** (0.044) | 0.227 *** (0.043) |
| $GDPG\_D$ | 1.870 *** (0.710) | 1.800 * (0.924) | 1.113 *** (0.363) | 1.209 ** (0.496) |
| $Tra\_dep$ | − 2.718 *** (0.607) | − 2.553 *** (0.625) | − 1.684 *** (0.494) | − 1.634 *** (0.481) |
| $Resource$ | 0.803 *** (0.251) | 0.705 *** (0.254) | 0.550 *** (0.137) | 0.515 *** (0.137) |
| $Patent$ | − 0.137 *** (0.015) | − 0.144 *** (0.017) | − 0.075 *** (0.016) | − 0.078 *** (0.016) |
| $Pol\_int$ | 0.062 ** (0.025) | 0.067 ** (0.025) | 0.026 * (0.014) | 0.027 * (0.015) |
| $Comleg$ | 4.080 *** (0.327) | 4.031 *** (0.323) | 2.030 *** (0.107) | 2.013 *** (0.107) |
| $Pol\_sta$ | − 0.808 *** (0.147) | − 0.784 *** (0.147) | − 0.537 *** (0.088) | − 0.528 *** (0.090) |
| $Cor\_con$ | − 0.754 *** (0.259) | − 0.753 *** (0.264) | − 0.725 *** (0.149) | − 0.754 *** (0.148) |

| 解释变量 | logit1 | logit2 | probit1 | probit2 |
|---|---|---|---|---|
| *Contig* | 2.088 *** <br> (0.356) | 2.067 *** <br> (0.358) | 0.938 *** <br> (0.200) | 0.934 *** <br> (0.200) |
| *lndistance* | −6.795 *** <br> (0.867) | −6.874 *** <br> (0.905) | −2.466 *** <br> (0.271) | −2.467 *** <br> (0.275) |
| *Constant* | 8.463 *** <br> (2.186) | 8.369 *** <br> (2.194) | 1.579 ** <br> (0.763) | 1.555 ** <br> (0.767) |
| *Year Dummy* | *No* | *Yes* | *No* | *Yes* |
| *Log likelihood* | −420.105 | −418.603 | −504.391 | −502.859 |
| *Pseudo R²* | 0.6574 | 0.6586 | 0.5886 | 0.5899 |
| *Observations* | 1930 | 1930 | 1930 | 1930 |

注：\*\*\* 表示在 1% 的水平上显著，\*\* 表示在 5% 水平上显著，\* 表示在 10% 水平上显著。括号内数值为稳健标准差。表中数据作者计算而得。

　　同样，表 4.3 的结果也为假说 H2 提供了支持。亦即，与中国之间更好的双边政治关系有助于增强中国和潜在加入国相互选择的概率。在转型前与中国意识形态相同的国家，在转型后大都与中国保持了较好的政治经济关系，有助于相互之间的沟通和支持，进而有利于提升双方相互选择的概率。以腐败控制指数和政治稳定性衡量的潜在加入国较弱的国家治理水平，也增强了潜在加入国对"一带一路"倡议的响应概率。这同样说明，治理水平较弱的国家对中国务实而成功的经济发展模式比较推崇，乐于通过与中国合作来学习。与中国相邻以及离中国地理距离较近均有助于提升潜在加入国的响应概率，表明中国提出"一带一路"倡议最初的出发点还是关注周边地区。

　　基于表 4.4 的倾向得分估计结果，参照勒文和夏内西（2015），我们将非沿线国与"一带一路"沿线国的倾向得分最接近的国家进行匹配。因处理组中的波兰和哈萨克斯坦未找到匹配国，我们将这两个国家剔除，再将处理组和控制组加总，匹配后的样本数量为 1020。当然，我们还需要评估倾向得分匹配结果的可靠性。我们根据 Logit1 的估计结果对匹配前后处理组和控制组之间的倾向得分匹配情形进行比较，结果报告在图 4.1 中。直观地观察，匹配后处理组和控制组之间的倾向得分确实更为接近，这表明充分考虑各种国家特征的匹配结果要明显优于未匹配结果。根据其他三个模型的估计结果所作图，非常相似，不重复显示。

**表4.4**　　　　　　　　　倾向得分匹配前后的平衡检验结果

| 变量 | 匹配 | 处理组均值 | 控制组均值 | t统计量 | t检验（p>t） |
|---|---|---|---|---|---|
| ln*TGDP* | 前 | 15.931 | 36.93 | −3.560 | 0.000 |
| | 后 | 15.454 | 18.73 | −1.400 | 0.161 |
| ln*GDPP_D* | 前 | 8.662 | 7.946 | 3.45 | 0.000 |
| | 后 | 8.661 | 8.596 | 0.28 | 0.780 |
| *GDPG_D* | 前 | 0.044 | 0.073 | −1.00 | 0.321 |
| | 后 | 0.043 | 0.035 | 0.42 | 0.677 |
| *Tra_dep* | 前 | 9.954 | 16.252 | −1.01 | 0.314 |
| | 后 | 9.805 | 13.124 | −0.68 | 0.499 |
| *Resource* | 前 | 0.331 | 0.242 | 1.93 | 0.056 |
| | 后 | 0.330 | 0.312 | 0.30 | 0.764 |
| *Patent* | 前 | 1.117 | 9.960 | −1.86 | 0.066 |
| | 后 | 1.135 | 6.460 | −1.15 | 0.251 |
| *Pol_int* | 前 | 5.484 | 3.992 | 2.62 | 0.010 |
| | 后 | 4.984 | 4.869 | 0.18 | 0.857 |
| *Comleg* | 前 | 0.5 | 0.016 | 10.33 | 0.000 |
| | 后 | 0.492 | 0.016 | 6.82 | 0.000 |
| *Pol_sta* | 前 | −0.318 | 0.041 | −7.810 | 0.000 |
| | 后 | −0.344 | −0.327 | −0.330 | 0.745 |
| *Cor_con* | 前 | −0.317 | 0.059 | −8.010 | 0.000 |
| | 后 | −0.319 | −0.385 | 1.500 | 0.133 |
| *Contig* | 前 | 0.203 | 0.008 | 5.24 | 0.000 |
| | 后 | 0.180 | 0.016 | 3.00 | 0.003 |
| ln*distance* | 前 | 1.669 | 2.301 | −9.79 | 0.000 |
| | 后 | 1.678 | 2.128 | −4.29 | 0.000 |

资料来源：作者自行整理。

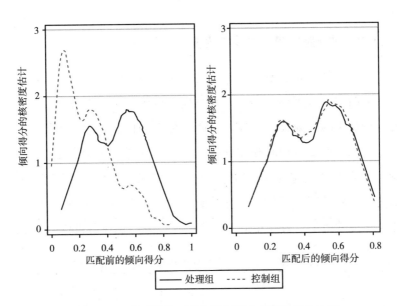

**图 4.1　匹配前后的处理组和控制组之间倾向得分比较**

资料来源：本图作者自绘。

更进一步，根据奥斯汀（2011），如果倾向得分估计比较准确，应该使得协变量在匹配后的处理组与控制组之间分布比较均匀，使得匹配后的处理组均值和控制组均值比较接近。为此我们进行了平衡检验。根据 Logit1 的估计结果，进行了平衡检验，结果报告在表 4.4 中。我们关注到，*GDPG_D* 和 *Tra_dep* 两个变量在匹配前处理组和控制组就较接近而无系统差异，当然匹配后更为接近。从 t 检验结果看，匹配之后除 *Comleg*、*Contig* 和 ln*Distance* 三个变量外，均不拒绝处理组与控制组无系统差异的原假设。由于历史的原因，与中国具有共同意识形态的国家主要分布在亚洲和中东欧，与"一带一路"重叠较多；而中国"一带一路"倡议刚提出时也主要着眼于周边地区，主要是相邻国和地理距离较近国。也就是说，处理组和控制组之间的差别主要在于先天的地理区位位置，如果处理组的一个国家和控制组的一个国家在地理位置上互换，则该两国在处理组和控制组的位置也会互换。从这个意义上说，个体是处于处理组还是控制组是随机的。考虑到代表地缘因素的这三个变量的重要性，以及罗森鲍姆和鲁宾（1985）纳入较多协变量才能使匹配结果更准确的建议，我们在倾向得分估计中仍保留这三个变量。总体而言，平衡检验给出了倾向得分估计较为可靠的结论。

### （二）"一带一路"倡议的投资效应

尽管前面分析显示处理组和控制组在地理地缘的协变量上有显著差异，但这种差异前后保持不变，而双重差分估计可以通过差分将这种固定变量对被解释变量的影响消除掉。这样，虽然处理组和控制组在某些固定变量上差异显著，我们对处理组和匹配控制组合并成的新样本采用双重差分估计，仍然有信心得到处理效应的一致估计。我们在表4.5中分别报告了对被解释变量对数化处理后进行面板估计（基准回归）以及对原始水平数据利用PPML方法进行估计的结果，另外还报告了"一带一路"倡议对投资的动态效应。

表4.5　　　　"一带一路"倡议的中国对外直接投资效应的估计结果

| 解释变量 | lnOFDI | lnOFDI | OFDI | OFDI | OFDI | OFDI |
|---|---|---|---|---|---|---|
|  | Panel_FE | Panel_RE | PPM_FE | PPML_RE | PPML_FE + Dyn | PPML_RE + Dyn |
| OBOR |  | 1.50 (0.598) |  | 1.696 *** (0.482) |  | 1.707 *** (0.482) |
| Period | − 0.072 (0.152) | − 0.097 (0.171) | − 0.146 ** (0.057) | − 0.142 ** (0.057) |  |  |
| DID | 0.102 (0.159) | 0.119 (0.160) | 0.286 *** (0.061) | 0.283 *** (0.060) |  |  |
| Year_1 |  |  |  |  | − 0.121 * (0.070) | − 0.121 * (0.070) |
| Year_2 |  |  |  |  | − 0.147 ** (0.069) | − 0.145 ** (0.068) |
| DID1 |  |  |  |  | 0.201 *** (0.077) | 0.199 *** (0.076) |
| DID2 |  |  |  |  | 0.368 *** (0.075) | 0.363 *** (0.074) |
| $\ln GDP\_O$ | 2.214 *** (0.144) | 2.121 *** (0.118) | 1.783 *** (0.101) | 1.779 *** (0.077) | 1.768 *** (0.101) | 1.756 *** (0.077) |
| $\ln GDP\_D$ | 1.990 *** (0.559) | 0.997 *** (0.139) | 0.965 ** (0.468) | 0.698 *** (0.0766) | 0.819 * (0.465) | 0.690 *** (0.0765) |

续表

| 解释变量 | lnOFDI | lnOFDI | OFDI | OFDI | OFDI | OFDI |
|---|---|---|---|---|---|---|
| | Panel_FE | Panel_RE | PPM_FE | PPML_RE | PPML_FE + Dyn | PPML_RE + Dyn |
| ln*GDPP_D* | − 2.497 *** (0.589) | − 1.147 *** (0.175) | − 0.901 * (0.482) | − 0.582 *** (0.110) | − 0.720 (0.481) | − 0.548 *** (0.110) |
| *Resource* | 0.052 *** (0.005) | 0.012 *** (0.005) | 0.064 *** (0.004) | 0.068 *** (0.004) | 0.068 *** (0.004) | 0.069 *** (0.004) |
| *Patent* | − 0.004 (0.013) | − 0.011 (0.013) | − 0.015 *** (0.006) | − 0.013 ** (0.006) | − 0.016 *** (0.006) | − 0.013 ** (0.006) |
| ln*Distance* | | − 2.511 *** (0.712) | | − 1.350 *** (0.405) | | − 1.377 *** (0.407) |
| *Pol_int* | 0.069 *** (0.015) | 0.074 *** (0.015) | 0.010 * (0.006) | 0.0113 * (0.006) | 0.007 (0.007) | 0.009 (0.006) |
| *Pol_sta* | 0.653 *** (0.119) | 0.568 *** (0.114) | 0.201 ** (0.086) | 0.229 *** (0.080) | 0.178 ** (0.086) | 0.208 *** (0.080) |
| *Cor_con* | − 0.898 *** (0.268) | − 0.435 (0.230) | − 0.020 (0.191) | 0.081 (0.157) | − 0.015 (0.191) | 0.089 (0.157) |
| *Contig* | | 0.716 (0.946) | | 0.990 ** (0.474) | | 0.980 ** (0.475) |
| *Landlock* | | − 0.569 (0.641) | | − 0.408 (0.339) | | − 0.396 (0.338) |
| *Constant* | − 16.09 *** (2.256) | − 14.71 *** (2.051) | | − 15.05 *** (1.215) | | − 14.96 *** (0.144) |
| *Log likelihood* | | | − 1057.39 | − 1481.69 | − 1052.87 | − 1477.15 |
| *Wald chi2* | | | 2508.9 *** | 2636.7 *** | 2540.6 *** | 2667.9 *** |
| *Obs* | 1020 | 1020 | 1020 | 1020 | 1020 | 1020 |

注: *** 表示在1%的水平上显著，** 表示在5%水平上显著，* 表示在10%水平上显著。括号内数值为稳健标准差。表中数据由作者自行计算。

从不同模型的回归结果中可见，衡量"一带一路"倡议投资效应的交互项 DID 以及 DID1、DID2 的系数均显著为正，这说明倡议的提出确实激励了中国向沿线国的直接投资增长。考虑到"一带一路"倡议所伴随的区域公共产品供给仍处于初始起步阶段，这一增长应主要与倡议带来的预期投资收益改善有关。DID1 和 DID2 变量用于衡量"一带一路"倡议动态影响，两变量的系数均显著为正，而且后者系数接近前者的两倍。这表明，倡议带来的投资增长，次年（2015 年）比倡议提出的首年（2014 年）更为显著，这与一般的投资现实吻合。综上可见，"一带一路"倡议确实对中国投资有显著的促进效应，这就验证了假说 H3。

值得注意的是，在"一带一路"倡议上，中国和潜在加入国之间存在相互选择的问题，但一般来说东道国是欢迎外来直接投资的，因此对于中国 *OFDI* 而言，更多的是中国企业单向选择东道国。从表 4.5 报告的控制变量看，最显著促进中国投资增长的因素是东道国与中国各自的市场规模。如果将 ln*GDPP_D* 视为东道国劳工成本的测度，则成本越低，越有利于吸引中国投资，而自然资源禀赋越优越有利于吸引中国投资。与前面一样，*Patent* 变量的系数也显著为负，我们的解释是这与中国向"一带一路"沿线以及相似地区的投资呈现"顺梯度"特征，更多以获得劳动力、市场和资源为驱动，而非针对发达国家的"逆梯度"投资以获得先进技术为驱动有关（刘海云和聂飞，2015）。其他控制变量中，双边政治亲密度总体上显示了正向影响中国投资的估计结果，但却并不都是显著的；政治稳定性的系数显著为正，表明中国的对外直接投资非常关注东道国的政治稳定度，因为一旦政治动乱前期投资可能完全打水漂，这与前面对"一带一路"倡议的选择概率估计刚好相反。这可能因为在政府的宏观层面，中国由于国力，对于政治风险并不敏感，但对于中国单个的投资企业而言，政治风险属于完全不可控的外生风险，因此比较敏感。腐败控制变量的系数总体上不显著，表明中国的对外直接投资企业对于东道国的腐败问题比较有经验，因为腐败相当于额外税收而风险可控，所以并不太在意。对于地理变量，地理距离越近越有利于吸引中国投资，与中国相邻也有助于吸引中国投资。属于内陆国不利于中国投资，但系数不显著。

为了进一步检验估计结果的稳健性，我们还尝试了其他的倾向得分匹配方法，比如核匹配、局部线性回归匹配、样条匹配，以及其他的匹配方法比如马氏匹配、偏差校正匹配等，与双重差分结合，按照表 4.5 的六个模型重新做了估计，得到的估计结果都比较接近，尤其是交互项 DID、DID1 和 DID2 的系数都是显著为正，篇幅起见不赘述，这证明我们的估计结果比较稳健而可靠，并不取决于具体匹配方法。

综上，中国向"一带一路"沿线国以及比较相似区域的对外直接投资更多倾向于市场规模较大、自然资源禀赋较优以及劳工成本较低的国家，但并不特别强调与中国政治亲密度，这意味着以往认为中国对外直接投资主要由国企进行，所以特别在意与中国的政治关系以及忽略国家风险的认知并不完全正确。这些结果倾向于提示我们，中国 OFDI 虽然的确受到"一带一路"倡议的激励，但投资行为却更多遵循市场规律。

# 第五章 中国对"一带一路"沿线国出口的特征分析

## 第一节 对"一带一路"沿线国出口的持续时间分析

### 一、问题的提出

"古丝绸之路"横穿欧亚大陆，持续两千多年，是连接东西方商贸往来和文明交流的重要通道。"一带一路"沿线国家将会成为中国重要的出口市场，也将为中国出口规模扩大带来新的契机。中国未来的发展与"一带一路"沿线国家的相互依存程度将进一步提高。那么，如何促进中国对"一带一路"沿线国家出口贸易关系持续稳定的发展呢？目前我国出口增长主要源于数量扩张和出口市场扩张两方面。事实上，这里忽略了一个问题：商品出口持续时间。能否保障出口贸易稳定发展，关键点并不完全在于构建新贸易联系，而在于如何使贸易联系稳定的生存下去。发展中国家保持总出口持续增长的重要因素是尽可能提高现有商品出口的持续时间（Besedeš and Prusa，2006a）。

在国际贸易理论中，从传统的要素禀赋理论到以规模报酬和交易成本为特征的新贸易理论，包括梅里兹（Melitz，2003）提出的新新贸易理论都认为，贸易关系一旦建立，就会长期持续下去。然而，这些理论对商品出口持续时间的判断并未得到微观经验的支持。贸易联系持续期研究了贸易的动态行为，是贸易增长中集约边际的重要组成部分，也为保障出口贸易稳定发展提供了新视角。

贸易联系持续期研究作为新兴的国际贸易议题，逐渐受到专家和学者的重视。在研究商品贸易持续期的相关文献中多数采用的方法是连续时间分析中的 Cox 比例危险模型。贝塞代什和普吕萨（Besedeš and Prusa，2006a）开创性地对 1972～1988 年美国进口商品使用 Cox 比例危险模型进行了估计。结果发现，出口到美国商品的持续时间中位数保持在 2～4 年。随后许多文章，包括尼奇（Nitsch，2009）对德国、贝塞代什和普吕萨（2010）对 46 个国家、贝塞代什和奈尔－赖科特（Besedeš and Nair-Reichert，2009）对印度、沃尔佩和卡瓦略（Volpe and Carballo，2009）对秘鲁、贝塞代什和布莱德（Besedeš and Blyde，2010）对拉丁美洲地区、邵军（2011）对中国 HS6 位数产品出口时间的分析等，都采用了 Cox 比例危险模型进行分析。

虽然多数文献使用了 Cox 模型研究持续时间，但是赫斯和佩尔松（Hess and Persson，2010）指出，由于商品进出口的时间往往是以年为单位进行统计，所以运用连续时间分析模型往往会出现衡量偏误，所以后续的文章大多运用离散时间生存分析模型来研究贸易联系持续期的问题（Hess and Persson，2011；Majune，2015；陈勇兵等，2012，2013；蒋灵多等，2015），所以，本章在进行分析时也借鉴了目前较多学者使用的离散生存模型进行分析。

以上文献为我们分析贸易联系持续期提供了思路和方法，但已有文献主要集中于中国对主要贸易伙伴国家的研究，关于中国与"一带一路"国家贸易关系的研究主要集中于国家层面的定性分析，本章将利用 CEP Ⅱ - BACI 数据库中的商品贸易数据运用 K-M 生存分析法，刻画中国与"一带一路"沿线国家商品出口持续时间特征，并在此基础上探寻影响出口持续时间的主要因素，以期为中国与"一带一路"沿线国家出口贸易持续稳定发展提供政策建议。

## 二、中国对"一带一路"沿线国家商品出口数据的统计特征与久期分析

### （一）中国对"一带一路"沿线国家商品出口数据的统计特征

我们定义商品出口持续时间为某一商品从一国出口到某一外国市场开始计算，直到退出该市场的时间（中间没有时间间隔），根据贸易进出口统计的特征，商品出口持续时间通常以年为单位进行统计。本章使用的是 CEP II-BACI 数据库中的 HS6 分位商品贸易数据，由于在数据库中巴勒斯坦、摩尔多瓦、黑山、塞尔维亚和北马其顿 5 个国家的数据缺失，本章仅对 2001～2017 年中国出口到 59 个"一带一路"沿线国家的 HS6 分位商品贸易数据进行分析。如果中国在 2001～2017 年停止某项商品的出口则称为"失败"。我们通过对数据的整理得到了 210066 个观测值。

本章在数据处理过程中有两点需要说明：一是数据"归并"问题，所谓"归并"就是在研究的时间范围内，不能确切地统计出商品出口持续时间，也就是说，商品的持续寿命可能早于我们研究的时间范围，也可能在我们研究的时间范围内还未停止。例如，中国对某项商品在 1998 年之前就开始出口，但是我们统计的年份只是从 1998 年开始，如果这项商品在 1998 年停止出口，那么我们认为这个商品的出口时间为 1 年，这时就会出现"左归并"的问题。同样，如果某项商品的出口时间为 1998～2014 年共 17 年，但是我们不能确定贸易关系结束的时间，这就存在"右归并"的问题。本章为了保证分析的有效性，我们假设数据满足"独立归并"的情况，即"归并"时间的分布不包含任何有关个体寿命分析的信息。二是在商品出口中存在多个持续时间段的问题。在一定时间内，中国出口 $x$ 商品到 $j$ 国一段时间之后可能会停止出口（至少为一年），之后再次向 $j$ 国出口 $x$ 商品。这样，在统计的时间范围内就会出现中国出口 $x$ 商品到 $j$ 国有多个时间段的情况。根据贝塞代什和普吕萨（2006b）分析得出的结果表明，无论把多个持续时间段分别当作单独的时间段对待或者只把多个持续时间段中的第一段作为唯一时间段的处理办法，贸

易联系持续期的分布情况基本保持相同。所以本章将采用将多个持续时间段分别当作单独的时间段进行处理的方法。

本章的样本数据主要来源于 CEPⅡ-BACI 数据的 HS6 分位商品编码数据。首先选取 2001~2017 年中国出口到 59 个"一带一路"沿线国家共 5096 种商品，然后统计中国对这 59 个国家的商品出口持续时间。通过把持续多个时间段当作单独时间段进行处理后，我们一共得到了 227106 个时间段。如表 5.1 所示，其中有 156287 个贸易联系在 1 年之后就失败了，占到了贸易总关系的 39.65%；有 67.78% 的贸易联系在持续了 5 年后失败；能够持续 17 年的贸易联系为 43046 个，仅占到贸易总关系的 10.92%。

表 5.1 　　中国对"一带一路"沿线国家商品出口持续时间存在的类型

| 贸易联系持续时间（年） | 贸易联系数量（个） | 百分比（%） | 累计百分比（%） |
|---|---|---|---|
| 1 | 156287 | 39.65 | 39.65 |
| 5 | 12545 | 3.18 | 67.78 |
| 10 | 8367 | 2.12 | 78.40 |
| 15 | 6861 | 1.74 | 87.85 |
| 17 | 43046 | 10.92 | 100 |

资料来源：CEPⅡ-BACI 数据库整理得到。

我们将这 59 个国家按照所处的地理位置不同划分成为 5 个区域，然后进行商品出口持续时间的统计（见表 5.2）。在维持 1 年的商品贸易联系中，中国与西亚北非国家的占比最多达到了 33.69%，中国同南亚、西亚北非、原苏联加盟共和国及周边地区和中东欧 4 个区域的贸易联系持续时间都不同程度随着时间的延长出现了下降的情况，但是与东南亚的贸易关系呈现出随着时间延续贸易联系持续期增长的现象，中国与东南亚商品贸易联系持续 17 年的有 24032 个，占到了持续 17 年贸易关系的 55.83%。

表 5.2 　　　　　　　分区域贸易联系持续期的统计描述

| 地区 | 1 年 | | 5 年 | | 10 年 | | 15 年 | | 17 年 | |
|---|---|---|---|---|---|---|---|---|---|---|
| | 数量（个） | 占比（%） | 数量（个） | 占比（%） | 数量（个） | 占比（%） | 数量（个） | 占比（%） | 数量（个） | 占比（%） |
| 东南亚 | 29649 | 18.97 | 2568 | 20.47 | 1326 | 15.85 | 2120 | 30.9 | 24168 | 56.15 |
| 南亚 | 16973 | 10.86 | 1435 | 11.44 | 866 | 10.35 | 734 | 10.70 | 3170 | 7.36 |

| 地区 | 1 年 | | 5 年 | | 10 年 | | 15 年 | | 17 年 | |
|---|---|---|---|---|---|---|---|---|---|---|
| | 数量（个） | 占比（%） | 数量（个） | 占比（%） | 数量（个） | 占比（%） | 数量（个） | 占比（%） | 数量（个） | 占比（%） |
| 西亚北非 | 64856 | 41.5 | 4894 | 39.01 | 3558 | 42.53 | 2159 | 31.47 | 9089 | 21.12 |
| 原苏联加盟国及周边地区 | 13300 | 8.51 | 1136 | 9.01 | 907 | 10.84 | 428 | 6.24 | 1408 | 3.27 |
| 中东欧 | 31509 | 20.16 | 2512 | 20.02 | 1710 | 20.44 | 1420 | 20.70 | 5211 | 12.11 |

注："一带一路"划分为五大次区域：东南亚、原苏联加盟共和国及其周边地区、南亚地区、中东欧地区和西亚北非地区。其中东南亚包括 11 国：印度尼西亚、马来西亚、菲律宾、新加坡、泰国、文莱、越南、老挝、缅甸、柬埔寨、东帝汶；原苏联加盟国及周边地区 13 国：哈萨克斯坦、乌兹别克斯坦、土库曼斯坦、吉尔吉斯斯坦、塔吉克斯坦、俄罗斯、乌克兰、白俄罗斯、格鲁吉亚、阿塞拜疆、亚美尼亚、摩尔多瓦、蒙古国；南亚 8 国：印度、巴基斯坦、孟加拉国、斯里兰卡、阿富汗、尼泊尔、马尔代夫、不丹；中东欧 16 国：波兰、罗马尼亚、捷克共和国、斯洛伐克、保加利亚、匈牙利、拉脱维亚、立陶宛、斯洛文尼亚、爱沙尼亚、克罗地亚、阿尔巴尼亚、塞尔维亚、北马其顿、波黑、黑山；西亚北非 16 国：沙特阿拉伯、阿联酋、阿曼、伊朗、土耳其、以色列、埃及、科威特、伊拉克、卡塔尔、约旦、黎巴嫩、巴林、也门、叙利亚、巴勒斯坦。本表数据根据 CEPⅡ-BACI 数据库整理得到。

## （二）中国对"一带一路"沿线国家商品出口持续时间的久期分析

在实证研究中，当被解释变量为某种活动的持续时间时，这类数据称为久期数据，其相应的分析方法则称为久期分析。风险函数、生存函数和累计风险函数是久期分析中描述持续时间特征时常用的三个函数。我们把 $T$ 定义为中国出口商品 $x$ 到 $j$ 国的持续时间，也可以叫做商品的出口寿命。其中 $T$ 的取值为 $t_i$，$i=1,2,3,\cdots,n$，显然 $T$ 为离散随机变量。生存函数 $S(t)$ 为商品持续出口时间超过 $t$ 的概率。

$$S(t) = pr(T_i > t) \tag{5.1}$$

一般生存函数的非参数估计由 Kaplan-Meier "连乘估计量" 给出：

$$\hat{S}(t) \equiv \prod_{j|t_j \leq t} \left( \frac{n_j - m_j}{n_j} \right) \tag{5.2}$$

公式（5.2）中的 $n_j$ 表示到了时间 $t_j$ 依然保持商品贸易联系的数量，$m_j$ 表示到了 $t_j$ 时期失败的商品贸易联系的数量。

风险函数也是危险函数，表示的是商品在 $t-1$ 时期保持出口、而在 $t$ 时期停止出口的概率。

$$h(t_i) = \Pr(T = t_i \mid T \geq t_i) = \frac{p(t_i)}{S(t_{i-1})}, i = 1,2,3,\cdots,n \qquad (5.3)$$

风险函数的 K-M 估计量为：

$$\hat{h}(t) = \frac{m_j}{n_j} \qquad (5.4)$$

累计风险函数表示了局部风险率的加总：

$$(t) = \sum_{j \mid t_j \leq t} \left( \frac{m_j}{n_j} \right) \qquad (5.5)$$

本章主要运用 K-M 的连乘估计量的方法，对中国 2001 ~ 2017 年出口到 59 个"一带一路"沿线国家的生存函数做出总体估计和分区域估计。

1. 中国对"一带一路"沿线国家商品出口总体的 K-M 估计

表 5.3 给出了对这 59 个国家估计的生存函数。全样本中出口持续时间保持 5 年的占到了 64.4%。出口持续时间达到 10 年的商品贸易联系比出口持续 5 年的商品贸易联系减少了 23%。能够保持出口 15 年的仅仅剩下了 18.6%，也就是说有 81.4% 的商品贸易联系不到 15 年就失败了。

表5.3　中国对"一带一路"沿线国家商品出口持续时间的 K-M 估计

| 地区 | 生存时间（年） | | K-M 生存率 | | | 贸易联系数量（个） | 持续时间段数量（个） |
|---|---|---|---|---|---|---|---|
| | 均值 | 中位数 | 5 年 | 10 年 | 15 年 | | |
| 全样本 | 8 | 9 | 0.644 | 0.417 | 0.186 | 210066 | 209042 |
| 东南亚 | 10 | 12 | 0.739 | 0.566 | 0.319 | 40387 | 40387 |
| 南亚 | 9 | 9 | 0.659 | 0.449 | 0.197 | 22427 | 22427 |
| 西亚北非 | 8 | 9 | 0.649 | 0.413 | 0.181 | 67002 | 67002 |
| 原苏联加盟共和国及周边地区 | 8 | 7 | 0.573 | 0.309 | 0.105 | 18180 | 18180 |
| 中东欧 | 9 | 8 | 0.629 | 0.397 | 0.157 | 44221 | 44221 |

资料来源：作者自行计算。

2. 中国对"一带一路"沿线国家商品出口分区域的 K-M 估计

通过对表 5.3 的分析发现，中国同 5 个区域进行对外贸易时存在着不平衡性，5 个区域的商品生存率存在较大差异，东南亚国家商品生存率明显高于其他区域，出口商品持续时间平均值为 10 年，中位数为 12 年，高于全样本的平均值 8 年，中位数 9 年。同时，东南亚、南亚和西亚北非商品生存率保持在 5 年的分别达到了 73.9%、65.9% 和 64.9%，均高于全样本的 64.4%。这说明中国对东南亚、南亚以及西亚北非的出口商品持续时间较为稳定。在全样本中商品出口持续时间达到 15 年的区域中东北亚、南亚分别达到了 31.9% 和 19.7%，且均高于全样本的 18.6%，其余区域均低于全样本中的比例。

# 第二节 对"一带一路"沿线国出口的空间结构分析

## ——以钢铁出口为例

### 一、"一带一路"及其各次区域市场对于中国以及各省份钢铁出口的重要性分析

我们利用海关总署的进出口贸易数据（本章所涉及的中国各省份数据，港澳台地区因数据缺失，不包含在内），将中国对"一带一路"沿线国的钢铁出口额进行加总计算，结果见表 5.4。从表 5.4 中我们可以发现一个明显的特征事实是，随着 2013 年年底"一带一路"倡议的提出，中国对"一带一路"沿线国的钢铁出口所占比例明显增加，显示钢铁出口重心向"一带一路"地区转移，以及"一带一路"市场对其他地方市场的相对替代。

表 5.4　2011～2017 年中国对"一带一路"钢铁出口额以及其占钢铁总出口的比例

| 项目 | 2011 年 | 2012 年 | 2013 年 | 2014 年 | 2015 年 | 2016 年 | 2017 年 |
|---|---|---|---|---|---|---|---|
| "一带一路"出口额（亿美元） | 143.74 | 155.54 | 174.08 | 256.77 | 253.25 | 238.10 | 220.87 |
| "一带一路"出口占比（%） | 36.04 | 41.90 | 45.07 | 46.28 | 51.48 | 55.06 | 51.28 |

资料来源：ITC（http://www.intracen.org/）提供的贸易数据①。

---

① 本节来自于 ITC 提供的钢铁进口及出口的具体数据可参见附录一中的附表 1 和附表 2。

从表5.5可以看出，"一带一路"的东南亚次区域对于中国整个"一带一路"的钢铁出口最为重要，占到60%左右。第二重要的是中东欧次区域，第三重要的是原苏联加盟共和国及其周边地区，第四重要的是南亚地区，最后是西亚北非地区，这可能与近期西亚北非地区战乱不断，基础设施建设以及经济发展受到极大影响有关。

表5.5　　　　　　　　2011～2017年"一带一路"不同次区域占

中国对"一带一路"钢铁总出口比例　　　　　　单位:%

| 区域 | 2011年 | 2012年 | 2013年 | 2014年 | 2015年 | 2016年 | 2017年 |
|---|---|---|---|---|---|---|---|
| 东南亚地区 | 52.22 | 60.71 | 63.36 | 57.64 | 56.11 | 62.67 | 61.18 |
| 原苏联加盟共和国及其周边地区 | 16.95 | 13.77 | 9.64 | 13.85 | 16.71 | 13.47 | 14.99 |
| 南亚地区 | 4.68 | 4.61 | 5.47 | 3.45 | 2.29 | 2.47 | 3.85 |
| 中东欧地区 | 22.83 | 18.81 | 19.68 | 23.78 | 23.94 | 20.20 | 18.77 |
| 西亚北非地区 | 3.32 | 2.10 | 1.85 | 1.28 | 0.95 | 1.19 | 1.20 |

资料来源：ITC（http：//www.intracen.org/）提供的贸易数据，并经作者计算。

但从人口来看，南亚地区人口比例最大，市场潜力最大，未来中国钢铁出口的潜在增长点重点还是要放在南亚地区。

从表5.4、表5.5我们可以看出，"一带一路"整体市场对于中国钢铁出口越来越重要，而"一带一路"次区域市场对于中国的重要程度差异较大，如果从中国各省份的层面上来考虑，"一带一路"整体以及各次区域市场的重要程度可能也将有相当大的差异化表现。

我们利用表5.6来描述"一带一路"整体市场对于我国各省份钢铁出口的重要性。我们这样界定重要性程度：比例小于5%为非常不重要，5%～20%为不重要，20%～50%为普通重要，50%～80%为重要，大于80%为非常重要。根据这个分类，从表5.6可以看出，这七年平均来看，31个省份没有属于非常不重要层级的，基本属于普通重要级别以上。其中，山西、黑龙江在不重要和普通重要之间变动；北京、内蒙古、辽宁、上海、江苏、湖南、广东属于普通重要级别；天津、河北、吉林、浙江、福建、山东、河南、湖北、海南、重庆、贵州、陕西在普通重要和重要之间变动；安徽、江西等省份都属于重要以上，广西从重要到非常重要，云南、新疆等一直属于非常重要。四川、甘肃、宁夏等变动较大，从非常不重要变动到普通重要；西藏、青海等变动特别大，从非常不重要变动到非常重要。从时间趋势看，总体趋势为上升的省份有北京、山西、内蒙古、辽宁、黑龙江、上海、浙江、安徽、江西、山东、湖北、湖南、重庆、四川、贵州、甘肃等；总体趋势为下降的有福建、青海和新疆等省份。

表 5.6　　　　　　　中国各省份对"一带一路"钢铁出口

占该省钢铁总出口的比例　　　　　单位：%

| 省份 | 2011 年 | 2012 年 | 2013 年 | 2014 年 | 2015 年 | 2016 年 | 2017 年 |
|---|---|---|---|---|---|---|---|
| 北京 | 25.37 | 22.61 | 40.70 | 32.89 | 37.64 | 47.65 | 44.33 |
| 天津 | 43.42 | 45.41 | 45.99 | 46.00 | 55.17 | 65.40 | 49.25 |
| 河北 | 46.81 | 47.84 | 49.05 | 52.04 | 59.91 | 60.78 | 48.44 |
| 山西 | 21.00 | 15.15 | 12.17 | 19.32 | 22.58 | 24.76 | 31.49 |
| 内蒙古 | 29.43 | 46.47 | 46.17 | 47.09 | 44.98 | 48.43 | 50.02 |
| 辽宁 | 29.05 | 30.27 | 34.33 | 36.73 | 45.20 | 50.09 | 45.60 |
| 吉林 | 32.05 | 79.74 | 54.53 | 74.06 | 80.80 | 75.68 | 20.01 |
| 黑龙江 | 11.38 | 11.30 | 12.75 | 9.20 | 9.31 | 13.70 | 25.62 |
| 上海 | 31.67 | 31.00 | 31.24 | 35.73 | 38.56 | 45.29 | 46.86 |
| 江苏 | 36.40 | 47.72 | 48.34 | 47.53 | 49.06 | 50.20 | 48.00 |
| 浙江 | 43.45 | 45.85 | 51.84 | 54.14 | 64.47 | 68.23 | 60.38 |
| 安徽 | 50.50 | 70.46 | 63.35 | 53.39 | 51.34 | 55.17 | 55.07 |
| 福建 | 75.16 | 69.93 | 74.26 | 54.60 | 61.22 | 50.67 | 43.24 |
| 江西 | 49.60 | 53.82 | 67.67 | 65.13 | 62.24 | 74.35 | 70.42 |
| 山东 | 39.66 | 51.56 | 52.85 | 54.08 | 54.26 | 58.63 | 56.36 |
| 河南 | 31.52 | 42.78 | 58.46 | 49.35 | 42.56 | 54.08 | 57.14 |
| 湖北 | 31.97 | 42.48 | 37.45 | 36.14 | 50.92 | 56.34 | 57.31 |
| 湖南 | 26.08 | 20.11 | 20.09 | 27.17 | 28.25 | 26.33 | 30.19 |
| 广东 | 37.54 | 38.55 | 34.62 | 42.45 | 49.35 | 44.43 | 43.72 |
| 广西 | 69.36 | 93.44 | 99.21 | 81.52 | 69.36 | 88.85 | 95.40 |
| 海南 | 40.63 | 45.55 | 56.16 | 33.54 | 20.39 | 21.05 | 34.04 |
| 重庆 | 52.41 | 22.57 | 61.08 | 36.53 | 43.08 | 62.35 | 68.36 |

| 省份 | 2011 年 | 2012 年 | 2013 年 | 2014 年 | 2015 年 | 2016 年 | 2017 年 |
|------|---------|---------|---------|---------|---------|---------|---------|
| 四川 | 3.83 | 53.22 | 29.99 | 26.04 | 29.27 | 30.20 | 48.58 |
| 贵州 | 62.16 | 57.82 | 41.82 | 43.94 | 51.06 | 43.35 | 75.32 |
| 云南 | 99.06 | 99.09 | 94.61 | 92.72 | 87.52 | 92.93 | 99.69 |
| 西藏 | 77.33 | 89.90 | 88.65 | 0.00 | 0.00 | 100.00 | 100.00 |
| 陕西 | 25.90 | 36.31 | 42.53 | 55.19 | 53.50 | 79.05 | 35.38 |
| 甘肃 | 1.39 | 5.35 | 36.89 | 14.18 | 40.81 | 35.85 | 45.18 |
| 青海 | 90.86 | 90.25 | 58.19 | 68.11 | 43.41 | 63.70 | 0.00 |
| 宁夏 | 0.00 | 73.34 | 59.49 | 71.96 | 60.53 | 39.70 | 42.88 |
| 新疆 | 99.04 | 97.77 | 98.26 | 95.44 | 94.43 | 92.26 | 89.06 |

资料来源：中国海关总署提供的出口数据。

我们将东南亚地区、原苏联加盟共和国及其周边地区、南亚、中东欧地区、西亚北非五大次区域分别编码为1、2、3、4、5，然后计算对于各省份而言最重要的钢铁出口次区域及其具体比例。从表5.7我们可以得到，对于大多数年份以及大多数省份而言，东南亚次区域市场都是最重要的，但有些例外。对于北京，2015年最重要的是中东欧；对于河北，2011年最重要的是中东欧；对于山西，2011年、2014年、2015年最重要的是中东欧；对于黑龙江，2017年最重要的是中东欧；对于河南，2015年、2016年最重要的是原苏联加盟共和国及其周边地区；对于重庆，2011年、2012年最重要的是中东欧；对于四川，2012年最重要的是中东欧；对于陕西，所有年度最重要的都是中东欧；对于新疆，所有年度最重要的都是南亚；对于西藏，2011年最重要的是原苏联加盟共和国及其周边地区，而且2014年、2015年没有对"一带一路"地区出口钢铁。西藏、甘肃、青海和宁夏四省在"一带一路"地区的钢铁出口重要区域变动较大。甘肃2011年最重要的是中东欧，2012～2016年为东南亚，2017年最重要的变为南亚；青海2011年、2014年、2016年最重要的为中东欧，2012年最重要的为西亚北非地区，2013年、2015年最重要的为东南亚地区，2017年没有对"一带一路"的钢铁出口；宁夏2011年没有对"一带一路"地区的钢铁出口，2012年最重要的是原苏联加盟共和国及其周边地区，2014年最重要的为中东欧地区，其余年度为东南亚地区。西藏、甘肃、青海和宁夏四个省份变动较大的原因很可能是因为这些省份的钢铁出口数量较小而且不稳定，造成了最重要出口地区的频繁变动。

表 5.7　　　　　　　2011～2017 年对各省份钢铁出口最重要的
"一带一路"次区域及其所占比例

| 省份 | 2011 年 | 2012 年 | 2013 年 | 2014 年 | 2015 年 | 2016 年 | 2017 年 |
|------|---------|---------|---------|---------|---------|---------|---------|
| 北京 | 1, 44.10 | 1, 43.73 | 1, 39.90 | 4, 45.37 | 4, 46.91 | 1, 45.98 | 1, 49.88 |
| 天津 | 1, 68.01 | 1, 69.66 | 1, 61.99 | 1, 60.65 | 1, 54.40 | 1, 70.60 | 1, 63.04 |
| 河北 | 4, 38.92 | 1, 53.01 | 1, 60.67 | 1, 62.32 | 1, 58.08 | 1, 61.19 | 1, 62.93 |
| 山西 | 4, 50.30 | 1, 49.80 | 1, 36.86 | 4, 53.58 | 4, 43.28 | 1, 37.58 | 1, 45.26 |
| 内蒙古 | 1, 70.39 | 1, 74.03 | 1, 73.96 | 1, 70.45 | 1, 73.75 | 1, 73.81 | 1, 71.68 |
| 辽宁 | 1, 54.63 | 1, 71.96 | 1, 73.58 | 1, 65.01 | 1, 65.26 | 1, 75.99 | 1, 76.41 |
| 吉林 | 1, 67.74 | 1, 63.97 | 1, 69.60 | 1, 55.39 | 1, 46.72 | 1, 56.22 | 1, 60.08 |
| 黑龙江 | 1, 51.96 | 1, 67.05 | 1, 69.47 | 1, 70.40 | 1, 55.11 | 1, 30.23 | 4, 61.86 |
| 上海 | 1, 47.12 | 1, 60.14 | 1, 63.66 | 1, 50.79 | 1, 50.34 | 1, 55.75 | 1, 52.50 |
| 江苏 | 1, 56.47 | 1, 66.30 | 1, 71.94 | 1, 60.84 | 1, 61.68 | 1, 67.18 | 1, 65.13 |
| 浙江 | 1, 49.64 | 1, 49.75 | 1, 58.92 | 1, 54.90 | 1, 54.89 | 1, 67.89 | 1, 56.48 |
| 安徽 | 1, 54.33 | 1, 67.99 | 1, 83.37 | 1, 68.57 | 1, 63.73 | 1, 75.80 | 1, 75.19 |
| 福建 | 1, 78.59 | 1, 83.11 | 1, 71.77 | 1, 62.22 | 1, 54.46 | 1, 63.32 | 1, 68.28 |
| 江西 | 1, 68.77 | 1, 52.07 | 1, 66.73 | 1, 64.21 | 1, 63.85 | 1, 54.90 | 1, 64.72 |
| 山东 | 1, 51.78 | 1, 58.70 | 1, 56.05 | 1, 48.50 | 1, 51.94 | 1, 55.39 | 1, 53.94 |
| 河南 | 1, 44.04 | 1, 45.65 | 1, 65.73 | 1, 43.04 | 2, 44.40 | 2, 51.12 | 1, 33.28 |
| 湖北 | 1, 44.23 | 1, 57.66 | 1, 61.43 | 1, 46.61 | 1, 41.87 | 1, 47.84 | 1, 47.30 |
| 湖南 | 1, 82.49 | 1, 70.13 | 1, 82.93 | 1, 55.85 | 1, 54.92 | 1, 62.85 | 1, 71.34 |
| 广东 | 1, 59.13 | 1, 58.02 | 1, 61.87 | 1, 57.97 | 1, 55.51 | 1, 61.41 | 1, 64.79 |
| 广西 | 1, 93.33 | 1, 88.01 | 1, 99.96 | 1, 99.96 | 1, 99.06 | 1, 99.96 | 1, 94.92 |
| 海南 | 1, 100.00 | 1, 98.95 | 1, 92.65 | 1, 100.00 | 1, 98.43 | 1, 100.00 | 1, 100.00 |
| 重庆 | 4, 49.44 | 4, 33.32 | 1, 36.49 | 1, 64.35 | 1, 61.31 | 1, 51.72 | 1, 62.86 |
| 四川 | 1, 45.00 | 4, 56.75 | 1, 49.31 | 1, 57.64 | 1, 65.71 | 1, 73.11 | 1, 54.22 |
| 贵州 | 1, 44.07 | 1, 55.13 | 1, 49.92 | 1, 52.24 | 1, 49.55 | 1, 60.94 | 1, 54.55 |
| 云南 | 1, 99.50 | 1, 99.27 | 1, 95.62 | 1, 92.55 | 1, 92.77 | 1, 96.39 | 1, 99.97 |
| 西藏 | 2, 100.00 | 1, 63.15 | 1, 55.50 | 无, 0.00 | 无, 0.00 | 1, 99.97 | 1, 89.26 |
| 陕西 | 4, 49.30 | 4, 45.15 | 4, 53.60 | 4, 72.66 | 4, 81.13 | 4, 75.49 | 4, 58.56 |

续表

| 省份 | 2011 年 | 2012 年 | 2013 年 | 2014 年 | 2015 年 | 2016 年 | 2017 年 |
|------|---------|---------|---------|---------|---------|---------|---------|
| 甘肃 | 4，47.54 | 1，43.50 | 1，40.82 | 1，59.04 | 1，45.25 | 1，43.03 | 3，40.96 |
| 青海 | 4，49.67 | 5，55.89 | 1，38.32 | 4，80.02 | 1，53.33 | 4，48.06 | 无，0.00 |
| 宁夏 | 无，0.00 | 2，68.24 | 1，52.21 | 4，42.43 | 1，67.41 | 1，72.56 | 1，44.90 |
| 新疆 | 3，98.61 | 3，98.45 | 3，97.18 | 3，90.77 | 3，66.88 | 3，83.01 | 3，92.55 |

注：表中北京 2011 年对应的数字（1，44.10），意味着东南亚（编码为 1）占据了北京对"一带一路"地区钢铁出口中的最大份额，其具体份额为 44.10%，余同。资料来源于中国海关总署提供的出口数据。

而从最重要次区域的重要程度分类来看：东南亚次区域市场对于广西、海南、云南所有年份都属于非常重要的级别，东南亚次区域市场所有年份对于内蒙古都属于重要级别，东南亚次区域市场对于其他省份某些年份属于普通重要，而某些年份属于重要级别；中东欧次区域市场对于陕西一直是最重要的，其重要级别从普通重要到重要以及非常重要不等；南亚次区域市场对于新疆一直是最重要的，除了 2015 年其级别为重要外，其余年份皆为非常重要。

## 二、各省份对于"一带一路"及其次区域钢铁出口的重要性分析

我们除了可以分析"一带一路"整体及其次区域市场对于中国以及中国各省份的重要性之外，还可以调换角度，分析中国各省份对"一带一路"整体以及其次区域的钢铁出口的重要性。

我们用表 5.8 来描述各省份的"一带一路"钢铁出口占全国钢铁"一带一路"总出口的比例，以此刻画各省份在相应出口中的重要性。31 个省份如果绝对平均，则每个省份所占份额应该均是 3.23%。在这个平均份额之上的省份有北京、天津、河北、辽宁、上海、江苏、浙江、山东、广东，其中又以江苏、河北、山东、辽宁、浙江、广东、上海占据较大份额，以 2017 年为例，这七个省份占据了全部份额的四分之三强。从趋势上看，占据份额明显下降的是河北，明显上升的是浙江、安徽、山东等。我们还注意到，几乎所有省份对"一带一路"都有钢铁出口，但是吉林、黑龙江、河南、湖南、广

西、海南、重庆、四川、贵州、云南、西藏、陕西、甘肃、青海、宁夏这些省份所占份额都在1%以下，其中海南、贵州、云南、西藏、陕西、甘肃、青海、宁夏这些省份更是占比极低。

表5.8　　　　2011～2017年中国对"一带一路"钢铁出口额

各省份所占比例　　　　　　单位：%

| 省份 | 2011年 | 2012年 | 2013年 | 2014年 | 2015年 | 2016年 | 2017年 | 七年平均 |
|------|--------|--------|--------|--------|--------|--------|--------|----------|
| 北京 | 3.55 | 2.30 | 3.60 | 2.81 | 3.69 | 3.84 | 3.70 | 3.36 |
| 天津 | 4.46 | 5.11 | 5.71 | 5.34 | 6.22 | 7.64 | 3.31 | 5.40 |
| 河北 | 14.04 | 14.60 | 16.57 | 20.24 | 22.86 | 20.08 | 11.50 | 17.13 |
| 山西 | 1.91 | 1.06 | 0.80 | 1.50 | 1.56 | 1.54 | 2.94 | 1.62 |
| 内蒙古 | 1.50 | 2.15 | 2.31 | 1.72 | 1.04 | 1.10 | 1.89 | 1.67 |
| 辽宁 | 9.48 | 9.41 | 9.61 | 10.11 | 9.59 | 9.54 | 11.64 | 9.91 |
| 吉林 | 0.09 | 0.25 | 0.14 | 0.84 | 0.88 | 0.27 | 0.06 | 0.36 |
| 黑龙江 | 0.31 | 0.25 | 0.20 | 0.09 | 0.07 | 0.03 | 0.03 | 0.14 |
| 上海 | 7.16 | 5.12 | 4.00 | 4.01 | 3.50 | 3.89 | 5.06 | 4.68 |
| 江苏 | 18.79 | 21.90 | 19.93 | 17.93 | 17.26 | 16.58 | 18.58 | 18.71 |
| 浙江 | 5.31 | 4.30 | 6.20 | 6.40 | 6.85 | 7.60 | 7.88 | 6.36 |
| 安徽 | 1.00 | 2.28 | 1.40 | 1.40 | 1.67 | 1.47 | 1.96 | 1.60 |
| 福建 | 2.81 | 2.83 | 2.82 | 2.81 | 2.67 | 2.38 | 2.71 | 2.72 |
| 江西 | 2.55 | 2.39 | 2.44 | 2.40 | 1.54 | 1.81 | 1.61 | 2.11 |
| 山东 | 8.55 | 10.16 | 10.21 | 10.80 | 8.95 | 11.52 | 14.81 | 10.71 |
| 河南 | 1.27 | 1.07 | 1.24 | 0.80 | 0.70 | 0.67 | 0.72 | 0.92 |
| 湖北 | 2.83 | 2.57 | 2.27 | 1.52 | 1.83 | 1.72 | 2.15 | 2.13 |
| 湖南 | 1.73 | 0.74 | 0.41 | 0.67 | 0.55 | 0.37 | 0.40 | 0.70 |
| 广东 | 8.87 | 7.29 | 6.36 | 5.63 | 5.27 | 5.03 | 5.78 | 6.32 |
| 广西 | 1.02 | 0.79 | 0.49 | 0.28 | 0.31 | 0.65 | 0.41 | 0.56 |
| 海南 | 0.06 | 0.06 | 0.10 | 0.02 | 0.01 | 0.01 | 0.01 | 0.04 |
| 重庆 | 0.11 | 0.23 | 0.25 | 0.34 | 0.32 | 0.17 | 0.11 | 0.22 |
| 四川 | 0.05 | 0.38 | 0.26 | 0.32 | 0.28 | 0.11 | 0.26 | 0.24 |
| 贵州 | 0.06 | 0.08 | 0.07 | 0.06 | 0.07 | 0.05 | 0.15 | 0.08 |
| 云南 | 0.52 | 0.57 | 0.64 | 0.61 | 0.62 | 0.54 | 0.66 | 0.59 |

续表

| 省份 | 2011 年 | 2012 年 | 2013 年 | 2014 年 | 2015 年 | 2016 年 | 2017 年 | 七年平均 |
|------|---------|---------|---------|---------|---------|---------|---------|----------|
| 西藏 | 0.00 | 0.03 | 0.01 | 0.00 | 0.00 | 0.01 | 0.02 | 0.01 |
| 陕西 | 0.20 | 0.17 | 0.12 | 0.06 | 0.06 | 0.08 | 0.07 | 0.11 |
| 甘肃 | 0.01 | 0.02 | 0.06 | 0.05 | 0.18 | 0.19 | 0.25 | 0.11 |
| 青海 | 0.04 | 0.01 | 0.01 | 0.01 | 0.03 | 0.03 | 0.00 | 0.02 |
| 宁夏 | 0.00 | 0.00 | 0.02 | 0.03 | 0.02 | 0.00 | 0.04 | 0.02 |
| 新疆 | 1.72 | 1.88 | 1.75 | 1.21 | 1.40 | 1.08 | 1.28 | 1.47 |

资料来源：中国海关总署提供的出口数据。

我们还可以像前面一样，将"一带一路"划分为 5 大次区域，分别对它们计算各省份所占比例，得到表 5.9 ~ 表 5.13。从表 5.9 看，各省份对东南亚地区钢铁出口额占"一带一路"整体份额在 3.23% 的平均水平之上的省份有天津、河北、辽宁、上海、江苏、浙江、山东、广东，排名前三的是江苏、河北和辽宁。

表 5.9　　　　　对"一带一路"东南亚地区钢铁出口额各省份占比　　　单位：%

| 省份 | 2011 年 | 2012 年 | 2013 年 | 2014 年 | 2015 年 | 2016 年 | 2017 年 | 七年平均 |
|------|---------|---------|---------|---------|---------|---------|---------|----------|
| 北京 | 3.00 | 1.66 | 2.27 | 1.65 | 2.10 | 2.82 | 3.02 | 2.36 |
| 天津 | 5.81 | 5.86 | 5.59 | 5.62 | 6.03 | 8.60 | 3.41 | 5.85 |
| 河北 | 9.22 | 12.75 | 15.86 | 21.88 | 23.66 | 19.61 | 11.83 | 16.40 |
| 山西 | 1.19 | 0.87 | 0.46 | 0.88 | 1.11 | 0.92 | 2.18 | 1.09 |
| 内蒙古 | 2.02 | 2.62 | 2.69 | 2.10 | 1.37 | 1.30 | 2.22 | 2.05 |
| 辽宁 | 9.92 | 11.16 | 11.16 | 11.40 | 11.15 | 11.57 | 14.53 | 11.56 |
| 吉林 | 0.11 | 0.26 | 0.16 | 0.81 | 0.73 | 0.24 | 0.06 | 0.34 |
| 黑龙江 | 0.30 | 0.27 | 0.22 | 0.11 | 0.07 | 0.02 | 0.01 | 0.14 |
| 上海 | 6.46 | 5.07 | 4.02 | 3.53 | 3.14 | 3.46 | 4.34 | 4.29 |
| 江苏 | 20.32 | 23.92 | 22.63 | 18.92 | 18.97 | 17.77 | 19.78 | 20.33 |
| 浙江 | 5.05 | 3.52 | 5.77 | 6.10 | 6.70 | 8.23 | 7.28 | 6.09 |
| 安徽 | 1.04 | 2.56 | 1.84 | 1.67 | 1.90 | 1.77 | 2.41 | 1.88 |
| 福建 | 4.22 | 3.88 | 3.20 | 3.04 | 2.60 | 2.40 | 3.02 | 3.19 |
| 江西 | 3.36 | 2.05 | 2.57 | 2.67 | 1.75 | 1.59 | 1.70 | 2.24 |
| 山东 | 8.48 | 9.83 | 9.04 | 9.08 | 8.28 | 10.18 | 13.05 | 9.71 |

| 省份 | 2011 年 | 2012 年 | 2013 年 | 2014 年 | 2015 年 | 2016 年 | 2017 年 | 七年平均 |
|------|---------|---------|---------|---------|---------|---------|---------|----------|
| 河南 | 1.07 | 0.80 | 1.29 | 0.60 | 0.44 | 0.32 | 0.39 | 0.70 |
| 湖北 | 2.40 | 2.44 | 2.20 | 1.23 | 1.37 | 1.31 | 1.66 | 1.80 |
| 湖南 | 2.74 | 0.86 | 0.53 | 0.65 | 0.54 | 0.37 | 0.47 | 0.88 |
| 广东 | 10.05 | 6.97 | 6.21 | 5.66 | 5.22 | 4.93 | 6.12 | 6.45 |
| 广西 | 1.82 | 1.14 | 0.78 | 0.48 | 0.55 | 1.04 | 0.64 | 0.92 |
| 海南 | 0.12 | 0.09 | 0.01 | 0.04 | 0.02 | 0.01 | 0.01 | 0.04 |
| 重庆 | 0.05 | 0.11 | 0.14 | 0.38 | 0.35 | 0.14 | 0.11 | 0.18 |
| 四川 | 0.04 | 0.15 | 0.20 | 0.32 | 0.33 | 0.13 | 0.23 | 0.20 |
| 贵州 | 0.05 | 0.08 | 0.06 | 0.05 | 0.06 | 0.05 | 0.13 | 0.07 |
| 云南 | 0.98 | 0.93 | 0.96 | 0.98 | 1.03 | 0.83 | 1.08 | 0.97 |
| 西藏 | 0.00 | 0.03 | 0.01 | 0.00 | 0.00 | 0.01 | 0.03 | 0.01 |
| 陕西 | 0.13 | 0.10 | 0.05 | 0.01 | 0.00 | 0.01 | 0.02 | 0.05 |
| 甘肃 | 0.01 | 0.01 | 0.04 | 0.05 | 0.14 | 0.13 | 0.12 | 0.07 |
| 青海 | 0.00 | 0.00 | 0.00 | 0.00 | 0.03 | 0.02 | 0.00 | 0.01 |
| 宁夏 | 0.00 | 0.00 | 0.01 | 0.02 | 0.02 | 0.01 | 0.03 | 0.01 |
| 新疆 | 0.02 | 0.02 | 0.03 | 0.07 | 0.33 | 0.21 | 0.11 | 0.11 |

资料来源：中国海关总署提供的出口数据。

从表 5.10 看，各省份对原苏联加盟共和国及其周边地区钢铁出口额占"一带一路"整体份额在 3.23% 的平均水平之上的省份有天津、河北、辽宁、上海、江苏、浙江、江西、山东、广东，排名前三的是河北、江苏和辽宁。

表 5.10　　　　　　对"一带一路"原苏联加盟共和国及其
周边地区钢铁出口额各省份占比 单位：%

| 省份 | 2011 年 | 2012 年 | 2013 年 | 2014 年 | 2015 年 | 2016 年 | 2017 年 | 七年平均 |
|------|---------|---------|---------|---------|---------|---------|---------|----------|
| 北京 | 2.27 | 2.32 | 2.55 | 2.09 | 4.04 | 4.26 | 2.32 | 2.84 |
| 天津 | 1.84 | 3.47 | 2.76 | 4.15 | 6.57 | 4.24 | 2.72 | 3.68 |
| 河北 | 19.29 | 14.84 | 15.46 | 14.61 | 21.77 | 17.89 | 11.46 | 16.47 |
| 山西 | 1.19 | 1.19 | 0.92 | 0.28 | 1.34 | 2.75 | 3.90 | 1.65 |
| 内蒙古 | 0.76 | 0.69 | 0.52 | 0.35 | 0.37 | 1.58 | 1.68 | 0.85 |
| 辽宁 | 15.09 | 12.01 | 16.31 | 14.67 | 13.06 | 10.35 | 11.60 | 13.30 |

| 省份 | 2011 年 | 2012 年 | 2013 年 | 2014 年 | 2015 年 | 2016 年 | 2017 年 | 七年平均 |
|---|---|---|---|---|---|---|---|---|
| 吉林 | 0.02 | 0.65 | 0.39 | 2.32 | 2.37 | 0.86 | 0.16 | 0.97 |
| 黑龙江 | 0.20 | 0.32 | 0.15 | 0.07 | 0.04 | 0.05 | 0.02 | 0.12 |
| 上海 | 8.10 | 7.02 | 5.29 | 8.09 | 3.96 | 4.98 | 8.61 | 6.58 |
| 江苏 | 16.91 | 19.39 | 13.62 | 15.57 | 14.11 | 15.51 | 17.33 | 16.06 |
| 浙江 | 4.66 | 4.03 | 6.30 | 7.39 | 7.71 | 7.09 | 9.53 | 6.67 |
| 安徽 | 0.46 | 2.32 | 0.57 | 0.67 | 1.15 | 1.31 | 2.29 | 1.25 |
| 福建 | 2.52 | 2.53 | 3.11 | 1.90 | 1.74 | 2.75 | 2.20 | 2.39 |
| 江西 | 2.16 | 5.62 | 5.88 | 3.89 | 1.89 | 3.04 | 1.71 | 3.46 |
| 山东 | 6.63 | 6.14 | 7.43 | 8.69 | 6.58 | 7.16 | 10.81 | 7.63 |
| 河南 | 1.90 | 1.90 | 1.15 | 1.93 | 1.86 | 2.56 | 1.45 | 1.82 |
| 湖北 | 3.99 | 2.24 | 3.21 | 1.51 | 2.53 | 2.77 | 3.04 | 2.76 |
| 湖南 | 0.38 | 0.46 | 0.06 | 0.28 | 0.43 | 0.19 | 0.22 | 0.29 |
| 广东 | 10.83 | 11.54 | 12.75 | 10.15 | 6.90 | 9.62 | 7.73 | 9.93 |
| 广西 | 0.37 | 0.33 | 0.00 | 0.00 | 0.01 | 0.00 | 0.07 | 0.11 |
| 海南 | 0.00 | 0.00 | 0.00 | 0.00 | 0.00 | 0.00 | 0.00 | 0.00 |
| 重庆 | 0.09 | 0.18 | 0.23 | 0.16 | 0.25 | 0.18 | 0.11 | 0.17 |
| 四川 | 0.01 | 0.25 | 0.32 | 0.42 | 0.20 | 0.06 | 0.13 | 0.20 |
| 贵州 | 0.09 | 0.22 | 0.31 | 0.16 | 0.08 | 0.08 | 0.40 | 0.19 |
| 云南 | 0.00 | 0.01 | 0.13 | 0.08 | 0.07 | 0.05 | 0.00 | 0.05 |
| 西藏 | 0.00 | 0.06 | 0.04 | 0.00 | 0.00 | 0.00 | 0.01 | 0.02 |
| 陕西 | 0.17 | 0.15 | 0.14 | 0.06 | 0.05 | 0.05 | 0.07 | 0.10 |
| 甘肃 | 0.01 | 0.04 | 0.25 | 0.05 | 0.18 | 0.30 | 0.19 | 0.15 |
| 青海 | 0.00 | 0.00 | 0.00 | 0.00 | 0.02 | 0.00 | 0.00 | 0.00 |
| 宁夏 | 0.00 | 0.02 | 0.05 | 0.04 | 0.01 | 0.00 | 0.02 | 0.02 |
| 新疆 | 0.05 | 0.07 | 0.08 | 0.43 | 0.72 | 0.32 | 0.19 | 0.27 |

资料来源：中国海关总署提供的出口数据。

　　从表5.11看，各省份对南亚地区钢铁出口额占"一带一路"整体份额在3.23%的平均水平之上的省份有北京、天津、河北、内蒙古、江苏、浙江、山东、新疆八个省份，排名前三的是新疆、山东和江苏。

**表 5.11　　　对"一带一路"南亚地区钢铁出口额各省份占比**　　　单位：%

| 省份 | 2011 年 | 2012 年 | 2013 年 | 2014 年 | 2015 年 | 2016 年 | 2017 年 | 七年平均 |
|---|---|---|---|---|---|---|---|---|
| 北京 | 3.08 | 2.71 | 14.55 | 3.35 | 3.27 | 2.02 | 1.27 | 4.32 |
| 天津 | 8.66 | 3.67 | 4.62 | 2.20 | 2.55 | 3.01 | 3.89 | 4.09 |
| 河北 | 6.33 | 5.74 | 5.33 | 3.58 | 4.76 | 3.32 | 1.63 | 4.38 |
| 山西 | 0.34 | 0.27 | 0.07 | 0.06 | 0.07 | 0.09 | 0.23 | 0.16 |
| 内蒙古 | 2.49 | 5.42 | 8.36 | 11.72 | 7.85 | 2.27 | 2.24 | 5.76 |
| 辽宁 | 4.15 | 5.06 | 2.42 | 1.92 | 0.53 | 0.59 | 0.71 | 2.20 |
| 吉林 | 0.00 | 0.00 | 0.01 | 0.00 | 0.04 | 0.00 | 0.00 | 0.01 |
| 黑龙江 | 0.20 | 0.09 | 0.07 | 0.12 | 0.62 | 0.26 | 0.09 | 0.21 |
| 上海 | 2.11 | 0.88 | 0.94 | 1.40 | 2.22 | 3.34 | 4.37 | 2.18 |
| 江苏 | 12.80 | 9.71 | 6.62 | 6.52 | 7.50 | 7.81 | 6.07 | 8.15 |
| 浙江 | 4.89 | 6.10 | 5.50 | 6.40 | 5.42 | 6.34 | 10.45 | 6.44 |
| 安徽 | 0.74 | 0.42 | 0.11 | 0.37 | 0.57 | 0.85 | 0.22 | 0.47 |
| 福建 | 0.21 | 0.16 | 0.20 | 0.30 | 0.59 | 0.74 | 0.50 | 0.39 |
| 江西 | 0.01 | 0.04 | 0.02 | 0.06 | 0.29 | 0.54 | 0.89 | 0.26 |
| 山东 | 11.35 | 13.41 | 16.39 | 25.83 | 18.17 | 26.90 | 29.60 | 20.24 |
| 河南 | 0.99 | 1.84 | 1.60 | 1.35 | 0.60 | 1.00 | 0.90 | 1.18 |
| 湖北 | 3.47 | 1.27 | 0.66 | 1.42 | 1.10 | 0.66 | 0.26 | 1.26 |
| 湖南 | 0.00 | 0.04 | 0.02 | 0.00 | 0.00 | 0.04 | 0.05 | 0.02 |
| 广东 | 1.69 | 1.76 | 0.34 | 0.56 | 0.75 | 1.41 | 2.79 | 1.33 |
| 广西 | 0.00 | 0.00 | 0.00 | 0.00 | 0.00 | 0.00 | 0.00 | 0.00 |
| 海南 | 0.00 | 0.00 | 0.00 | 0.00 | 0.00 | 0.00 | 0.00 | 0.00 |
| 重庆 | 0.01 | 0.27 | 0.53 | 0.74 | 0.66 | 0.53 | 0.12 | 0.41 |
| 四川 | 0.16 | 0.78 | 0.28 | 0.11 | 0.05 | 0.04 | 0.08 | 0.21 |
| 贵州 | 0.00 | 0.03 | 0.04 | 0.00 | 0.03 | 0.02 | 0.01 | 0.02 |
| 云南 | 0.00 | 0.00 | 0.03 | 0.03 | 0.13 | 0.04 | 0.00 | 0.03 |
| 西藏 | 0.00 | 0.01 | 0.00 | 0.00 | 0.00 | 0.00 | 0.00 | 0.00 |
| 陕西 | 0.00 | 0.25 | 0.12 | 0.00 | 0.05 | 0.15 | 0.07 | 0.09 |
| 甘肃 | 0.00 | 0.01 | 0.02 | 0.09 | 1.25 | 1.62 | 2.62 | 0.80 |
| 青海 | 0.00 | 0.00 | 0.02 | 0.00 | 0.01 | 0.12 | 0.00 | 0.02 |
| 宁夏 | 0.00 | 0.00 | 0.00 | 0.00 | 0.03 | 0.00 | 0.06 | 0.01 |
| 新疆 | 36.30 | 40.09 | 31.12 | 31.85 | 40.88 | 36.29 | 30.87 | 35.34 |

资料来源：中国海关总署提供的出口数据。

从表5.12看,各省份对中东欧地区钢铁出口额占"一带一路"整体份额在3.23%的平均水平之上的省份有北京、天津、河北、辽宁、上海、江苏、浙江、山东、广东,排名前三的是河北、江苏和山东。

表5.12　　　　　对"一带一路"中东欧地区钢铁出口额各省份占比　　　　单位:%

| 省份 | 2011 年 | 2012 年 | 2013 年 | 2014 年 | 2015 年 | 2016 年 | 2017 年 | 七年平均 |
|------|---------|---------|---------|---------|---------|---------|---------|----------|
| 北京 | 5.64 | 4.34 | 3.87 | 5.37 | 7.23 | 6.92 | 7.70 | 5.87 |
| 天津 | 2.54 | 4.40 | 8.08 | 5.84 | 6.86 | 7.57 | 3.36 | 5.52 |
| 河北 | 23.93 | 23.70 | 23.38 | 22.82 | 24.21 | 25.84 | 13.08 | 22.42 |
| 山西 | 4.22 | 1.31 | 1.27 | 3.37 | 2.81 | 2.62 | 4.99 | 2.94 |
| 内蒙古 | 0.83 | 1.13 | 0.47 | 0.23 | 0.13 | 0.10 | 1.05 | 0.56 |
| 辽宁 | 6.40 | 3.74 | 3.69 | 5.96 | 4.45 | 4.01 | 4.61 | 4.69 |
| 吉林 | 0.11 | 0.00 | 0.03 | 0.22 | 0.30 | 0.01 | 0.00 | 0.10 |
| 黑龙江 | 0.41 | 0.17 | 0.22 | 0.04 | 0.02 | 0.03 | 0.10 | 0.14 |
| 上海 | 9.13 | 4.57 | 4.05 | 3.06 | 3.88 | 4.09 | 4.35 | 4.73 |
| 江苏 | 16.07 | 19.69 | 17.72 | 18.25 | 15.46 | 13.90 | 17.51 | 16.94 |
| 浙江 | 5.40 | 5.69 | 7.59 | 6.37 | 6.89 | 6.46 | 8.24 | 6.66 |
| 安徽 | 0.99 | 1.36 | 0.83 | 1.39 | 1.65 | 0.76 | 0.69 | 1.10 |
| 福建 | 0.70 | 0.59 | 2.41 | 3.28 | 3.80 | 2.34 | 2.69 | 2.26 |
| 江西 | 1.62 | 1.97 | 1.22 | 1.23 | 0.90 | 1.94 | 1.46 | 1.48 |
| 山东 | 9.45 | 13.67 | 13.85 | 13.90 | 11.18 | 16.41 | 20.35 | 14.12 |
| 河南 | 1.27 | 1.13 | 1.05 | 0.54 | 0.46 | 0.46 | 1.12 | 0.86 |
| 湖北 | 2.62 | 2.94 | 2.27 | 2.14 | 2.42 | 2.30 | 3.35 | 2.58 |
| 湖南 | 1.05 | 0.83 | 0.32 | 1.07 | 0.73 | 0.51 | 0.43 | 0.71 |
| 广东 | 6.68 | 6.41 | 5.73 | 3.84 | 4.82 | 2.77 | 3.73 | 4.85 |
| 广西 | 0.02 | 0.26 | 0.00 | 0.00 | 0.00 | 0.00 | 0.06 | 0.05 |
| 海南 | 0.00 | 0.00 | 0.49 | 0.00 | 0.00 | 0.00 | 0.00 | 0.07 |
| 重庆 | 0.23 | 0.42 | 0.45 | 0.29 | 0.27 | 0.21 | 0.10 | 0.28 |
| 四川 | 0.07 | 1.15 | 0.41 | 0.28 | 0.25 | 0.10 | 0.49 | 0.39 |
| 贵州 | 0.06 | 0.03 | 0.02 | 0.02 | 0.08 | 0.03 | 0.03 | 0.04 |
| 云南 | 0.01 | 0.01 | 0.07 | 0.14 | 0.11 | 0.05 | 0.00 | 0.06 |
| 西藏 | 0.00 | 0.01 | 0.00 | 0.00 | 0.00 | 0.00 | 0.00 | 0.00 |
| 陕西 | 0.42 | 0.42 | 0.33 | 0.17 | 0.21 | 0.29 | 0.21 | 0.29 |

续表

| 省份 | 2011 年 | 2012 年 | 2013 年 | 2014 年 | 2015 年 | 2016 年 | 2017 年 | 七年平均 |
|---|---|---|---|---|---|---|---|---|
| 甘肃 | 0.02 | 0.01 | 0.06 | 0.03 | 0.15 | 0.13 | 0.20 | 0.09 |
| 青海 | 0.08 | 0.02 | 0.01 | 0.04 | 0.05 | 0.07 | 0.00 | 0.04 |
| 宁夏 | 0.00 | 0.00 | 0.01 | 0.05 | 0.02 | 0.00 | 0.10 | 0.03 |
| 新疆 | 0.02 | 0.03 | 0.11 | 0.05 | 0.65 | 0.04 | 0.01 | 0.13 |

资料来源：中国海关总署提供的出口数据。

从表 5.13 看，各省份对西亚北非地区钢铁出口额占"一带一路"整体份额在 3.23% 的平均水平之上的省份有北京、天津、河北、山西、湖北、辽宁、上海、江苏、浙江、山东、广东，排名前三的是江苏、山东和上海。

表 5.13　　　　　对"一带一路"西亚北非地区钢铁出口额各省份占比　　　　单位：%

| 省份 | 2011 年 | 2012 年 | 2013 年 | 2014 年 | 2015 年 | 2016 年 | 2017 年 | 七年平均 |
|---|---|---|---|---|---|---|---|---|
| 北京 | 5.02 | 1.59 | 19.40 | 14.15 | 2.92 | 4.29 | 1.21 | 6.94 |
| 天津 | 3.92 | 3.58 | 3.40 | 4.96 | 3.82 | 5.83 | 2.93 | 4.06 |
| 河北 | 5.88 | 4.46 | 7.19 | 4.04 | 4.08 | 7.04 | 2.24 | 4.99 |
| 山西 | 3.36 | 5.12 | 8.73 | 11.45 | 3.65 | 5.03 | 6.76 | 6.30 |
| 内蒙古 | 0.30 | 0.09 | 0.03 | 0.04 | 0.00 | 0.00 | 0.01 | 0.07 |
| 辽宁 | 2.62 | 2.35 | 5.88 | 1.76 | 7.29 | 6.04 | 9.40 | 5.05 |
| 吉林 | 0.00 | 0.00 | 0.00 | 0.00 | 0.00 | 0.00 | 0.00 | 0.00 |
| 黑龙江 | 0.31 | 0.14 | 0.05 | 0.30 | 0.45 | 0.46 | 0.07 | 0.25 |
| 上海 | 6.91 | 8.22 | 5.17 | 6.06 | 10.17 | 11.87 | 10.47 | 8.41 |
| 江苏 | 31.52 | 26.60 | 23.26 | 23.39 | 40.07 | 29.55 | 30.13 | 29.22 |
| 浙江 | 12.75 | 12.09 | 7.93 | 10.12 | 3.11 | 1.93 | 4.41 | 7.48 |
| 安徽 | 3.59 | 6.49 | 0.44 | 0.49 | 0.61 | 0.43 | 0.54 | 1.80 |
| 福建 | 0.16 | 0.58 | 0.57 | 0.84 | 0.38 | 0.84 | 0.35 | 0.53 |
| 江西 | 1.83 | 0.01 | 0.09 | 1.84 | 1.98 | 0.21 | 0.25 | 0.89 |
| 山东 | 9.29 | 7.70 | 8.09 | 12.58 | 11.43 | 16.57 | 19.96 | 12.23 |
| 河南 | 1.62 | 1.06 | 1.12 | 1.28 | 2.24 | 1.06 | 1.63 | 1.43 |
| 湖北 | 4.22 | 8.05 | 4.49 | 3.61 | 4.04 | 3.60 | 3.04 | 4.44 |
| 湖南 | 0.00 | 0.00 | 0.00 | 0.07 | 0.27 | 0.66 | 0.05 | 0.15 |
| 广东 | 5.62 | 8.77 | 2.76 | 2.03 | 2.45 | 4.17 | 5.73 | 4.50 |

| 省份 | 2011 年 | 2012 年 | 2013 年 | 2014 年 | 2015 年 | 2016 年 | 2017 年 | 七年平均 |
|------|---------|---------|---------|---------|---------|---------|---------|---------|
| 广西 | 0.00 | 0.00 | 0.00 | 0.00 | 0.00 | 0.00 | 0.00 | 0.00 |
| 海南 | 0.00 | 0.03 | 0.01 | 0.00 | 0.02 | 0.00 | 0.00 | 0.01 |
| 重庆 | 0.35 | 2.58 | 0.84 | 0.40 | 0.15 | 0.15 | 0.03 | 0.64 |
| 四川 | 0.08 | 0.17 | 0.27 | 0.42 | 0.33 | 0.06 | 0.12 | 0.21 |
| 贵州 | 0.11 | 0.00 | 0.00 | 0.01 | 0.06 | 0.05 | 0.00 | 0.03 |
| 云南 | 0.00 | 0.00 | 0.06 | 0.02 | 0.31 | 0.04 | 0.00 | 0.06 |
| 西藏 | 0.00 | 0.00 | 0.00 | 0.00 | 0.00 | 0.00 | 0.00 | 0.00 |
| 陕西 | 0.03 | 0.00 | 0.04 | 0.02 | 0.01 | 0.01 | 0.00 | 0.02 |
| 甘肃 | 0.01 | 0.01 | 0.01 | 0.09 | 0.12 | 0.11 | 0.62 | 0.14 |
| 青海 | 0.49 | 0.30 | 0.13 | 0.00 | 0.02 | 0.01 | 0.00 | 0.14 |
| 宁夏 | 0.00 | 0.00 | 0.01 | 0.00 | 0.02 | 0.00 | 0.04 | 0.01 |
| 新疆 | 0.00 | 0.01 | 0.02 | 0.00 | 0.01 | 0.00 | 0.00 | 0.01 |

资料来源：中国海关总署提供的出口数据。

　　从表5.9～表5.13综合来看，江苏在所有五大次区域都排名前三，河北在东南亚、原苏联加盟共和国及其周边地区、中东欧三大次区域排名前三，山东在南亚、中东欧和西亚北非三大次区域排名前三，辽宁在东南亚和原苏联加盟共和国及其周边地区两大次区域排名前三，上海在西亚北非次区域地区排名前三，新疆在南亚次区域地区排名前三。值得指出的是，这些进入前三的省份除了新疆外，在所有五大次区域的出口份额都在平均份额之上，而新疆主要集中在南亚，在其他次区域出口份额都很小。

## 三、各省份钢铁出口的显性比较优势分析

　　我们从表5.8得知，对于"一带一路"的钢铁出口而言，北京、天津、河北、辽宁、上海、江苏、浙江、山东、广东9个省份占据了较大份额，相比其他省份更为重要，那么这是否意味着这些省份的钢铁的出口竞争力比其他省份要更强呢？在国际贸易研究中，一般使用显性比较优势（revealed comparative advantage，RCA）指数来衡量一国在某种出口品生产上的竞争优势。

传统的 RCA 指数是指一个国家/产业出口总值在该国总出口中的比例相对于全球该产业出口总值在全球总出口中比例的相对比较值。当 RCA 指数大于 1，表示该国这一产业的出口具有比较优势，贸易竞争力强；当 RCA 指数小于 1，表示该国这一产业的出口竞争力相对较弱。其计算公式为：$RCA_{xik} = (X_{ik}/X_{wk})/(X_{it}/X_{wt})$，其中，$X_{ik}$ 为国家 i 出口商品 k 的金额，$X_{wk}$ 为全世界出口商品 k 的金额；$X_{it}$ 为国家 i 的全部商品出口额，$X_{wt}$ 为全世界商品出口总额。受到该指数的启发，作为一个整体，各省份视为构成整体的部分，同时我们将出口限定在对"一带一路"国家，则也可以用以上公式计算中国各省份在某种商品对"一带一路"沿线国出口上的相对比较优势。

从表 5.14 可以看出，对于钢铁行业而言，七年平均来看，RCA 指数大于 1 的有北京、天津、河北、山西、内蒙古、辽宁、吉林、江苏、安徽、江西、山东、湖北、湖南、新疆 14 个省份。而在这 14 个省份之外的其余省份，或者有个别年份大于 1，但大多数年份都小于 1。我们注意到，这个名单与表 5.8 所显示的占据平均份额之上的省份北京、天津、河北、辽宁、上海、江苏、浙江、山东、广东有较大差异。钢铁出口相对优势较强的省份并没有包括浙江、广东和上海这三个省份。在这 14 个省份中，河北、山西、内蒙古和辽宁的 RCA 指数特别大，显示这些省份产业结构可能相对单一而且其中重工业比重较大。尽管浙江、广东和上海在钢铁出口上占据较大份额，但其 RCA 指数还是小于 1。其背后原因可能是 RCA 指数的计算中除了各省的比较，还包含了各产品之间的比较，很可能浙江、广东和上海在除钢铁之外的其他产品上优势更大，导致了 RCA 计算公式中的分母较大，尽管分子较大，但除以较大的分母，从而导致了较小的 RCA 指数。而在东部较发达省份中，也只有北京、天津、江苏、山东和辽宁的 RCA 指数超过 1。从时间趋势上看，辽宁、山东、甘肃和宁夏等省份在钢铁上的 RCA 指数明显上升。

表 5.14　2011～2017 年中国各省份钢铁行业对"一带一路"出口的 RCA 指数

| 省份 | 2011 年 | 2012 年 | 2013 年 | 2014 年 | 2015 年 | 2016 年 | 2017 年 | 七年平均 |
|---|---|---|---|---|---|---|---|---|
| 北京 | 1.14 | 0.79 | 1.26 | 1.06 | 1.53 | 1.55 | 1.49 | 1.26 |
| 天津 | 1.91 | 2.17 | 2.57 | 2.38 | 2.76 | 3.62 | 1.57 | 2.43 |

续表

| 省份 | 2011 年 | 2012 年 | 2013 年 | 2014 年 | 2015 年 | 2016 年 | 2017 年 | 七年平均 |
|------|---------|---------|---------|---------|---------|---------|---------|---------|
| 河北 | 9.33 | 10.10 | 11.82 | 13.28 | 15.78 | 13.78 | 7.89 | 11.71 |
| 山西 | 6.70 | 3.08 | 2.20 | 3.92 | 4.20 | 3.25 | 6.22 | 4.22 |
| 内蒙古 | 6.08 | 11.09 | 12.45 | 6.29 | 4.19 | 5.26 | 9.03 | 7.77 |
| 辽宁 | 3.53 | 3.33 | 3.29 | 4.03 | 4.30 | 4.65 | 5.67 | 4.11 |
| 吉林 | 0.33 | 0.86 | 0.47 | 3.40 | 4.34 | 1.35 | 0.30 | 1.58 |
| 黑龙江 | 0.33 | 0.35 | 0.27 | 0.12 | 0.19 | 0.14 | 0.13 | 0.22 |
| 上海 | 0.65 | 0.51 | 0.43 | 0.45 | 0.41 | 0.44 | 0.58 | 0.50 |
| 江苏 | 1.14 | 1.37 | 1.34 | 1.23 | 1.16 | 1.09 | 1.22 | 1.22 |
| 浙江 | 0.47 | 0.39 | 0.55 | 0.55 | 0.56 | 0.60 | 0.62 | 0.53 |
| 安徽 | 1.11 | 1.75 | 1.09 | 1.04 | 1.18 | 1.08 | 1.45 | 1.24 |
| 福建 | 0.57 | 0.59 | 0.59 | 0.58 | 0.54 | 0.48 | 0.55 | 0.56 |
| 江西 | 2.21 | 1.95 | 1.91 | 1.75 | 1.06 | 1.28 | 1.13 | 1.61 |
| 山东 | 1.29 | 1.62 | 1.68 | 1.75 | 1.41 | 1.76 | 2.27 | 1.68 |
| 河南 | 1.26 | 0.74 | 0.76 | 0.48 | 0.37 | 0.33 | 0.35 | 0.61 |
| 湖北 | 2.75 | 2.72 | 2.20 | 1.34 | 1.43 | 1.39 | 1.73 | 1.94 |
| 湖南 | 3.32 | 1.21 | 0.61 | 0.78 | 0.65 | 0.44 | 0.48 | 1.07 |
| 广东 | 0.32 | 0.26 | 0.22 | 0.20 | 0.19 | 0.18 | 0.20 | 0.22 |
| 广西 | 1.55 | 1.04 | 0.58 | 0.27 | 0.25 | 0.59 | 0.38 | 0.67 |
| 海南 | 0.48 | 0.37 | 0.61 | 0.11 | 0.06 | 0.08 | 0.06 | 0.25 |
| 重庆 | 0.10 | 0.12 | 0.12 | 0.13 | 0.13 | 0.09 | 0.06 | 0.11 |
| 四川 | 0.03 | 0.20 | 0.14 | 0.17 | 0.20 | 0.08 | 0.19 | 0.14 |
| 贵州 | 0.37 | 0.35 | 0.23 | 0.14 | 0.16 | 0.21 | 0.64 | 0.30 |
| 云南 | 1.03 | 1.17 | 0.90 | 0.76 | 0.85 | 0.99 | 1.20 | 0.99 |
| 西藏 | 0.00 | 0.17 | 0.07 | 0.00 | 0.00 | 0.29 | 0.84 | 0.20 |
| 陕西 | 0.53 | 0.41 | 0.26 | 0.10 | 0.09 | 0.10 | 0.09 | 0.23 |
| 甘肃 | 0.07 | 0.09 | 0.30 | 0.21 | 0.69 | 0.98 | 1.27 | 0.52 |
| 青海 | 1.11 | 0.31 | 0.21 | 0.26 | 0.45 | 0.46 | 0.00 | 0.40 |
| 宁夏 | 0.00 | 0.06 | 0.13 | 0.17 | 0.15 | 0.04 | 0.37 | 0.13 |
| 新疆 | 1.94 | 1.99 | 1.74 | 1.21 | 1.82 | 1.45 | 1.73 | 1.70 |

资料来源：作者自行计算。

# 第六章　贸易摩擦下中国对美出口萎缩及对"一带一路"贸易的转移

## 第一节　中美贸易摩擦的发展历程

### 一、发起

美国贸易代表办公室在 2017 年 8 月宣布对中国发起"301 调查"。所谓"301 调查"源自美国《1974 年贸易法》第 301 条。该条款授权美国贸易代表可对他国的"不合理或不公正贸易做法"发起调查，并可在调查结束后建议美国总统实施单边制裁，包括撤销贸易优惠、征收报复性关税等。这一调查由美国自身发起、调查、裁决、执行，具有强烈的单边主义色彩。依据 1974 年贸易法"301 调查"结果，美国总统特朗普 2018 年 3 月 22 日签署总统备忘录，将对从中国进口的商品大规模征收关税，涉及商品总计达 600 亿美元，并限制中国企业对美投资并购。根据当天签署的备忘录，美国贸易代表办公室将在 15 天内制定对中国商品征收关税的具体方案。同时，美国贸易代表办公室还将就相关问题向世界贸易组织起诉中国。此外，美国财政部将在 60 天内出台方案，限制中国企业投资并购美国企业①。2018 年 3 月 23 日，中国商务部发布了针对美国进口钢铁和铝产品 232 措施的中止减让产品清单，并征

---

① http://www.xinhuanet.com/world/2018-03/23/c_1122577980.htm.

求公众意见，拟对自美进口部分产品加征关税，以平衡因美国对进口钢铁和铝产品加征关税给中方利益造成的损失。该清单暂定包含 7 类、128 个税项产品，按 2017 年统计，涉及美对华约 30 亿美元出口。第一部分共计 120 个税项，涉及美对华 9.77 亿美元出口，包括鲜水果、干果及坚果制品、葡萄酒、改性乙醇、花旗参、无缝钢管等产品，拟加征 15% 的关税。第二部分共计 8 个税项，涉及美对华 19.92 亿美元出口，包括猪肉及制品、回收铝等产品，拟加征 25% 的关税①。

由于美国对进口钢铁和铝产品加征关税（即 232 措施），该 232 措施违反了世界贸易组织相关规则，不符合"安全例外"规定，实际上构成保障措施，对中国利益造成严重损害。为了维护中国利益，平衡因美国对进口钢铁和铝产品加征关税措施给中国利益造成的损失，经国务院批准，国务院关税税则委员会决定自 2018 年 4 月 2 日起，对原产于美国的 7 类 128 项进口商品中止关税减让义务，在现行适用关税税率基础上加征关税，对水果及制品等 120 项进口商品加征关税税率为 15%，对猪肉及制品等 8 项进口商品加征关税税率为 25%。现行保税、减免税政策不变②。

## 二、升级

美国贸易代表办公室 2018 年 4 月 3 日在一份声明中说，在美国贸易代表办公室"301 调查"后，特朗普总统在 2018 年 3 月宣布，美国将对中国约 500 亿美元的进口商品征收关税。美国贸易代表办公室建议，对来自中国的 1300 种商品加征 25% 的关税，主要涉及航空航天、信息和通信技术、医药、机器人技术和机械等行业。拟议的清单包括约 1300 条不同的关税细目，并将在公告和包括听证会在内的公开征求意见过程中接受进一步审查。在完成这一过程后，美国贸易代表办公室将就加征关税的商品条目做出最终决定。公众可于 5 月 11 日前向贸易代表办公室就清单内容和税率提交书

---

① http://www.xinhuanet.com/finance/2018-03/24/c_129836670.htm.

② http://www.gov.cn/xinwen/2018-04/02/content_5279124.htm.

面意见①。

对于美国违反国际义务对中国造成的紧急情况，为捍卫中方自身合法权益，中国政府依据《中华人民共和国对外贸易法》等法律法规和国际法基本原则，2018 年 4 月 4 日发布公告，将对原产于美国的大豆等农产品、汽车、化工品、飞机等进口商品对等采取加征关税措施，税率为 25%，涉及 2017 年中国自美国进口金额约 500 亿美元②。美国总统特朗普在 2018 年 4 月 5 日发表声明说，他已指示美国贸易代表办公室依据"301 调查"，考虑对从中国进口的额外 1000 亿美元商品加征关税是否合适。如果美国贸易代表办公室认为此举合适，应制定相应的加征关税商品清单。美国贸易代表办公室当天对此回应，总统要求采取额外制裁措施是"合适的"，任何额外的关税建议措施也将接受公众意见。这意味着，在美国贸易代表办公室完成全部流程前，追加关税的措施将不会生效。特朗普的这个声明意味着，美国可能最多对从中国进口的 1500 亿美元商品加征关税③。

针对有美方高官表示，中美双方正在就贸易冲突进行谈判。有关人士表示，一段时间以来，双方的财经官员并没有就经贸问题进行任何谈判。美方公布"301 调查"报告及产品建议清单后，中方予以坚决回应；美方称考虑再对中国 1000 亿美元出口商品加征关税，中方进行了更加坚定的回应。在这种情况下，双方更不可能就此问题进行任何谈判。如果美国再对中国 1000 亿美元出口商品加征关税，中方已经做好充分准备，将毫不犹豫立刻进行大力度还击④。同时，外交部发言人陆慷也表示，在中美经贸问题上，中方立场已经讲得很清楚。我们不想打贸易战，但是也不怕打。中方已经做好充分准备，如果美国公布新增 1000 亿美元征税商品清单，中方将毫不犹豫立刻进行大力还击⑤。

---

① http://www.cankaoxiaoxi.com/china/20180404/2260640.shtml.
② http://www.gov.cn/xinwen/2018－04/04/content_5279851.htm.
③ http://www.xinhuanet.com/fortune/2018－04/06/c_1122643088.htm.
④ http://www.gov.cn/xinwen/2018－04/06/content_5280298.htm.
⑤ http://www.xinhuanet.com/world/2018－04/06/c_1122644112.htm.

## 三、谈判

应美国政府邀请，习近平主席特使、国务院副总理、中美全面经济对话中方牵头人刘鹤率领中方经贸代表团于当地时间 2018 年 5 月 15 日抵达华盛顿，中美两国于当地时间 2018 年 5 月 19 日在华盛顿就双边经贸磋商发表联合声明。刘鹤表示，此次中美经贸磋商的最大成果是双方达成共识，不打贸易战，并停止互相加征关税。美国财政部长姆努钦 2018 年 5 月 20 日表示，刚刚结束的美中经贸磋商取得了很有意义的进展，已就框架问题达成协议，双方将继续就经贸问题保持磋商①。

## 四、再起

但是，美方出尔反尔，美国白宫官网在 2018 年 5 月 29 日发表声明，美国将加强对获取美国工业重大技术的相关中国个人和实体实施出口管制，并采取具体投资限制，拟于 2018 年 6 月 30 日前正式公布相关措施，之后不久将正式实施。该声明还称，根据《1974 年贸易法》第 301 条，美国将对从中国进口的包括高科技产品在内的总值 500 亿美元的产品征收 25% 的关税，其中包括与"中国制造 2025"计划相关的产品。最终的进口商品清单将于 2018 年 6 月 15 日之前公布，稍后将对这些进口产品征收关税②。之后，针对美国白宫 5 月 29 日发布的声明，商务部新闻发言人迅速回应表示，我们对白宫发布的策略性声明既感到出乎意料，但也在意料之中，这显然有悖于不久前中美双方在华盛顿达成的共识。无论美方出台什么举措，中方都有信心、有能力、有经验捍卫中国人民利益和国家核心利益。中方敦促美方按照联合声明精神相向而行③。中国外交部也做出回应。外交部发言人华春莹 5 月 30 日回应白宫

---

① http：//www.gov.cn/xinwen/2018－05/22/content_5292781.htm.

② http：//www.sohu.com/a/233361581_313745.

③ http：//www.xinhuanet.com/2018－05/30/c_1122907665.htm.

声明，在国际关系中，每一次变脸和出尔反尔都是对自己国家信誉的又一次损耗和挥霍。美方有关声明显然有悖于不久前中美双方在华盛顿达成的共识①。2018年6月2~3日，中共中央政治局委员、国务院副总理、中美全面经济对话中方牵头人刘鹤带领中方团队与美国商务部长罗斯带领的美方团队在北京钓鱼台国宾馆就两国经贸问题进行了磋商。双方就落实两国在华盛顿的共识，在农业、能源等多个领域进行了良好沟通，取得了积极的、具体的进展，相关细节有待双方最终确认。中方诚挚地表示，"中国愿意从包括美国在内的世界各国增加进口，这对两国人民和全世界都有益处。改革开放和扩大内需是中国的国家战略，我们的既定节奏不会变。中美之间达成的成果，都应基于双方相向而行、不打贸易战这一前提。如果美方出台包括加征关税在内的贸易制裁措施，双方谈判达成的所有经贸成果将不会生效"②。

然而，美国政府无视了中国政府达成协议的诚意。2018年6月15日，美国政府发布加征关税的商品清单，将对从中国进口的约500亿美元商品加征25%的关税，其中对约340亿美元商品自2018年7月6日期实施加征关税。根据《中华人民共和国对外贸易法》《中华人民共和国进出口关税条例》等法律法规和国际法基本原则，国务院关税税则委员会发布公告，决定对原产于美国的659项约500亿美元进口商品加征25%的关税，其中545项约340亿美元商品自2018年7月6日起实施加征关税，对其余商品加征关税的实施时间另行公布③。2018年6月21日，中国商务部新闻发言人高峰在发布会上表示，美方反复无常，变本加厉，挑起贸易战，中方不得不作出强有力回应。美方习惯于"举着大棒"谈判的手段，但这对中国不管用，这种失去理性的行为无益于解决问题。但无论美方态度如何变化，中方都将坦然应对。我们将按照既定的节奏，坚持以人民为中心，坚定推进改革开放，坚定推进经济高质量发展，加快建设现代经济体系，把我们自己的事情办好④。2018年7

---

① http://www.xinhuanet.com/world/2018-05/30/c_1122913788.htm.

② http://www.gov.cn/guowuyuan/2018-06/03/content_5295891.htm.

③ http://gss.mof.gov.cn/zhengwuxinxi/zhengcefabu/201806/t20180616_2930325.html.

④ http://www.mofcom.gov.cn/article/ae/ah/diaocd/201806/20180602758147.shtml.

月 4 日，国务院关税税则委员会办公室负责人表示，中国政府的立场已经多次申明，我们绝不会打第一枪，不会先于美国实施加征关税措施①。2018 年 7 月 5 日，外交部发言人陆慷在例行记者会上回应，当前挑起这场摩擦、甚至有可能导致摩擦升级为贸易战的一方，并不是中国②。同一天，中国商务部发言人高峰表示，如果美方启动征税，实际上是对中国和各国企业、包括美资企业的征税。美国是在向全世界开火，也在向自己开火③。

2018 年 7 月 6 日，特朗普政府正式对来自中国价值 340 亿美元的商品加征 25% 关税，标志着特朗普对华关税政策正式实施。就在对中国启动 349 亿美元商品加征关税之后不到一周，美国在 7 月 11 日公布拟对中国 2000 亿美元输美产品加征关税清单④。7 月 11 日，中国商务部迅速做出回应，其发言人指出，美方以加速升级的方式公布征税清单，是完全不可接受的，我们对此表示严正抗议⑤。同一天，外交部发言人回应美方公布拟对中国 2000 亿美元输美产品加征关税清单说，这是一场单边主义与多边主义、保护主义与自由贸易、强权与规则之战。中方将和国际社会一道，站在历史正确一边，共同维护多边贸易体制和规则⑥。

## 五、激化

2018 年 9 月 18 日，美国总统特朗普宣布对 2000 亿美元中国产品增加 10% 的关税，将在 9 月 24 日实施。在 2019 年 1 月 1 日，上升到 25% 关税⑦。2018 年 9 月 24 日，美国开始对 2000 亿美元中国产品加征 10% 的关税，并宣布将在 2019 年 1 月 1 日，上升到 25% 的关税⑧。2018 年 9 月 24 日，中国宣布

---

① http：//www.mof.gov.cn/zhengwuxinxi/caizhengxinwen/201807/t20180704_2949330.htm.

② http：//www.xinhuanet.com/world/2018－07/05/c_1123085876.htm.

③ http：//www.gov.cn/xinwen/2018－07/05/content_5303794.htm.

④⑥ http：//www.xinhuanet.com/world/2018－07/11/c_1123112949.htm.

⑤ http：//www.xinhuanet.com/fortune/2018－07/11/c_1123110274.htm.

⑦ https：//www.telegraph.co.uk/business/2018/09/17/donald-trump-announces-tariffs-200-billion-chinese-goods/.

⑧ http：//www.uschinapress.com/2018/0917/1142956.shtml.

对原产于美国的 600 亿美元商品，加征 5% 或 10% 的关税①，并发布《关于中美经贸摩擦的事实与中方立场》的白皮书，指出美国自身就存在大量扭曲市场竞争的行为，而美国片面强调 "美国优先"，将国内问题国际化、经贸问题政治化，损害了中国的利益，也损害了美国的长远利益②。在此之后，美中两国仍保持接触与对话，但没有实质谈判。

## 六、反复

2018 年 12 月 1 日，在 G20 阿根廷峰会上中国习近平主席和美国特朗普总统就经贸问题进行了十分积极和富有建设性的讨论，双方达成共识，停止相互加征新的关税。双方就如何妥善解决存在的分歧和问题提出了一系列建设性方案。中方愿意根据国内市场和人民的需要扩大进口，包括从美国购买适销对路的商品，逐步缓解贸易不平衡问题。双方同意相互开放市场，在中国推进新一轮改革开放进程中使美方的合理关切得到逐步解决。双方给定了 90 天的谈判期限③。双方工作团队按照两国元首达成的原则共识，朝着取消所有加征关税的方向，加紧磋商，进行了多轮谈判。2019 年 4 月 30 日至 5 月 1 日举行的第十轮谈判中，在双方快达成协议时，美方不断增加要求，比如要求中国每年再增加 1000 亿美元的美国产品进口量、建立一个监测机制来监督中国、如果美方不满意中国举措可随时再对中国产品加征关税，这些苛刻的无理要求遭到了中方的拒绝④。5 月 6 日，美国总统特朗普宣布将 2000 亿美元的中国商品关税从 10% 上调到 25%，并于 5 月 11 日生效⑤。6 月 29 日，中国国家主席习近平与美国总统特朗普在 G20 大阪峰会举行双边会谈⑥。双方同意重启经贸磋商，美方不再对中国产品加征新的关税。由于在重新开始的谈判中

---

① http://paper.people.com.cn/rmrb/html/2018 – 09/19/nw. D110000renmrb_20180919_8 – 03.htm.

② http://www.xinhuanet.com/politics/2018 – 09/24/c_1123475272.htm.

③ http://www.xinhuanet.com/asia/2018 – 12/03/c_1210007990.htm

④ http://www.gov.cn/guowuyuan/2019 – 05/01/content_5388207.htm

⑤ http://www.financialnews.com.cn/shanghai/201905/t20190523_160493.html

⑥ http://www.xinhuanet.com/politics/leaders/2019 – 06/29/c_1124688101.htm

没有达到其预期目标，8 月 1 日美国总统特朗普宣布美国将从 9 月 1 日开始对剩下的 3000 亿美元中国出口到美国的商品加征 10% 的小笔额外关税，这不包括已经被加征 25% 关税的 2500 亿美元中国商品①。8 月 13 日，美国贸易代表办公室宣布，对原计划 3000 亿美元中国商品加征关税措施中的 60% 产品（1800 亿美元）推迟至 12 月 15 日实施，对剩余 1200 亿美元中国商品按原计划于 9 月 1 日开始加征 10% 关税②。

在中美贸易谈判中，美方反反复复进行极限施压，试图为美国争取更大的利益。在中美贸易冲突的一年多以来，全世界经济都受到了冲击，美国也未能独善其身，经济开始出现衰退迹象。在经济下行压力之下，中美双方达成协议结束贸易冲突的可能性在增加，但具体什么时候能够真正结束，很难准确预测。但即使达成协议，一旦形势发生变化，美国政府还是有可能会撕毁协议重新来过。所以，我们对中美贸易摩擦的结束持谨慎乐观态度，但基于美国政府的反复无常，还是需要做好两手准备。

## 第二节　中美贸易摩擦下中国对美<br>出口萎缩的预测

### 一、引言

中美贸易摩擦可能引发出口衰减并殃及就业，让国内各界倍感焦虑。根据最新的中国海关统计数据，2018 年 7 月、8 月、9 月中国对美国出口分别为 415.36 亿美元、443.85 亿美元和 466.94 亿美元，相比 2017 年 7 ~ 9 月同比增长 11.24%、13.22% 和 70.43%③。从贸易数据表面看，中国对美出口仍然保持较快增长，贸易摩擦似乎并没有产生负面影响，无须过度焦虑。但深入分

---

① https://news.sina.com.cn/c/zj/2019 – 08 – 02/doc – ihytcitm6317801.shtml
② http://www.xinhuanet.com/fortune/2019 – 08/15/c_1124880020.htm
③ http://www.customs.gov.cn/customs/302249/302274/302277/index.html.

析，这可能是出口企业希望赶在贸易摩擦全面加剧之前"抢出口"所致，反而证明贸易摩擦已经在影响企业的预期和出口决策了。还必须清醒认识到，任何政策效应都有滞后性，贸易摩擦负面影响的凸显尚需时日，贸易摩擦的真正痛苦尚未被各方切实感受到，致使贸易摩擦不太可能短期内突然停止，包括企业和政府都要做好贸易摩擦持续到 2019 年全年甚至更久的预案。正是预判到贸易摩擦可能的长期性，高层提出要"稳外贸"。稳外贸其实就是稳出口，问题在于政府怎么帮扶出口企业才能有效稳定出口呢？具体而言，不同产品虽然被加征同等关税税率，但出口额萎缩程度大不一样，如果中国政府实施减税或补贴等各种帮扶，其力度是否需要因出口的产品、行业而异？为此，需要了解各产品以及行业因为加税导致的出口额萎缩度，以及哪些因素影响该出口额萎缩度，从而出台有效政策来稳定出口。出口额是出口产品离岸价与需求量的乘积，加税可能同时影响价格和数量。一般而言，出口企业为保住出口市场份额，加征关税时会选择降低不含关税在内的离岸价，导致包含关税的最终价格的增加幅度小于关税税率，好像吸收了部分关税，关税吸收弹性（绝对值）越大，离岸价下降越多，同时最终价格增加幅度越小；出口产品在目的国的需求弹性（绝对值）越大，则包含关税的最终价格增加导致的需求量下降幅度也越大。因此本书需要同时估计美国的进口产品需求弹性和中国出口产品的关税吸收弹性，进而估计因为加征关税各产品的出口萎缩程度，再以此为依据制定差异化帮扶政策。

本书利用 CEPII-BACI 数据库的贸易数据，借鉴瑟德贝里（Soderbery, 2015）的方法估计微观层面 HS6 位数编码产品的美国进口需求弹性，发现其平均进口需求弹性是富有弹性的，其中最终产品和消费品相对中间品更加富有弹性，而中国对美国出口产品中最终产品和消费品比例更大，所以中国对美出口产品平均来看也富有弹性；如果考虑产品特征，差异化产品相比同质化产品，平均来说其进口需求弹性更小，意味着差异化产品对于同样的价格上升幅度其需求量下降幅度更小；从较宏观的层面，无论是根据 HS2 位数编码产品分类还是 ISIC 产业分类，中国对美国出口产品大都富有弹性。利用世界银行 WITS 数据库的关税数据并匹配 CEPII-BACI 贸易数据，采用与早川（Hayakawa, 2017）类似的方法，本书估计了中国 HS6 位数编码产品的平均关税吸收弹性，发现关税税率增加将导致中国出口产品质量提升以及经质量调整的未包含关税的出口价格的下降，平均关税吸收弹性（绝对值）为 0.56；差异化产品的平均关税吸收弹性要小于同质化产品的平均关税吸收弹性，意味着关税税率提升时差异化产品降低价格的幅度要小一些。利用估计出的 HS2 位数编码产品的进口需求弹性和关税吸收弹性，本书估计了政府不进行任何政策帮扶下 15 个出口额较大且市场渗透率较高的重要产品的出口额萎缩程度；如果按照设计的帮扶政策诱导企业降价足够多，使得包含关税的最终价格与贸易摩擦前的最终价格齐平，可以保持需求量不变，出口额的萎缩只发生在价格上，则出口额萎缩程度将大大低于没有政策帮扶下的出口额萎缩程度，而即使将政府的帮扶支出考虑在内，总损失也将小于政府不进行任何帮扶下的总损失。

对于中美贸易摩擦，已有多位学者从贸易摩擦的肇始、演变、定性及其应对策略（余永定，2018；雷达，2018；张幼文，2018；陈继勇，2018；张杰，2018）等方面给出了分析，从宏观层面提供了极具价值的建议。本书研究相对更侧重于微观层面，意在为政府帮扶政策实施提供较坚实的微观证据和可行的思路。

## 二、文献综述

本书研究所涉及的进口需求弹性估计是贸易实证的中心问题之一，有不同的估计方法，而利用不同国家以及不同时期数据得出的估计结果更是存在较大差异（Goldstein and Khan，1985；Baier and Bergstrand，2001；Bas et al，2017）。由于进口价格与进口数量的相互决定，进口需求弹性的单方程估计面临严重的内生性问题。苏斯特拉（Feenstra，1994）通过在进口需求方程中加入供给方程而组成结构方程组，发现只要来自供给方的技术冲击和来自需求方的需求冲击在国家和部门间是相互独立的，就可以构建与市场份额以及价格相关的有效工具变量来解决内生性问题，进而利用两阶段最小二乘法（2SLS）得到进口需求弹性的一致估计。布罗达和温斯坦（Broda and Weinstein，2006）将芬斯特拉（1994）扩展到多产品模型。然而，这两种估计方法对于样本的每个观测值的方差和协方差都给予了相同权重，当样本量较小以及存在极端值时可能产生较大偏差。瑟德贝里（2015）关注到这个问题，并采用有限信息最大似然估计法（LIML），利用估计残差对样本观测值的方差和协方差进行重新赋权，更好地控制了极端值问题，较好地发展了芬斯特拉（1994）、布罗达和温斯坦（2006）的估计方法。

关税税率高低由于例如游说的影响力之类的外生原因而在国家之间有所不同，所以关税税率与进口量没有类似进口价格与进口量之间的直接联动关系，可以作为进口价格的工具变量，借此估计进口需求弹性（Grossman and Helpman，1994）。正是基于关税税率的相对外生性，卡利恩多和帕罗（Caliendo and Parro，2015）提出了不同于芬斯特拉（1994）的方法，通过构建类似伊顿和科图姆（Eaton and Kortum，2002）的李嘉图模型，利用双边关税的非对称性，在引力方程中估计进口需求弹性。安布斯和梅让（Imbs and Méjean，2015）利用 HS6 位数产品的数据，分别采用芬斯特拉（1994）、卡利恩多和帕罗（2015）的方法估计进口弹性，发现前者弹性在 $-2.2 \sim -29$ 之间变动，其均值为 $-5.4$，中位数为 $-3.9$，而后者的弹性在 $0 \sim -41.8$ 之间变动，其均值为 $-11.4$，中位数为 $-9.6$，证实采用微观层次产品数据估计出的弹性比利用宏观层面贸易数据估计的弹性要大得多。

H. L. 基等（Kee et al，2008）将弹性分析法和科利（Kohli，1991）和哈里根（Harrigan，1997）提出的 GDP 函数法相结合，开辟了另外一种进口需求弹性的估计思路；基于 H. L. 基等（2008）方法的后续研究有费莱蒂和费德里科（Felettigh and Federico，2011）、陈勇兵等（2014）以及顾振华和沈瑶（2016）。考虑到 H. L. 基等（2008）的方法需要被估计国家的资本、劳动等要素禀赋的数据，这些数据在某些地区可能并不完备，卡利恩多和帕罗（2015）同时需要贸易和关税的数据，而芬斯特拉（1994）等开创的方法只需要贸易数据。相比其他数据，贸易数据非常完备，基于这方面的数据优势，本书使用基于芬斯特拉（1994）等发展起来的方法。

与本书相关的还有关税吸收弹性的研究。当大国对某种进口产品提升关税税率时，由于出口企业的降价导致关税部分被吸收，从而关税传递是不完全的。这种关税传递的非完全性正是关税贸易保护政策的正面贸易条件效应的原因所在，也是最优关税理论的基础。芬斯特拉（1989）发现从长期看，在美国从日本进口中，关税税率与汇率之间具有对等性，关税税率的变动与汇率的变动对于进口产品价格产生的影响具有相似的效果；有学者对于20世纪90年代印度的贸易自由化进行了类似的研究，得到了相近的结果；这些研究侧重于最惠国（MFN）税率的影响。还有一些学者研究了优惠关税税率的影响，如区域贸易协定（RTA）税率（Olarreaga and Ozden，2005；Ozden and Sharma，2006；Cirera，2014）。值得指出的是，以上所提及的研究主要集中在产品层面进行分析，也有一些学者从企业层面来研究关税传递或关税吸收。比如，格尔克（Gorg et al，2017）检查了企业层面匈牙利出口的关税传递，但未发现存在显著的关税传递现象。另外，有学者在美国出口中发现了非常显著的企业层面的对关税变动的吸收现象（Ludema and Yu，2016）。正是由于关税税率与汇率的对等性，注意到汇率升值/贬值不同方向的变动对于产品价格的影响存在非对称性（Peltzman，2000；Bussiere，2013），早川（2017）利用印度尼西亚关税和贸易数据，发现关税税率上升或下降对于贸易价格的影响也存在某种非对称性。由于本书缺乏企业层面的关税和进出口贸易数据，所以遵循早川（2017），从产品层面进行中国出口产品的关税吸收弹性估计。

## 三、美国进口需求弹性分析

### （一）进口需求弹性分析的模型和方法

本书采用瑟德贝里（2015）的理论框架来估计进口需求弹性。假定存在代表性消费者，拥有嵌套型 CES 偏好结构。对于给定的同一产品的多样性，其效用可以表示为：

$$X_{gt} = \Big( \sum_{v \in V} b_{gvt}^{\frac{1}{\sigma_g}} x_{gvt}^{\frac{\sigma_g-1}{\sigma_g}} \Big)^{\frac{\sigma_g}{\sigma_g-1}} \qquad (6.1)$$

由此可产生对某一产品多样性的需求：

$$s_{gvt} \equiv \frac{p_{gvt} x_{gvt}}{\sum_{v \in I} I_{gt} p_{gvt} x_{gvt}} = \left(\frac{p_{gvt}}{\phi_{gt}(b_t)}\right)^{1-\sigma_g} b_{gvt} \tag{6.2}$$

在时期 $t$ 产品 $g$ 的多样性 $v$ 的集合可以表示为 $I_{gt} \in \{1, \cdots, N\}$ ; $x_{gvt}$ 是时期 $t$ 产品 $g$ 的多样性 $v$ 被消费的加总量; $\sigma_g > 1$ 是产品 $g$ 特定的不变替代弹性; $s_{gvt}$ 是市场份额, 取决于其价格 $P_{gvt}$ 、特定的随机品味参数 $b_{gvt}$ 以及受整个品味参数向量影响的产品 $g$ 的最低生产成本 $\phi_{gt}(b_t)$ 。

假定出口市场结构为垄断竞争, 则消费者将面临向上倾斜的供给曲线:

$$p_{gvt} = \left(\frac{\sigma_g}{\sigma_g - 1}\right) \exp(\eta_{gvt})(x_{gvt})^{\omega_g} \tag{6.3}$$

其中, $\eta_{gvt}$ 代表与品味参数 $b_{gvt}$ 相独立的随机技术因素, $\omega_g > 0$ 代表产品 $g$ 的供给弹性的倒数。

为了消除与时间相关的不可观测因素, 首先需要对价格和市场份额进行差分。经过一次差分后, 仍然存在与产品相关的不可观测因素, 可以利用参照物国家的价格和市场份额进行二次差分 (第一次差分利用 $\Delta$ , 第二次差分用上标 $k$ 表示), 得到以下结构方程组:

$$\Delta^k \ln s_{gvt} \equiv \Delta \ln p_{gvt} - \Delta \ln p_{gkt} = -(\sigma_g - 1) \Delta^k \ln(p_{gvt}) + \varepsilon_{gvt}^k \tag{6.4}$$

$$\Delta^k \ln p_{gvt} \equiv \Delta \ln s_{gvt} - \Delta \ln s_{gkt} = \left(\frac{\omega_g}{1 + \omega_g}\right) \Delta^k \ln(s_{gvt}) + \delta_{gvt}^k \tag{6.5}$$

定义 $\rho \equiv \frac{\omega(\sigma - 1)}{1 + \omega\sigma} \in \left[0, \frac{\sigma - 1}{\sigma}\right)$ , 且假设差分处理过的需求方程的误差项 $\varepsilon_{gvt}^k$ 和供给方程的误差项 $\delta_{gvt}^k$ 在时间和产品空间上是相互独立的, 将式 (6.4) 和式 (6.5) 相乘化简后得到以下易于处理的估计方程:

$$Y_{gvt} = \theta_1 X_{1gvt} + \theta_2 X_{2gvt} + u_{gvt} \tag{6.6}$$

其中 $Y_{gvt} \equiv (\Delta^k \ln p_{gvt})^2$ , $X_{1gvt} \equiv (\Delta^k \ln s_{gvt})^2$ , $X_{2gvt} \equiv (\Delta^k \ln s_{gvt})(\Delta^k \ln p_{gvt})$ , $u_{gvt} = \frac{\varepsilon_{gvt}^k \delta_{gvt}^k}{1 - \rho}$ 。由于 $\theta_1 \equiv \frac{\rho}{(\sigma - 1)^2(1 - \rho)}$ , $\theta_2 \equiv \frac{2\rho - 1}{(\sigma - 1)(1 - \rho)}$ , 通过式 (6.6) 估计出 $\theta_1$ 和 $\theta_2$ 后, 就可以相应求出 $\sigma$ 和 $\rho$ 的估计值, 进而再求出 $\omega$ 的估计值。

然后就可以得到进口需求弹性的估计值为 $1-\sigma$ 以及进口供给弹性为 $1/\omega$。

### （二）数据的选择与处理

本章的数据来源于 CEPII-BACI 数据库，该数据库包括了全世界 200 多个国家总共 5000 多种产品的双边 HS6 位数编码的贸易数据，具体包括每一类别产品的进口国家、出口国家、出口价值量、出口数量等信息。BACI 提供了 HS1992、HS1996、HS2002、HS2007 和 HS2012 等不同版本的数据，其中 HS1992 版本的数据量最多，时间跨度为 1995～2016 年，所以本章选择 HS1992 版本的数据。鉴于本章关注美国的进口需求弹性，以美国为进口国，分析出所有相关数据。由于 BACI 数据只更新至 2016 年，本章还通过国际贸易中心（international trade centre，ITC）下载了美国 2017 年从其他国家进口的所有 HS6 位数编码产品的进口金额、进口数量，试图分析美国进口产品的最新动态。

根据 2017 年 ITC 最新数据，本书发现 ITC 总共统计了 6260 种 HS6 位数编码产品，2017 年美国进口了 5277 种 HS6 编码产品种类（即进口额大于 0）；2017 年中国对美国出口的产品种类为 4552 种，占比为 86.26%；2017 年中国对美国出口金额在 100 亿美元以上的产品种类有 5 种，分别是用于蜂窝网络或其他无线网络的移动电话（851712）、便携式数据处理机器（847130）、用于接收、转换和传输或再生语音、图像等的机器（851762）、自动数据处理机器的零配件（847330）和三轮车、踏板车等类似轮式玩具（950300）；10 亿美元以上的产品种类有 80 种，1 亿美元以上的产品种类有 658 种；在美国进口市场渗透率（进口市场占比）超过 50% 的产品种类有 1832 种（意味着最多只有一个国家接近于中国）[1]，在美国进口市场渗透率超过 33.3% 的产品种类有 2379 种（意味着最多只有一个超过中国，或两个国家接近于中国）。如果同时考虑中国出口金额的绝对值大小以及市场渗透率高低，中国对美国 2017 年出口金额在 10 亿美元以上并且对美国进口市场渗透率超过 50% 的产品种类有 47 种。如果按照产品的章节划分，其中属于第 39 章（塑料及其制品）的有 4 种，属于 42 章［皮革制品；鞍具及挽具；旅行用品、手提包及类

---

[1]　http：//www.intracen.org/itc/market-info-tools/trade-statistics/.

似容器；动物肠线（蚕胶丝除外）制品］的有 1 种，属于 63 章（其他纺织制成品；成套物品；旧衣着及旧纺织品；碎织物）的有 1 种，属于 64 章（鞋靴、护腿和类似品及其零件）的有 3 种，属于 65 章（帽类及其零件）的有 1 种，属于 68 章（石料、石膏、水泥、石棉、云母及类似材料的制品）的有 1 种，属于 73 章（钢铁制品）的有 2 种，属于 84 章（核反应堆、锅炉、机器、机械器具及其零件）的有 10 种，属于 85 章（电机、电气设备及其零件；录音机及放声机、电视图像、声音的录制和重放设备及其零件、附件）的有 10 种，属于 87 章（车辆及其零件、附件，但铁道及电车道车辆除外）的有 1 种，属于 94 章（家具；寝具、褥垫、弹簧床垫、软坐垫及类似的填充制品；未列名灯具及照明装置；发光标志、发光铭牌及类似品；活动房屋）的有 8 种，属于 95 章（玩具、游戏品、运动用品及其零件、附件）的有 5 种。

中国对美国 2017 年出口金额在 10 亿美元以上并且市场渗透率超过 33.3% 的产品种类有 64 种，如果按照产品的章节划分，其中属于第 39 章（塑料及其制品）的有 5 种，属于 42 章［皮革制品；鞍具及挽具；旅行用品、手提包及类似容器；动物肠线（蚕胶丝除外）制品］的有 1 种，属于 62 章（非针织或非钩编的服装及着着附件）的有 2 种，属于 63 章（其他纺织制成品；成套物品；旧衣着及旧纺织品；碎织物）的有 1 种，属于 64 章（鞋靴、护腿和类似品及其零件）的有 5 种，属于 65 章（帽类及其零件）的有 1 种，属于 68 章（石料、石膏、水泥、石棉、云母及类似材料的制品）的有 1 种，属于 73 章（钢铁制品）的有 3 种，属于 76 章（铝及其制品）的有 1 种，属于 84 章（核反应堆、锅炉、机器、机械器具及其零件）的有 11 种，属于 85 章（电机、电气设备及其零件；录音机及放声机、电视图像、声音的录制和重放设备及其零件、附件）的有 17 种，属于 87 章（车辆及其零件、附件，但铁道及电车道车辆除外）的有 1 种，属于 94 章（家具；寝具、褥垫、弹簧床垫、软坐垫及类似的填充制品；未列名灯具及照明装置；发光标志、发光铭牌及类似品；活动房屋）的有 10 种，属于 95 章（玩具、游戏品、运动用品及其零件、附件）的有 5 种。

对于 CEPII-BACI 的原始数据，为了运用瑟德贝里（2015）的方法，本章做了进一步处理。将 HS6 位数编码产品定义为产品 $g$，同一产品但来自于不同的国家定义为 $v$，市场份额 $s_{gvt}$ 通过美国从某出口国 $v$ 进口的产品 $g$ 的数量除

以美国产品 $g$ 的总进口数量得到,价格 $p_{gvt}$ 可以通过进口金额除以相应的进口数量得到。遵从芬斯特拉(1994)、莫勒(Mohler,2009)以及瑟德贝里(2015),对于某出口国某出口产品其相应参照物国家选取该进口产品在美国所占市场份额最大的国家。根据方程(6.6)估计美国 HS6 位数编码产品相应进口需求弹性后,再以各 HS6 位数编码进口金额占该 HS6 位数编码所在 HS2 位数编码章节全部进口的比例作为权重,计算美国各 HS2 位数编码产品加总的进口需求弹性。

### (三)美国进口需求弹性估计结果

根据方程(6.6),每一个 HS6 位数编码产品都有与之相对应的需求弹性,将极端值剔除后总共有 4495 种,其中为正数的有 25 个,占比为 0.56%(见图 6.1)。经过分析发现,这些进口需求弹性为正的产品主要分布在第 71 章(天然或养殖珍珠、宝石或半宝石、贵金属、包贵金属及其制品;仿首饰;硬币)、第 92 章(乐器及其零件、附件)和第 97 章(艺术品、收藏品及古物),这些产品都是炫耀性商品或者具有保值升值性质的产品。

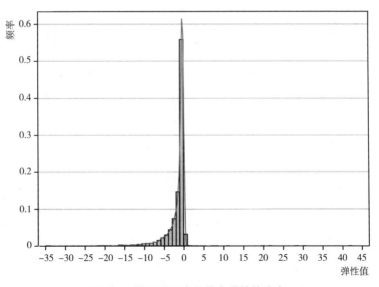

**图6.1 美国进口产品需求弹性的分布**

资料来源:作者根据估计结果绘制。

从图 6.1 可以看出，弹性值主要分布在 −1 左右，也就是说单位弹性左右。将弹性值为正的排除在外，弹性值 < −1 即富有弹性的有 1849 种，占比 41.36%，而弹性值 > −1 即缺乏弹性的有 2621 种，占比 58.64%，所以缺乏弹性的产品种类相对较多。对美国所有产品的进口需求弹性估计结果进行简单的统计分析得到，所有进口产品的平均弹性为 −2.0683，标准差为 4.1728，中位数弹性为 −0.7307，剔除极值后的最小值为 −34.8532，最大值为 42.4535。如果以进口产品平均的贸易比重为权重来计算加权的平均进口弹性值，可以算出美国 1995 ~ 2016 年的所有进口产品的加权平均进口弹性为 −2.8277。所以，美国进口产品的进口需求弹性平均来看是富有弹性的，这可能与美国作为世界上最大的进口市场之一吸引众多出口企业进入导致竞争相当激烈有关。为了更具体地呈现美国进口需求弹性，本章在表 6.1 和表 6.2 中分别列出最有弹性和最缺乏弹性的具体产品。

表 6.1　　　　　　　　　30 种美国富有进口需求弹性的产品

| HS6 位数编码 | 产品名称 | 进口需求弹性 | 年均进口贸易份额（万分之） | 产品主要进口来源地 |
|---|---|---|---|---|
| 300590 | 医用敷料等除黏合剂外 | − 34. 8532 | 1. 74414 | 中国、英国、墨西哥 |
| 848510 | 船舶或船只的螺旋桨及其叶片 | − 34. 71116 | 0. 37669 | 中国台湾、德国、日本 |
| 620339 | 非编织的男装夹克和西装外套 | − 34. 6903 | 0. 58688 | 中国、意大利、加拿大 |
| 930621 | 弹夹，霰弹枪 | − 34. 30678 | 0. 25684 | 巴西、意大利、西班牙 |
| 640340 | 皮革鞋面、金属鞋头的鞋 | − 34. 23476 | 1. 48267 | 中国、多米尼加、越南 |
| 851220 | 照明/视觉信号设备 | − 34. 19122 | 9. 12273 | 墨西哥、中国台湾、中国 |
| 846310 | 用于棒材、管材、型材线材等的拉伸工作台 | − 33. 78589 | 0. 19122 | 德国、意大利、日本 |
| 470319 | 化学木浆 | − 33. 29288 | 0. 0252 | 巴西、俄罗斯、新西兰 |
| 853641 | 小于 60 伏的电气继电器 | − 33. 05566 | 3. 01467 | 日本、墨西哥、中国 |
| 051110 | 牛精液 | − 32. 45602 | 0. 16139 | 加拿大、荷兰、英国 |
| 500600 | 零售丝纱 | − 32. 29961 | 0. 01046 | 日本、德国、意大利 |
| 551624 | 机织面料 | − 32. 05833 | 0. 03799 | 土耳其、德国、韩国 |

| HS6 位数编码 | 产品名称 | 进口需求弹性 | 年均进口贸易份额（万分之） | 产品主要进口来源地 |
|---|---|---|---|---|
| 950691 | 体育锻炼，健身房和体育设备 | −31.76731 | 8.44711 | 中国、中国台湾、加拿大 |
| 842611 | 固定支架上的龙门和桥式起重机 | −31.75635 | 0.322 | 中国、加拿大、德国 |
| 280440 | 氧气 | −30.88342 | 0.00952 | 墨西哥、日本、加拿大 |
| 950659 | 羽毛球或类似的球拍 | −30.67161 | 0.11788 | 中国、中国台湾、中国香港 |
| 940430 | 睡袋 | −30.40426 | 0.59292 | 中国、孟加拉国、加拿大 |
| 721012 | 扁平轧制铁或非合金钢 | −30.30579 | 2.26885 | 加拿大、荷兰、德国 |
| 902410 | 测试金属机械性能的机器 | −29.30013 | 0.22801 | 德国、英国、加拿大 |
| 521049 | 编织棉 | −28.98726 | 0.02772 | 中国台湾、意大利、中国 |
| 853080 | 电信号，安全和交通管制的设备 | −28.72948 | 0.48966 | 墨西哥、加拿大、中国 |
| 842890 | 提升、搬运或装卸类机械设备 | −28.20117 | 8.22978 | 加拿大、日本、墨西哥 |
| 911490 | 钟表零件 | −27.49844 | 0.24089 | 瑞士、中国、德国 |
| 960990 | 粉彩、绘制木炭、粉笔 | −27.19134 | 0.49867 | 中国、中国台湾、墨西哥 |
| 690410 | 建筑砖 | −27.00342 | 0.11235 | 墨西哥、加拿大、德国 |
| 392220 | 洗手间座椅和塑料盖 | −26.96832 | 0.27336 | 中国、加拿大、墨西哥 |
| 292429 | 环酰胺衍生物 | −26.55653 | 3.91751 | 瑞士、日本、中国 |
| 030542 | 烟熏鲱鱼 | −26.50463 | 0.01984 | 加拿大、菲律宾、荷兰 |
| 940429 | 床垫、毛绒、弹簧内饰等 | −25.63218 | 0.52148 | 中国、加拿大、墨西哥 |
| 850613 | 容量小于300cc氧化银电池 | −25.41713 | 0.11709 | 日本、瑞士、德国 |

注：作者依据 CEPII-BACI 数据库原始数据计算，其中年均进口贸易份额指的是样本期间（1995～2016 年）美国进口该产品的贸易额占美国当年进口贸易总额的平均比重。

从表 6.1 可以看出，富有弹性的产品主要是用于消费的最终产品，中国是较多产品的主要进口来源国之一。

表 6.2                               30 种美国缺乏进口需求弹性的产品

| HS6 位数编码 | 产品名称 | 进口需求弹性 | 年均进口贸易份额（万分之） | 产品主要进口来源地 |
|---|---|---|---|---|
| 081110 | 冷冻草莓 | − 0.00058 | 0.58402 | 墨西哥、智利、阿根廷 |
| 870899 | 汽车零件 | − 0.00084 | 79.28663 | 加拿大、墨西哥、日本 |
| 852990 | 用于收音机/电视发射/接收设备的零件 | − 0.00131 | 21.09044 | 墨西哥、中国、日本 |
| 760719 | 没有背衬和 < 0.2 毫米厚的箔、铝 | − 0.00157 | 1.09264 | 日本、加拿大、德国 |
| 210390 | 酱汁等混合调味料 | − 0.00164 | 3.04748 | 加拿大、墨西哥、意大利 |
| 401695 | 硫化橡胶等橡胶制品 | − 0.00167 | 0.13147 | 墨西哥、中国、日本 |
| 640191 | 防水鞋 | − 0.00167 | 0.01873 | 中国、多米尼加、印度尼西亚 |
| 844250 | 印刷类型，块，板，圆筒等 | − 0.00219 | 0.22983 | 加拿大、德国、比利时 |
| 732090 | 铁或钢弹簧 | − 0.00234 | 0.77632 | 德国、日本、加拿大 |
| 871000 | 坦克和其他装甲战车 | − 0.00279 | 2.68977 | 加拿大、以色列、德国 |
| 842420 | 喷枪和类似器具 | − 0.00352 | 1.26812 | 中国、中国台湾、德国 |
| 200120 | 醋洋葱 | − 0.00521 | 0.00269 | 加拿大、以色列、墨西哥 |
| 030410 | 唇部化妆品 | − 0.00543 | 6.19876 | 智利、加拿大、挪威 |
| 853921 | 灯丝灯，卤钨灯 | − 0.00635 | 1.84511 | 墨西哥、德国、中国 |
| 460191 | 编织的蔬菜材料制品 | − 0.00657 | 0.06605 | 中国、中国台湾、印度尼西亚 |
| 610331 | 羊毛针织的男装夹克和西装外套 | − 0.00748 | 0.02831 | 意大利、孟加拉国、柬埔寨 |
| 903031 | 电子万用表 | − 0.00761 | 0.49454 | 中国、中国台湾、韩国 |
| 284390 | 除金、银、汞合金外的贵金属化合物 | − 0.00771 | 0.39255 | 加拿大、玻利维亚、德国 |
| 294130 | 四环素衍生物 | − 0.00802 | 0.60814 | 中国、葡萄牙、意大利 |
| 847810 | 制作烟草的机器 | − 0.00850 | 0.30683 | 德国、荷兰、意大利 |
| 940360 | 木质家具 | − 0.00851 | 27.28689 | 中国、加拿大、越南 |
| 846820 | 用于焊接的气动机械 | − 0.00949 | 0.07499 | 墨西哥、中国、德国 |
| 282200 | 氧化钴和氢氧化钴 | − 0.00952 | 0.28072 | 比利时、芬兰、英国 |
| 950310 | 电动火车，火车等 | − 0.00954 | 0.27783 | 韩国、中国、德国 |
| 860712 | 铁路和电车转向架和双齿轮转向架 | − 0.00981 | 0.08077 | 意大利、德国、中国 |

续表

| HS6 位数编码 | 产品名称 | 进口需求弹性 | 年均进口贸易份额（万分之） | 产品主要进口来源地 |
|---|---|---|---|---|
| 853222 | 电容器，电解铝 | − 0.00985 | 1.72785 | 日本、马来西亚、中国 |
| 420340 | 服装配件 | − 0.01027 | 0.06282 | 中国、意大利、印度 |
| 140390 | 用于扫帚或刷子的蔬菜材料 | − 0.01036 | 0.02752 | 墨西哥、印度、匈牙利 |
| 730830 | 铁或钢框架的门、窗 | − 0.01052 | 1.77232 | 加拿大、中国、墨西哥 |
| 660191 | 有伸缩轴的伞 | − 0.01115 | 0.58508 | 中国、中国香港、泰国 |

资料来源：作者依据 CEPII-BACI 数据库原始数据计算。

从表 6.2 看，比较缺乏弹性的产品有较多属于零配件等中间产品，中国只是少数产品的主要进口来源国。综合表 6.1 和表 6.2，在最有弹性和最缺乏弹性的产品中，中国的出口产品更偏向于分布在前者。

本章还特别关注中国对美国出口绝对值较大且市场渗透率较高的 57 种产品，其相应的进口需求弹性等信息列于表 6.3。从表 6.3 可以看出，缺乏弹性的产品共有 22 种；在富有弹性的产品中，绝对值小于 2 的只有 4 种，这意味着这4 种产品非常富有弹性，其出口价格的提升将导致出口数量的较大幅度下降；对于这些富有弹性的产品，中国出口美国的主要竞争者集中在东南亚、南亚、加拿大、墨西哥、日本、韩国、意大利、德国等国家或地区以及中国台湾。

表 6.3　　　　中国对美国出口较多且市场渗透率较高的 57 种产品

（按 HS92 六位数编码）

| HS6 位数编码 | 产品名称 | 进口需求弹性 | 年均进口贸易份额（百分之） | 产品主要进口来源地 |
|---|---|---|---|---|
| 852520 | 用于收音机、电视等的发送—接收设备 | − 7.1103 | 1.6787 | 中国、韩国、墨西哥、中国台湾、马来西亚、加拿大 |
| 847120 | 具有 CPU 和输入输出单元的数字计算机 | − 6.4087 | 1.4774 | 中国、马来西亚、中国台湾、墨西哥、日本、韩国 |
| 847330 | 数据处理设备零配件 | − 15.8491 | 1.4473 | 中国、中国台湾、日本、马来西亚、韩国、新加坡 |

续表

| HS6 位数编码 | 产品名称 | 进口需求弹性 | 年均进口贸易份额（百分之） | 产品主要进口来源地 |
|---|---|---|---|---|
| 852810 | 彩色电视接收器/监视器/投影仪 | -5.3377 | 1.1779 | 墨西哥、中国、日本、泰国、中国台湾、马来西亚 |
| 847193 | 计算机数据存储单元 | -19.7627 | 0.8276 | 新加坡、中国、泰国、马来西亚、日本、菲律宾 |
| 640399 | 鞋底橡胶皮革塑料鞋面的鞋子 | -3.4520 | 0.3954 | 中国、巴西、越南、印度尼西亚、意大利、泰国 |
| 851790 | 线路电话/电报设备 | -0.0855 | 0.3775 | 墨西哥、中国、加拿大、马来西亚、日本、韩国 |
| 850440 | 静态转换器 | -1.2523 | 0.3660 | 中国、墨西哥、日本、中国台湾、菲律宾、加拿大 |
| 847199 | 自动数据处理机器和单位 | -1.5236 | 0.3197 | 中国、墨西哥、中国台湾、新加坡、马来西亚、加拿大 |
| 620462 | 非编织棉质女裤 | -0.7844 | 0.3038 | 中国、墨西哥、印度尼西亚、中国香港、孟加拉国、越南 |
| 852110 | 视频记录/重放装置 | -8.0258 | 0.2998 | 日本、中国、马来西亚、印度尼西亚、泰国、韩国 |
| 950390 | 玩具 | -0.6671 | 0.2820 | 中国、墨西哥、中国台湾、加拿大、印度尼西亚、泰国 |
| 940360 | 其他木制家具 | -0.0085 | 0.2729 | 中国、加拿大、越南、马来西亚、印度尼西亚、意大利 |
| 392690 | 塑料制品 | -15.9051 | 0.2659 | 中国、加拿大、墨西哥、德国、日本、中国台湾 |
| 854380 | 电机和设备 | -16.6756 | 0.2182 | 中国、墨西哥、日本、加拿大、德国、英国 |
| 640299 | 外底/橡胶或塑料鞋面的鞋子 | -12.8848 | 0.2178 | 中国、越南、印度尼西亚、意大利、泰国、中国台湾 |
| 950410 | 与电视接收器一起使用的视频游戏 | -0.6767 | 0.2104 | 中国、日本、墨西哥、加拿大、中国台湾、英国 |

续表

| HS6 位数<br>编码 | 产品名称 | 进口需求<br>弹性 | 年均进口<br>贸易份额<br>（百分之） | 产品主要进口<br>来源地 |
|---|---|---|---|---|
| 940320 | 金属家具 | -13.4909 | 0.1777 | 中国、加拿大、中国台湾、墨西哥、意大利、德国 |
| 940161 | 配备木制框架和软垫的座椅 | -2.1755 | 0.1626 | 中国、意大利、墨西哥、加拿大、越南、马来西亚 |
| 732690 | 钢铁制品 | -0.0629 | 0.1513 | 中国、加拿大、墨西哥、德国、日本、中国台湾 |
| 870870 | 车轮包括汽车零件/配件 | -0.1136 | 0.1452 | 中国、墨西哥、加拿大、日本、中国台湾、韩国 |
| 852390 | 非记录的录音媒体 | -1.7256 | 0.1434 | 中国、中国台湾、日本、韩国、马来西亚、新加坡 |
| 854441 | 带连接器的电导体 | -0.2050 | 0.1410 | 中国、墨西哥、中国台湾、日本、加拿大、德国 |
| 848190 | 水龙头，旋塞，阀门或类似设备零件 | -0.6442 | 0.1368 | 中国、加拿大、日本、墨西哥、德国、中国台湾 |
| 630790 | 纺织服饰图案 | -0.4325 | 0.1348 | 中国、墨西哥、多米尼加、印度、加拿大、中国台湾 |
| 940510 | 枝形吊灯，其他电动天花板或壁灯 | -0.4734 | 0.1280 | 中国、墨西哥、加拿大、中国台湾、意大利、德国 |
| 940540 | 电灯、照明配件 | -2.5353 | 0.1191 | 中国、墨西哥、加拿大、中国台湾、德国、中国香港 |
| 950510 | 圣诞节庆祝用的物品 | -0.2440 | 0.1180 | 中国、中国台湾、泰国、波兰、菲律宾、中国香港 |
| 940390 | 家具配件 | -0.3422 | 0.1108 | 中国、加拿大、墨西哥、中国台湾、越南、意大利 |
| 852510 | 用于收音机、电话和电视的传输设备 | -4.4891 | 0.1102 | 墨西哥、中国台湾、中国、加拿大、日本、印度尼西亚 |
| 621210 | 胸罩及其部件 | -0.4420 | 0.1061 | 中国、印度尼西亚、多米尼加、洪都拉斯、斯里兰卡、泰国 |

续表

| HS6 位数编码 | 产品名称 | 进口需求弹性 | 年均进口贸易份额（百分之） | 产品主要进口来源地 |
|---|---|---|---|---|
| 640391 | 鞋底橡胶或塑料鞋面的靴子 | -11.9873 | 0.1058 | 中国、越南、印度尼西亚、巴西、意大利、墨西哥 |
| 760612 | 铝合金矩形板/片/带 | -0.8348 | 0.1008 | 加拿大、中国、德国、南非、印度尼西亚、奥地利 |
| 420202 | 外表为塑料或纺织品的容器 | -0.7837 | 0.0916 | 中国、越南、菲律宾、中国台湾、泰国、印度尼西亚 |
| 940490 | 床上用品 | -20.5298 | 0.0912 | 中国、墨西哥、印度、巴基斯坦、加拿大、中国台湾 |
| 392410 | 塑料桌和厨房用具 | -0.4256 | 0.0888 | 中国、中国台湾、墨西哥、加拿大、中国香港、以色列 |
| 940179 | 配备金属框架的座椅 | -22.4516 | 0.0877 | 中国、中国台湾、加拿大、墨西哥、意大利、印度尼西亚 |
| 950691 | 体育锻炼、健身房等体育设备 | -31.7673 | 0.0845 | 中国、中国台湾、加拿大、墨西哥、意大利、泰国 |
| 850910 | 家用真空吸尘器 | -17.2730 | 0.0831 | 中国、墨西哥、马来西亚、韩国、加拿大、德国 |
| 850780 | 蓄电池 | -0.3487 | 0.0831 | 日本、中国、韩国、墨西哥、中国台湾、加拿大 |
| 640419 | 鞋底橡胶/塑料、鞋面纺织品的非运动鞋子 | -12.9996 | 0.0785 | 中国、越南、墨西哥、意大利、多米尼加、印度尼西亚 |
| 650590 | 针织或钩编的帽子和其他头饰 | -2.2590 | 0.0701 | 中国、孟加拉国、中国台湾、越南、多米尼加、韩国 |
| 392490 | 卫生间塑料用品 | -5.3851 | 0.0689 | 中国、墨西哥、中国台湾、加拿大、中国香港、以色列 |
| 850880 | 手持式电动马达 | -1.4842 | 0.0655 | 中国、墨西哥、德国、日本、中国台湾、瑞典 |
| 841451 | 电动式桌子、窗户、吊扇等 | -3.2521 | 0.0651 | 中国、中国台湾、泰国、中国香港、墨西哥、加拿大 |

续表

| HS6 位数编码 | 产品名称 | 进口需求弹性 | 年均进口贸易份额（百分之） | 产品主要进口来源地 |
|---|---|---|---|---|
| 851650 | 微波炉 | −1.8758 | 0.0646 | 中国、韩国、马来西亚、泰国、新加坡、瑞典 |
| 732111 | 利用气体燃料等的铁或钢制烹饪器具 | −0.2177 | 0.0640 | 中国、墨西哥、加拿大、泰国、意大利、中国台湾 |
| 950699 | 适用于运动、游泳和戏水池的设备 | −2.5603 | 0.0629 | 中国、加拿大、中国台湾、墨西哥、韩国、意大利 |
| 841510 | 自给式空调窗/墙等类型 | −6.0983 | 0.0624 | 中国、韩国、泰国、墨西哥、新加坡、马来西亚 |
| 940340 | 木制厨房家具 | −11.8047 | 0.0550 | 加拿大、中国、意大利、德国、马来西亚、泰国 |
| 392620 | 塑胶服饰及服饰配件 | −7.2386 | 0.0523 | 中国、加拿大、中国台湾、马来西亚、中国香港、印度尼西亚 |
| 640411 | 鞋底橡胶或塑料、鞋面纺织品的运动鞋 | −2.4617 | 0.0514 | 中国、越南、印度尼西亚、泰国、韩国、印度 |
| 732393 | 不锈钢餐桌/厨房用品 | −6.8598 | 0.0499 | 中国、印度、泰国、韩国、中国台湾、意大利 |
| 681099 | 水泥、混凝土或人造石 | −0.6053 | 0.0444 | 中国、加拿大、墨西哥、西班牙、以色列、意大利 |
| 391810 | 塑料地板、墙壁、天花板盖等 | −0.1799 | 0.0377 | 中国、加拿大、韩国、中国台湾、英国、比利时 |
| 851679 | 家用电热电器 | −2.7244 | 0.0315 | 中国、墨西哥、日本、中国台湾、意大利、韩国 |
| 940180 | 其他座椅 | −0.2407 | 0.0210 | 中国、意大利、加拿大、墨西哥、中国台湾、印度尼西亚 |

资料来源：作者依据 CEPII-BACI 数据库原始数据计算。

除了 HS6 位数编码层次产品的相关需求弹性信息，本章还对更高集合层面比如 HS2 位数编码产品的相应信息感兴趣。根据 BACI 数据进行的计算，中国对美国出口较多的产品主要集中在第 29 章、第 39 章等（将这些产品对美国的出口额从 1995 到 2016 年加总，占中国该时期总出口额的 86.11%），为此本章特别估计了这 15 章的美国进口需求弹性，结果列于表 6.4。从表 6.4 可以看出，这 15 章中只有第 63 章是该时期缺乏弹性的（-0.965），第 76 章（-1.163）、第 90 章（-1.246）不太富有弹性，其余章的弹性都较大。由此可以得到，中国对美出口较多的产品在 HS2 位数编码层次大都富有弹性。从表 6.3 和表 6.4 综合看，无论是 HS6 位数还是 HS2 位数编码层次，中国对美出口产品平均来看富有弹性，这解释了为什么美国政府要采用高额关税政策来打击中国对美出口，也为各界的焦虑找到了确凿的证据。

表 6.4　　　　　　中国对美国出口较多且市场渗透率较高的
15 个章节产品的弹性（两位数编码）

| HS2 位数编码 | 章节名称 | 进口需求弹性 | | | 年均进口贸易份额（百分之） |
|---|---|---|---|---|---|
| | | 简单平均值 | 中位数 | 加权平均值 | |
| 29 | 有机化学品 | -1.420 | -0.621 | -2.502 | 2.576 |
| 39 | 塑料及其制品 | -2.538 | -0.727 | -4.707 | 1.974 |
| 42 | 皮革制品；鞍具及挽具；旅行用品、手提包及类似容器；动物肠线（蚕胶丝除外）制品 | -2.104 | -0.509 | -3.056 | 0.498 |
| 61 | 针织或钩编的服装及衣着附件 | -2.119 | -0.815 | -2.792 | 2.114 |
| 62 | 非针织或非钩编的服装及衣着附件 | -2.953 | -0.752 | -2.311 | 2.181 |
| 63 | 其他纺织制成品；成套物品；旧衣着及旧纺织品；碎织物 | -1.365 | -0.538 | -0.965 | 0.539 |
| 64 | 鞋靴、护腿和类似品及其零件 | -4.046 | -0.959 | -4.183 | 1.069 |
| 73 | 钢铁制品 | -1.836 | -0.813 | -1.896 | 1.567 |
| 76 | 铝及其制品 | -1.589 | -0.636 | -1.163 | 0.856 |
| 84 | 核反应堆、锅炉、机器、机械器具及其零件 | -2.661 | -0.925 | -4.892 | 14.504 |
| 85 | 电机、电气设备及其零件；录音机及放声机、电视图像、声音的录制和重放设备及其零件、附件 | -2.539 | -0.665 | -3.316 | 13.746 |

续表

| HS2 位数编码 | 章节名称 | 进口需求弹性 | | | 年均进口贸易份额（百分之） |
|---|---|---|---|---|---|
| | | 简单平均值 | 中位数 | 加权平均值 | |
| 87 | 车辆及其零件、附件，但铁道及电车道车辆除外 | −2.233 | −0.882 | −2.909 | 12.226 |
| 90 | 光学、照相、电影、计量、检验、医疗或外科用仪器及设备、精密仪器及设备；上述物品的零件、附件 | −2.031 | −0.744 | −1.246 | 3.236 |
| 94 | 家具；寝具、褥垫、弹簧床垫、软坐垫及类似的填充制品；未列名灯具及照明装置；发光标志、发光铭牌及类似品；活动房屋 | −6.081 | −1.755 | −4.590 | 2.240 |
| 95 | 玩具、游戏品、运动用品及其零件、附件 | −3.370 | −0.669 | −3.419 | 1.217 |

资料来源：作者依据 CEPII-BACI 数据库原始数据计算。

## （四）进一步分析

下面将进一步分析进口产品的同质化或差异化的产品特征是否影响产品的进口需求弹性，并着重分析 HS6 位数产品的进口需求弹性在产业层面的分布和取值情况。将所有进口产品分成同质化产品和差异化产品两大类型，计算两大类型相应的均值、中位数和标准差，结果见表 6.5。从表 6.5 看，相对来说同质化产品的进口需求弹性更大，意味着同质化产品面对同样的价格上升幅度，其需求下降幅度平均来看将更大。这暗示差异化产品凭借其差异性特征，相比同质产品更具市场势力，更能抵御市场负面冲击。

表 6.5　　　　基于 Rauch 产品分类的进口需求弹性估计结果

| 产品类型 | 均值 | 中位数 | 标准差 |
|---|---|---|---|
| 同质化产品 | −2.42172 | −0.7707193 | 4.56352 |
| 差异化产品 | −1.760885 | −0.6393581 | 3.579946 |

资料来源：作者自行计算。

本章还根据国际标准产业分类第三版（ISIC, rev 3）对 HS6 位数产品分类，进行更细致的产业结构分析。具体而言，本章将 HS92 与 ISIC rev3 进行了转换①,对所估计的所有 HS6 位数编码产品进行了分类,将其匹配到 ISIC 35 种产业,并计算了相应产业的平均弹性和弹性方差、年均进口份额和包含在每种产业中的 HS6 位数产品种类数量,结果列于表 6.6②。根据表 6.6,从产品种类来看,美国进口产品主要集中在制造业,尤其是"化学品及化学制品的制造"(862 种)、"纺织品的制造"(529 种)、"未另分类的机械和设备的制造"(517 种)、"食品及饮料的制造"(407 种)和"基本金属的制造"(381 种)等,远超其他产业,其相应的平均进口需求弹性分别为 -1.5962、-2.2908、-2.6542、-2.2384 和 -1.4418,相应的贸易份额占比也较大;而采矿业(10、11、12、13、14)、电、煤气、蒸汽和热水的供应(40)、其他商业活动(74)、休闲、文化和体育活动(92)和其他服务活动(93)等产业所包含的产品种类明显较少,有的甚至只有个位数,其相应贸易份额占比也较小。从弹性值大小看,35 种产业的平均弹性分布比较均匀。最富有弹性的产业是"办公室、会计和计算机械的制造",平均弹性为 -3.7392;最缺乏弹性的产业是"电、煤气、蒸汽和热水的供应",平均弹性为 -0.2874;"休闲、文化和体育活动"的平均弹性为 0.5652,这与相应的一些包含在 HS2 位数第 92 章"乐器及其零件、附件"和第 97 章"艺术品、收藏品及古物"中的进口需求弹性为正的 HS6 位数编码产品归类到"休闲、文化和体育活动"有关。从弹性方差看,在每种产业内各 HS6 位数编码产品的进口需求弹性波动并不大,产业内弹性分布比较均匀;其中弹性方差最大的产业是"家具的制造;未另分类的制造业",其弹性方差为 6.7036。

表 6.6　　　　　　　基于 ISIC 产业进口需求弹性的结构分析

| ISIC 产业分类 | 产业名称 | 所包含 HS6 位数产品种类 | 简单平均弹性 | 中位数弹性 | 弹性方差 | 年均进口份额(%) |
|---|---|---|---|---|---|---|
| 1 | 农业、狩猎 | 225 | -1.8235 | -0.7074 | 3.7745 | 1.6685 |
| 2 | 林业、伐木业 | 39 | -1.2860 | -0.5641 | 1.8819 | 0.0915 |

---

① https：//wits. worldbank. org/product_concordance. html.
② 弹性方差测度的是 HS6 位数编码产品对其所属的产业分类的平均弹性的偏离程度。

续表

| ISIC 产业分类 | 产业名称 | 所包含 HS6 位数产品种类 | 简单平均弹性 | 中位数弹性 | 弹性方差 | 年均进口份额（%） |
|---|---|---|---|---|---|---|
| 5 | 渔业、水产养殖和渔业 | 41 | −2.4907 | −0.9615 | 3.2517 | 0.1196 |
| 10 | 煤和褐煤开采；泥炭采掘 | 7 | −1.9075 | −1.2554 | 1.9743 | 0.0798 |
| 11 | 原油及天然气的开采 | 4 | −0.6582 | −0.7045 | 0.4749 | 11.0338 |
| 12 | 铀矿和钍矿的开采 | 2 | −2.6824 | −2.6824 | 0.0000 | 0.0197 |
| 13 | 金属矿的开采 | 21 | −1.3718 | −0.6349 | 2.1970 | 0.1327 |
| 14 | 其他矿物的开采和采石 | 74 | −1.2652 | −0.4455 | 2.9686 | 0.1683 |
| 15 | 食品及饮料的制造 | 407 | −2.2384 | −0.7523 | 3.8415 | 3.5641 |
| 16 | 烟草制品的制造 | 6 | −2.0124 | −1.5137 | 2.0503 | 0.0460 |
| 17 | 纺织品的制造 | 529 | −2.2908 | −0.8885 | 4.0402 | 2.3722 |
| 18 | 服装制造；毛皮修整与染色 | 241 | −2.7829 | −0.9065 | 4.4710 | 3.4066 |
| 19 | 皮革的鞣制及整修；皮箱、手提包、马具及鞋靴的制造 | 67 | −2.8655 | −0.8365 | 5.7839 | 1.5083 |
| 20 | 木材、木材制品及软木制品的制造；草编物品及编制材料物品的制造 | 64 | −1.3621 | −0.5232 | 2.2240 | 1.0533 |
| 21 | 纸和纸制品的制造 | 121 | −1.4964 | −0.6845 | 3.4271 | 1.1885 |
| 22 | 出版、印刷及记录媒介物的复制 | 30 | −1.0019 | −0.4008 | 1.3921 | 0.3955 |
| 23 | 焦炭、精炼石油产品及核燃料的制造 | 20 | −2.4696 | −0.9841 | 3.7455 | 3.3380 |
| 24 | 化学品及化学制品的制造 | 862 | −1.5962 | −0.5882 | 3.1534 | 8.3985 |
| 25 | 橡胶和塑料制品的制造 | 116 | −2.6064 | −0.8812 | 4.6114 | 2.2885 |
| 26 | 其他非金属矿物制品的制造 | 158 | −1.6608 | −0.6053 | 3.2499 | 1.0111 |
| 27 | 基本金属的制造 | 381 | −1.4418 | −0.6591 | 5.2805 | 4.2038 |
| 28 | 金属制品的制造；机械设备除外 | 212 | −1.9576 | −0.7653 | 3.4680 | 2.0187 |
| 29 | 未另分类的机械和设备的制造 | 517 | −2.6542 | −0.8916 | 4.7298 | 8.0775 |
| 30 | 办公室、会计和计算机械的制造 | 34 | −3.7392 | −1.4975 | 4.8612 | 5.8623 |

续表

| ISIC 产业分类 | 产业名称 | 所包含 HS6 位数产品种类 | 简单平均弹性 | 中位数弹性 | 弹性方差 | 年均进口份额（%） |
|---|---|---|---|---|---|---|
| 31 | 未另分类的电力机械和装置的制造 | 128 | −2.9008 | −0.7866 | 5.9509 | 4.4225 |
| 32 | 无线电、电视和通信设备及装置的制造 | 88 | −2.2642 | −0.6299 | 3.7577 | 8.4889 |
| 33 | 医疗器械、精密仪器和光学仪器、钟表的制造 | 204 | −2.1968 | −0.7326 | 4.1571 | 3.5766 |
| 34 | 汽车、挂车和半挂车的制造 | 55 | −1.9047 | −0.8258 | 2.5092 | 12.7107 |
| 35 | 其他运输设备的制造 | 81 | −2.2005 | −0.9998 | 3.0940 | 2.9340 |
| 36 | 家具的制造；未另分类的制造业 | 188 | −2.2578 | −0.6345 | 6.7036 | 4.9822 |
| 40 | 电、煤气、蒸汽和热水的供应 | 3 | −0.2874 | −0.2874 | 0.0000 | 0.1344 |
| 74 | 其他商业活动 | 5 | −0.6314 | −0.4375 | 0.5092 | 0.0078 |
| 92 | 休闲、文化和体育活动 | 9 | 0.5652 | −0.1966 | 3.0991 | 0.3683 |
| 93 | 其他服务活动 | 1 | −1.1755 | −1.1755 | 0.0000 | 0.0001 |
| 99 | 其他未分类产品 | 76 | −2.1959 | −0.8299 | 3.5800 | 0.3197 |

资料来源：作者自行计算。

## 四、中国出口产品的关税吸收弹性估计

从上面的研究结果看，中国对美国出口产品大都富有弹性，也就是说，如果美国对中国产品加征25%的关税，同时中国出口产品的离岸价保持不下降，关税全部传递到最终价格上去的话，中国大部分产品将迎来超过25%甚至更多的需求数量下降。但是，考虑到中国出口企业具备一定的内部调整能力，可以通过降低加成率以及降低生产成本等方式来降低出口价格，甚至为保住市场份额可在短期内忍受亏损而较大幅度降价，这样关税的变动可能被吸收掉一部分，贸易数量的下降并没有那么大。

### （一）关税吸收弹性估计的计量框架

考虑到本章分析的核心变量价格是非稳定时间序列，因此本章采用一阶

对数差分的模型设定,并遵从早川(2017),采用以下简约方程利用普通最小二乘法(OLS)来估计中国出口产品的关税吸收弹性①。

$$\Delta \ln P_{ig} = \beta_1 \Delta \ln(1 + tariff_{ig}) + \beta_2 Controll + u_i + v_g + \varepsilon_{ig} \qquad (6.7)$$

其中,$\Delta \ln P_{ig}$表示从中国进口产品的平均价格的对数的差分(进口平均价格等于进口金额除以进口数量),$i$ 代表从中国进口的国家,$g$ 代表从中国进口产品类别。$\Delta \ln(1 + tariff_{ig})$ 代表国家 $i$ 对于产品 $g$ 的进口关税的对数的差分。本章引入了控制变量,具体而言就是进口国的人均 GDP,已有众多研究均发现进口国人均收入影响进口产品价格(Hallak and Schott,2011;Feenstra and Romalis,2014)。尽管对数差分的设定可以消除任何在时间上保持不变的因素的影响,本书通过引入进口国家固定效应 $u_i$,可以进一步控制与特定国家相关的一些时变因素,比如说汇率。而同时通过引入进口产品固定效应 $v_g$,可以进一步控制与特定产品相关的时变因素,比如针对特定产品发起的"反倾销反补贴"等。$\varepsilon_{ig}$ 是随机扰动项。

产品价格高低可能与产品质量优劣有关,当外国对其进口产品加征较高关税时,质量较差的产品因关税引致价格增加,将失去竞争力从而被迫退出出口市场,较高关税相当于某种筛选机制,留下来的是质量相对较好的产品(Baldwin and Harrigan,2011)。而由于产品质量提升,则相应的产品平均价格也趋于上升。一方面,根据阿尔钦—艾伦定理(也称为华盛顿苹果效应),当相同的附加成本被加在两个相似的商品价格上时,其结果是消费者会增加对优质商品的相对消费量,优质商品更易于出口。而反过来,当外国消费者不得不支付较大比例的附加费用时,也只有价格相对更高的优质商品才值得出口者提供(Alchian and Allen,1972;Hummels and Skiba,2004)。对于同类产品,关税并不会因为产品质量高低而有所不同,这样加征高额关税将带来产品质量的提升以及相应的价格上升。上述筛选效应和华盛顿苹果效应的综合作用,使得加征关税可能带来产品平均价格的上升。另一方面,企业由于加征关税可能主动将价格调下来以保住其市场份额,所以加征关税也可能带来

---

① 中国出口产品关税吸收弹性计算的具体程序见附录二中的 stata 程序 1。

产品平均价格的下降。正是由于存在这两类作用方向相反的机制，本章需要
将价格进行分解，分解为产品质量部分以及经过质量调整后的价格两部分，
分别分析加征关税对产品质量以及经过质量调整后价格的影响。

为了将进口产品价格中包含的质量部分与其他部分分离，笔者利用单
价和销量信息来测算产品质量（Khandelwal et al, 2013），如果两种产品价
格相同，但其中一种产品销量更高，则意味着这种产品质量更高。方程设
定如下：

$$\ln Q_{igt} + \sigma_g \ln(1 + tariff_{igt}) \times P_{igt} = \alpha_g + \alpha_{it} + \varepsilon_{igt} \tag{6.8}$$

其中 $Q_{igt}$ 代表进口国 $i$ 在年份 $t$ 从中国进口的产品 $g$ 的数量。$\sigma_g$ 代表产品 $g$ 的
替代弹性。考虑到利用 BACI 数据库，可以测算出中国的出口目的地有 100 多
个，所以本章利用与估计美国进口需求弹性同样的程序，对 BACI 数据库中
1995～2016 年总进口金额排名在前 180 位的经济体（排在后面的经济体的进
口金额相对较小，1995～2016 年总共 22 年总进口金额小于 100 亿美元，即每
年进口金额还不到 5 亿美元）估计出每个经济体所进口的每种 HS6 位数编码
产品对应的产品替代弹性 $\sigma_{ig}$，然后取全部 180 个经济体每种 HS6 位数编码产
品替代弹性的中位数，以此来估计产品 $g$ 的替代弹性 $\sigma_g$。$\alpha_g$ 和 $\alpha_{it}$ 分别代表对
产品和进口地的固定效应，$\varepsilon_{igt}$ 是随机扰动项。

利用以下方程来测度与产品质量对应的价格部分：

$$\ln \hat{\lambda}_{igt} = \hat{\varepsilon}_{igt} / (\sigma_g - 1) \tag{6.9}$$

其中 $\hat{\varepsilon}_{igt}$ 是残差。可以看到，这一残差衡量了在扣除价格因素后，同一商品类
别中销售量的差异。在消费者的购买决策仅基于产品质量与价格的前提下，
这种差异只能来自于产品质量。因此，可以利用该残差测度与产品质量对应
的指标。将产品质量对应价格估计出来之后，可以得到经质量调整后的纯粹
价格：

$$\ln P_{Q_{adj}} = \ln P_{igt} - \ln \hat{\lambda}_{igt} \tag{6.10}$$

### （二）中国出口产品关税吸收弹性估计结果

世界银行 WITS 数据库提供进口地—产品对应的从价关税数据（最惠国

税率，按百分比测算），为了与 CEPII 提供的 BACI 数据相匹配，本章从 WITS 数据库提取了 1995～2016 年的 HS6 位数编码产品的关税数据。将贸易数据与关税数据匹配后，得到了中国对各国（地区）的产品出口额、出口数量以及相应的各国（地区）对中国产品的关税税率。将关税税率在时间上进行差分发现，关税率没有发生变化的进口地—产品对有 1564771 个，发生变化的进口地—产品对共有 300263 个，其中关税率上升的有 71705 个，下降的有 228558 个，关税率变动的比例为 16%。本章原本计划对每一种 HS6 位数出口产品都估计其关税吸收弹性，但是对于大部分单个 HS6 位数产品，其对应的关税税率变动数量太少，无法准确估计，所以只能估计中国 HS6 位数出口产品的平均关税吸收弹性以及 HS2 位数出口产品的平均关税吸收弹性。

为了估计可能存在的关税变动对产品价格变动的非线性效应，本章引入关税变动的平方项和立方项；为了发现加税或减税是否对产品价格变动产生不对称的效应，本章分别引入了加税以及减税虚拟变量与关税的交互项。被解释变量以及解释变量的基本统计描述见表 6.7。

**表 6.7**　　　　　　　　　　　**变量定义及其统计描述**

| 变量 | 定义 | 观测值 | 平均值 | 标准差 | 最小值 | 最大值 |
|---|---|---|---|---|---|---|
| $Delta\_ln\_price$ | 价格对数的差分 | 1865034 | 0.037968 | 1.006698 | −14.6426 | 15.42719 |
| $Delta\_ln\_tariff$ | 关税率对数的差分 | 1865034 | −0.03527 | 0.310442 | −6.43625 | 6.620406 |
| $Squ\_Delta\_ln\_tariff$ | 关税率对数差分的平方 | 1865034 | 0.097618 | 0.73962 | 0 | 43.82978 |
| $Cub\_Delta\_ln\_tariff$ | 关税率对数差分的立方 | 1865034 | −0.09517 | 2.380869 | −266.623 | 290.1709 |
| $Delta\_ln\_tariff \times D\_inc$ | 关税率对数差分与加税的交互项 | 1865034 | 0.017495 | 0.160888 | 0 | 6.620406 |
| $Delta\_ln\_tariff \times D\_dec$ | 关税率对数差分与减税的交互项 | 1865034 | −0.05277 | 0.261998 | −6.43625 | 0 |
| $Delta\_ln\_tariff \times D\_homo$ | 关税率对数差分与同质产品的交互项 | 1865034 | −0.0106544 | 0.1645249 | −6.436246 | 6.570785 |
| $Delta\_ln\_tariff \times D\_diff$ | 关税率对数差分与差异产品的交互项 | 1865034 | −0.0246167 | 0.2642537 | −5.43752 | 6.620406 |

| 变量 | 定义 | 观测值 | 平均值 | 标准差 | 最小值 | 最大值 |
|---|---|---|---|---|---|---|
| $Delta\_ln\_tariff \times D\_inc \times D\_homo$ | 关税率对数差分与加税以及同质产品的交互项 | 1865034 | 0.0049656 | 0.0843045 | 0 | 6.570785 |
| $Delta\_ln\_tariff \times D\_inc \times D\_diff$ | 关税率对数差分与加税以及差异产品的交互项 | 1865034 | 0.0125293 | 0.1374848 | 0 | 6.620406 |
| $Delta\_ln\_tariff \times D\_dec \times D\_homo$ | 关税率对数差分与减税以及同质产品的交互项 | 1865034 | −0.01562 | 0.140734 | −6.436246 | 0 |
| $Delta\_ln\_tariff \times D\_dec \times D\_diff$ | 关税率对数差分与减税以及差异产品的交互项 | 1865034 | −0.037146 | 0.2236004 | −5.43752 | 0 |
| lngdpcap | 进口国人均 GDP | 1974319 | 8.98323 | 1.481198 | 4.171462 | 11.66662 |
| $Delta\_ln\_price\_Qadj$ | 经质量调整的价格对数差分 | 1865034 | 0.011828 | 2.646068 | −78.3025 | 77.41124 |
| $Delta\_ln\_quality$ | 质量对数差分 | 1865034 | 0.026141 | 2.208353 | −75.3808 | 75.14758 |

对方程（6.7）的估计结果见表6.8中的（1）。关税变动的系数非常显著，显示对中国产品的关税变动显著影响中国出口产品价格。人均GDP的系数显著为正，显示进口国（地区）的人均收入水平的提高确实能够有助于进口产品价格的提升。为了检查关税变动对产品价格是否存在非线性影响，本章分别加入了关税变动的平方项和立方项，估计结果见表6.8的（2）和（3），结果显示非线性项的系数均显著。而为了分辨出关税变动方向（加税或减税）是否对于产品价格存在差异化影响，本章还同时引入了关税变动与变动方向结合的交互项，估计结果见表6.8的（4），两个交互项的系数均显著，关税税率增加将降低不包含关税在内的中国出口产品价格，关税税率降低将提高不包含关税在内的中国出口产品价格，而且从系数大小上看，似乎关税税率降低对中国出口产品价格的影响要比关税税率增加相应的影响要大。表6.8的基准估计结果显示，中国的关税吸收弹性大致为0.03～0.05（绝对值）。根据早川（2017）的测算，关税吸收弹性大概是0.818；而卢德马等（Ludema and Yu，2016）测算的低生产率类型企业的关税吸收弹性为1.27，高生产率类型企业的关税吸收弹性为0.44，平均关税吸收弹性大概是0.87；

芬斯特拉（1989）给出的关税吸收弹性为 0.4。所以，与其他的研究相比较，本章估计出的关税吸收弹性似乎有点低。

表6.8　　　　　　　　　　　　基准估计结果

| 变量 | Delta_ln_price | | | |
| --- | --- | --- | --- | --- |
| | （1） | （2） | （3） | （4） |
| Delta_ln_tariff | − 0.0374 *** <br> (0.0025) | − 0.0334 *** <br> (0.0028) | − 0.0554 *** <br> (0.0038) | |
| Squ_Delta_ln_tariff | | 0.0042 *** <br> (0.0005) | 0.0063 *** <br> (0.0012) | |
| Cub_Delta_ln_tariff | | | 0.0041 *** <br> (0.0005) | |
| Delta_ln_tariff × D_inc | | | | − 0.0163 *** <br> (0.0049) |
| Delta_ln_tariff × D_dec | | | | − 0.0457 *** <br> (0.0030) |
| lngdpcap | 0.0446 *** <br> (0.0030) | 0.0449 *** <br> (0.0024) | 0.0459 *** <br> (0.0024) | 0.0457 *** <br> (0.0024) |
| Constant | − 1.6170 ** <br> (0.7169) | − 1.6197 ** <br> (0.7169) | − 1.6278 ** <br> (0.7169) | − 1.6266 ** <br> (0.7169) |
| 进口国控制 | 是 | 是 | 是 | 是 |
| 产品类别控制 | 是 | 是 | 是 | 是 |
| 观测值 | 1719094 | 1719094 | 1719094 | 1719094 |
| Adjusted $R^2$ | 0.0010 | 0.0010 | 0.0010 | 0.0010 |

注：***、** 和 * 分别代表 1%、5% 和 10% 水平上的显著性，括号中数值为标准差。表中数据由作者计算而得。

正如前面所分析的，价格可能包含质量部分以及去除质量的纯粹价格部分，关税变动对于质量以及经质量调整的纯粹价格的影响是相反的，如果不进行分解，两种影响混杂在一起，可能趋向于相互抵消。表 6.8 显示的过低的关税吸收弹性估计结果可能正好印证了这一点。有鉴于此，本章将价格进行分解，分别将被解释变量替换成经质量调整的纯粹价格对数差分和质量对数差分, 两个新的被解释变量分别由方程 (6.9) 和 (6.10) 得到, 然后重新对方程 (6.7) 进行估计, 估计结果见表6.9。从表6.9的 (5) 和 (6) 可以看出, 关税税率变动显著影响经质量调整的价格, 关税税率上升将使得该价格明显趋于下降, 关税税率1%的上升将带来0.56%的价格下降, 这个结果与卢德马等 (2016) 以及早川 (2017) 的结论比较相近。同样, 从系数大小上看, 关税税率降低对中国出口产品价格的影响幅度要略微大于关税税率增加相应的影响幅度, 显示关税变动方向对于价格变动还是存在一定的非对称性, 这个结果与早川 (2017) 的结论一致。从表6.9的 (7) 和 (8) 可以看出, 关税税率变动显著影响出口产品质量, 关税税率上升使得产品质量趋于上升, 关税税率下降使得产品质量趋于下降, 而且从系数大小上看, 下降对于产品质量的影响幅度也大于上升对于产品质量的影响, 这个结果与鲍德温和哈里根 (Baldwin and Harrigan, 2011) 是一致的。

表6.9 将价格进行分解后的估计结果

| 变量 | Delta_ln_price_Qadj | | Delta_ln_quality | |
|---|---|---|---|---|
| | (5) | (6) | (7) | (8) |
| Delta_ln_tariff | −0.6166 *** (0.0100) | | 0.5611 *** (0.0083) | |
| Squ_Delta_ln_tariff | 0.0087 *** (0.0031) | −0.0073 (0.0072) | −0.0024 (0.0012) | 0.0122 ** (0.0060) |
| Cub_Delta_ln_tariff | −0.0009 (0.0013) | −0.0022 (0.0014) | 0.0050 *** (0.0011) | 0.0062 *** (0.0012) |
| Delta_ln_tariff × D_inc | | −0.5608 *** (0.0247) | | 0.5103 *** (0.0205) |
| Delta_ln_tariff × D_dec | | −0.6485 *** (0.0163) | | 0.5903 *** (0.0136) |
| lngdpcap | 0.1972 *** (0.0064) | 0.1992 *** (0.0064) | −0.1513 *** (0.0053) | −0.1531 *** (0.0053) |
| Constant | −2.3409 (1.8723) | −0.7454 (2.5159) | 0.7132 (1.5589) | 0.7279 (1.5589) |

续表

| 变量 | Delta_ln_price_Qadj | | Delta_ln_quality | |
|---|---|---|---|---|
| | （5） | （6） | （7） | （8） |
| 进口国控制 | 是 | 是 | 是 | 是 |
| 产品类别控制 | 是 | 是 | 是 | 是 |
| 观测值 | 1719094 | 1719094 | 1719094 | 1719094 |
| Adjusted R$^2$ | 0.0093 | 0.0093 | 0.0115 | 0.0115 |

注：\*\*\*、\*\* 和 \* 分别代表 1%、5% 和 10% 水平上的显著性，括号中数值为标准差。表中数据由作者计算而得。

根据劳赫（Rauch，1999）提供的对于 SITC 四位数编码产品的分类，然后依据 HS1992 与 SITC2 之间的匹配表①，本书将 HS6 位数编码的中国出口产品分为同质化产品和差异化产品两大类别，试图分析产品类型特征是否影响关税吸收弹性。通过引入产品类型的虚拟变量与关税变动的交互项，以及关税变动、关税变动方向和产品类型三者的交互项，用经质量调整的纯粹价格对数差分和质量对数差分作为被解释变量，再次对方程（6.7）进行估计，估计结果见表6.10。从表6.10的第（9）栏可以看出，差异化产品对于关税变动的吸收弹性要小于同质化产品，这与差异化产品相比同质化产品更具市场势力的直觉是相一致的，也与本书前面的发现一致：同质化产品的平均进口需求弹性要大于差异化产品的平均进口需求弹性，同质化产品需要具备更大的关税吸引弹性来减少最终价格的变动，从而避免需求量的大幅度波动。表6.10的第（10）栏显示，无论是同质化产品还是差异化产品，关税变动方向的反应存在某种非对称性，关税税率降低价格上升幅度要大于因为关税税率提升而价格下降的幅度。这与价格上升总比下降要快（Peltzman，2000）以及出口价格存在价格粘性、价格降低比价格上涨更难（Bussiere，2013）是一致的。对于关税税率提升，同质化产品和差异化产品的关税吸收弹性相差较小，都接近于 0.56。另外，表6.10的第（11）和（12）栏显示，无论同质化产品还是差异化产品，关税税率提升通过筛选机制或阿尔钦—艾伦效应都

---

① https：//wits. worldbank. org/product_concordance. html.

使得产品质量有显著提升。

表 6.10　　　　　考虑 Rauch 同质化和差异化产品类型的估计结果

| 变量 | Delta_ln_price_Qadj | | Delta_ln_quality | |
|---|---|---|---|---|
| | (9) | (10) | (11) | (12) |
| $Delta\_ln\_tariff \times D\_homo$ | − 0. 6484 *** (0. 0140) | | 0. 6075 *** (0. 0116) | |
| $Delta\_ln\_tariff \times D\_diff$ | − 0. 6017 *** (0. 0110) | | 0. 5395 *** (0. 0091) | |
| $Squ\_Delta\_ln\_tariff$ | 0. 0087 *** (0. 0031) | − 0. 0061 (0. 0072) | − 0. 0024 (0. 0026) | 0. 0105 * (0. 0060) |
| $Cub\_Delta\_ln\_tariff$ | − 0. 0011 (0. 0013) | − 0. 0025 * (0. 0014) | 0. 0054 *** (0. 0011) | 0. 0066 *** (0. 0012) |
| $Delta\_ln\_tariff \times$ $D\_inc \times D\_homo$ | | − 0. 5678 *** (0. 0320) | | 0. 5246 *** (0. 0266) |
| $Delta\_ln\_tariff \times$ $D\_inc \times D\_diff$ | | − 0. 5600 *** (0. 0259) | | 0. 5075 *** (0. 0216) |
| $Delta\_ln\_tariff \times$ $D\_dec \times D\_homo$ | | − 0. 6867 *** (0. 0197) | | 0. 6452 *** (0. 0164) |
| $Delta\_ln\_tariff \times$ $D\_dec \times D\_diff$ | | − 0. 6273 *** (0. 0174) | | 0. 5599 *** (0. 0145) |
| $lngdpcap$ | 0. 1973 *** (0. 0064) | 0. 1991 *** (0. 0064) | − 0. 1514 *** (0. 0053) | − 0. 1530 *** (0. 0053) |
| $Constant$ | − 2. 3414 (1. 8723) | − 2. 3566 (1. 8723) | 0. 7139 (1. 5589) | 0. 7272 (1. 5589) |
| 进口国控制 | 是 | 是 | 是 | 是 |
| 产品类别控制 | 是 | 是 | 是 | 是 |
| 观测值 | 1719094 | 1719094 | 1719094 | 1719094 |
| Adjusted $R^2$ | 0. 0093 | 0. 0093 | 0. 0115 | 0. 0115 |

注： *** 、 ** 和 * 分别代表 1% 、 5% 和 10% 水平上的显著性，括号中数值为标准差。表中数据由作者计算而得。

中国出口产品对于关税增加的吸收弹性平均为 0.56 的估计结果，意味着平均来看中国企业可以吸收一半多的关税税率增加。由于本章采用的是年度数据，因此估计出来的吸收弹性是中短期弹性，长期弹性应该还要更大一些，所以从长期看企业通过充分调整还可以更好地吸收关税的负面冲击，这似乎可以在一定程度上缓解各界的强烈焦虑。

除了一般性的同质化产品以及差异化产品的产品类型之外，下面将进一步细化估计基于 HS2 位数编码产品分类的关税吸收弹性。将总样本分成从 1 到 97 总共 96 个（注：其中有一章是空的，为未来的新产品预留。）HS2 位数编码产品所对应的子样本，逐一按照表6.9 第（6）栏进行 OLS 回归分析。本章重点关注对美国出口较多的 15 个 HS2 位数编码产品对于关税增加的反应，所以将这 15 个产品的对于加税的吸收弹性的估计结果列于表6.11。从表6.11 可以看出，铝及其制品（76）的关税吸收弹性系数特别小，但其 P 值较大，该吸收弹性的估计结果可信度较低，其余产品的估计结果的 P 值都小于5%，比较可信。将 76 的估计结果排除，可以看到对于加税的吸收弹性从大到小的排列是 42、62、85、61、63、84、29、95、87、90、39、64、73 和 94。

**表 6.11　对美出口较多的 HS 两位数编码产品的对加税的吸收弹性比较**

| HS2 位数编码 | 章节名称 | 吸收弹性 | | | 观测值 |
|---|---|---|---|---|---|
| | | 系数 | 标准差 | P 值 | |
| 29 | 有机化学品 | − 0.5251 | 0.2324 | 0.024 | 83617 |
| 39 | 塑料及其制品 | − 0.4000 | 0.1413 | 0.005 | 58212 |
| 42 | 皮革制品；鞍具及挽具；旅行用品、手提包及类似容器；动物肠线（蚕胶丝除外）制品 | − 1.3583 | 0.3564 | 0.000 | 13434 |
| 61 | 针织或钩编的服装及衣着附件 | − 0.6097 | 0.0877 | 0.000 | 58557 |
| 62 | 非针织或非钩编服装及衣着附件 | − 0.7769 | 0.0994 | 0.000 | 68237 |
| 63 | 其他纺织制成品；成套物品；旧衣着及旧纺织品；碎织物 | − 0.5627 | 0.2847 | 0.048 | 30172 |
| 64 | 鞋靴、护腿和类似品及其零件 | − 0.3749 | 0.0446 | 0.000 | 16097 |
| 73 | 钢铁制品 | − 0.3433 | 0.0472 | 0.000 | 62512 |

续表

| HS2 位数编码 | 章节名称 | 吸收弹性 | | | 观测值 |
|---|---|---|---|---|---|
| | | 系数 | 标准差 | P 值 | |
| 76 | 铝及其制品 | − 0.0205 | 0.1420 | 0.885 | 15323 |
| 84 | 核反应堆、锅炉、机器、机械器具及其零件 | − 0.5380 | 0.0880 | 0.000 | 220614 |
| 85 | 电机、电气设备及其零件；录音机及放声机、电视图像、声音的录制和重放设备及其零件、附件 | − 0.7060 | 0.1269 | 0.000 | 119629 |
| 87 | 车辆及其零件、附件，但铁道及电车道车辆除外 | − 0.5155 | 0.1437 | 0.000 | 33763 |
| 90 | 光学、照相、电影、计量、检验、医疗或外科用仪器及设备、精密仪器及设备；上述物品的零件、附件 | − 0.4927 | 0.1967 | 0.012 | 67425 |
| 94 | 家具；寝具、褥垫、弹簧床垫、软坐垫及类似的填充制品；未列名灯具及照明装置；发光标志、发光铭牌及类似品；活动房屋 | − 0.2308 | 0.0869 | 0.008 | 25189 |
| 95 | 玩具、游戏品、运动用品及其零件、附件 | − 0.5157 | 0.2256 | 0.022 | 21601 |

资料来源：作者自行计算。

## 五、出口萎缩估计、帮扶政策设计和实施

对于中国出口企业而言，美国加征关税带来两方面的损失：一方面是价格的损失，因为要降低不包含关税的离岸价；另一方面是需求量的损失，因为包含关税在内的最终价格提升将带来需求量下降。如果不考虑行业上下游之间复杂的联动关系，借助于关税吸收弹性和进口需求弹性，我们可以大致估算各 HS2 位数编码产品因为加征关税带来的出口额的萎缩比例（同时也可视为出口企业因加征关税导致的总损失）。如果设 $e_{gt}$ 为产品 $g$ 的关税吸收弹性的绝对值，$t$ 为加征的关税税率，$e_{gd}$ 为产品 $g$ 的进口需求弹性的绝对值，则中

国对美国的出口产品 $g$ 由于加征关税税率 $t$ 而出现的出口额萎缩比例可以用下式计算：

$$Reducedratio_g = 1 - (1 - e_{gt} \times t) \times [1 - e_{gd} \times (1 - e_{gt}) \times t] \qquad (6.11)$$

将前面估计的各 HS 两位数编码产品的关税弹性、进口需求弹性以及 10% 或者 25% 的关税税率带入即可，计算结果见表 6.12。

表 6.12　　　　　　　　　不同关税税率下的产品出口额萎缩比例

| HS2 位数编码 | e_d_mean | e_t | 10%的关税税率（%） | 25%的关税税率（%） |
|---|---|---|---|---|
| 29 | 2.502 | 0.525 | 16.5 | 38.9 |
| 39 | 4.707 | 0.400 | 31.1 | 73.5 |
| 42 | 3.056 | 1.358 | 4.1 | 15.9 |
| 61 | 2.792 | 0.610 | 16.3 | 38.3 |
| 62 | 2.311 | 0.777 | 12.5 | 29.8 |
| 63 | 0.965 | 0.563 | 9.6 | 23.1 |
| 64 | 4.183 | 0.375 | 28.9 | 68.6 |
| 73 | 1.896 | 0.343 | 15.5 | 37.0 |
| 76 | 1.163 | 0.021 | 11.6 | 28.8 |
| 84 | 4.892 | 0.538 | 26.8 | 62.4 |
| 85 | 3.316 | 0.706 | 16.1 | 37.7 |
| 87 | 2.909 | 0.516 | 18.5 | 43.6 |
| 90 | 1.246 | 0.493 | 10.9 | 26.2 |
| 94 | 4.59 | 0.231 | 36.8 | 88.9 |
| 95 | 3.419 | 0.516 | 20.9 | 49.0 |

注：e_d_mean 为进口需求弹性加权平均值的绝对值，e_t 为关税吸收弹性的绝对值。表中数据由作者自行计算。

根据表 6.12 分析，关税税率为 10% 时，15 个 HS2 位数编码产品的出口额萎缩比例的中位数为 16%；关税税率为 25% 时，15 个 HS2 位数编码产品的出口额萎缩比例的中位数为 38%。对于具体的产品，产品 94、39、64、84 和 95 出口额下降的比例相对比较大。

出口企业出口额较大幅度的萎缩，可能引发失业率攀升，需要政府的帮扶来稳定外贸和就业。但是，政府的帮扶政策怎么设计、怎么实施，值得深入研究。一般来说，政府帮扶企业需要公平和效率：政府和企业各自分担加征关税带来的损失，这是公平；政府对于企业的帮扶，尽量不扭曲企业的定价等市场行为，这是效率。由于中国出口到美国的产品的平均进口需求弹性较大，如果包含关税在内的最终价格上升，将带来较大幅度的需求量下降，正如表 6.12 所示。如果政府通过补贴等帮扶政策，诱导企业刚好将价格降低足够多使得包含关税在内的最终价格与贸易战之前的最终价格相当，这样就不会发生需求量的下降，对出口额的影响仅仅限于价格的降低上。具体而言，出口产品 $g$ 的企业面对关税税率提高选择降低价格的比例为 $e_{gt} \times t$，如果政府补上 $(1-e_{gt}) \times t$ 的部分，则企业可以完全将价格降低 $t$，这样加上 $t$ 使得包含关税的最终价格与原来的价格一样，这样就可以确保出口量不变。如果将 2017 年出口各产品的企业的出口额设为 $EV_g$，则对于出口该产品的企业，政府的补贴额为 $(1-e_{gt}) \times t \times EV_g$，补贴比例为 $(1-e_{gt}) \times t$，由于出口量保持不变，最终的出口萎缩比例就是企业自己价格下降的比例，即 $e_{gt} \times t$。由于在出口中占比例较大的是外资企业和民营企业，国企比例相对较小，而相比国企这两类企业原本得到的政府补贴等帮扶政策优惠较少，因此本章估计的关税吸收弹性应该较好地测算了企业应对加税的最优市场行为。由此，政府的补贴比例是基于此最优价格决策的，让企业再降价部分就是政府的补贴部分，并没有干扰原先的价格决定，因而是有效率的。所以，本章设计的对出口企业的补贴较好地遵循了公平和效率两条原则。按此原则设计的需要对出口各产品的企业给予的补贴比例、补贴之后企业新的出口额萎缩比例等结果如表 6.13 所示。表 6.12 的企业出口额萎缩比例可以视为中国政府不进行任何帮扶下的预期结果，表 6.13 可以视为中国政府进行帮扶后的预期结果。通过表 6.13 和表 6.12 的对比可以看出，不仅同一产品的预期出口萎缩比例在政府帮扶后将变小，而且不同产品的预期出口萎缩比例相互的差异也变小了，尤其是当关税税率为 25% 时更为明显，充分显示了所设计的帮扶政策对于出口的稳定效应；如果比较总的损失比例，政府的帮扶可以使得美国加征关税下总的损失比例确定为相应的关税税率（HS2 编码 42 除外），这个总的损失比例相比表 6.12 所列的企业单独承担的总的损失比例也即出口萎缩比例基本上要小，尤其是当关税税率为 25% 时更明显，显示了所设计帮扶政策总体上的效率；将两种情况下的总损失比例相减，还可以进一步发现，对大多数产品而言，政府补贴比例小于因为补贴而减少的总损失比例，这意味着政府同样比例的补贴支出增加将减少更大比例的出口萎缩损失，相对也是非常有效率的。导致政府补贴高效率的一个重要原因是大部分出口企业的出口利润比较薄，较难承受 10% 尤其是 25% 的价格下调，中国政府的帮扶政策可以帮助达到这个下调幅度，从而避免前面分析的需求量下降的第二种损失。

**表 6.13　　　　　　　　不同关税税率下政府的补贴及总损失比例**　　　　　　单位：%

| HS2 位数编码 | 10% 的关税税率 | | | 25% 的关税税率 | | |
|---|---|---|---|---|---|---|
| | 政府补贴 | 出口萎缩 | 总的损失 | 政府补贴 | 出口萎缩 | 总的损失 |
| 29 | 4.7 | 5.3 | 10.0 | 11.9 | 13.1 | 25.0 |
| 39 | 6.0 | 4.0 | 10.0 | 15.0 | 10.0 | 25.0 |
| 42 | 0.0 | 4.1 | 4.1 | 0.0 | 15.9 | 15.9 |
| 61 | 3.9 | 6.1 | 10.0 | 9.8 | 15.2 | 25.0 |
| 62 | 2.2 | 7.8 | 10.0 | 5.6 | 19.4 | 25.0 |
| 63 | 4.4 | 5.6 | 10.0 | 10.9 | 14.1 | 25.0 |
| 64 | 6.3 | 3.7 | 10.0 | 15.6 | 9.4 | 25.0 |
| 73 | 6.6 | 3.4 | 10.0 | 16.4 | 8.6 | 25.0 |
| 76 | 9.8 | 0.2 | 10.0 | 24.5 | 0.5 | 25.0 |
| 84 | 4.6 | 5.4 | 10.0 | 11.6 | 13.5 | 25.0 |
| 85 | 2.9 | 7.1 | 10.0 | 7.4 | 17.7 | 25.0 |
| 87 | 4.8 | 5.2 | 10.0 | 12.1 | 12.9 | 25.0 |
| 90 | 5.1 | 4.9 | 10.0 | 12.7 | 12.3 | 25.0 |
| 94 | 7.7 | 2.3 | 10.0 | 19.2 | 5.8 | 25.0 |
| 95 | 4.8 | 5.2 | 10.0 | 12.1 | 12.9 | 25.0 |

　　注：按照前面的估计，出口产品属于 HS2 编码 42 的企业对于关税增加的吸收弹性大于 1，意味着该类型企业价格平均下调幅度大于所加征关税税率，故不需要政府进行补贴。数据由作者自行计算。

　　由于负责出口的是一家家企业，并非一个个产品，这里只是估计了相当于行业层面的关税吸收弹性，在对具体的出口企业进行政策帮扶时也只能根据行业层面的信息来确定政府补贴比例。在进行具体的政策操作时，还需要注意策略：政府可以事先与企业签订合同，确保签订之后年度的产品出口数量与签订前一年度持平，只有达到该目标，才能拿到政府和企业事先确定的补贴比例。这样的合同，可以通过激励相容，诱导企业与政府齐心协力来稳定出口；这样的合同，也稳定了企业的预期，使得企业愿意以及有底气将价格降到足够低，以保证出口数量，而由于出口数量保持不变，也就稳定了与出口产品生产相关的就业，也一定程度上稳定了外贸出口。当然如此操作，出口同一种产品的不同企业的实际承担负担是不同的，竞争力更强的企业由于其关税吸收弹性更小，在得到同样政府补贴比例时实际承担的关税负担更小。由于企业的竞争力优势是企业自身努力的结果，更大的竞争力享受更低的关税负担，并无不公平。所以，总的来说，本章设计的帮扶政策可以达到"稳出口""稳就业"的目标，而且兼具公平和效率。

## 第三节 "一带一路"贸易转移和贸易潜力估计

### 一、引言

2018 年中美贸易冲突带来巨大不确定性，无人能确切预知贸易冲突的烈度、持续时间、福利损失，以及现行以 WTO 为核心的贸易体制被废弃的可能性，从而引发各界强烈焦虑。本书无意于预测中美贸易冲突的结果，而是关注中美贸易冲突导致的现实问题：如果受制于诸多约束，人民币不能够大幅度贬值，则美国对中国输美商品加税必然导致中国对美国出口额的萎缩，这些萎缩的出口额转移到哪里去？要回答该问题，需要弄清楚：第一，中国需转移商品与竞争对手的竞争力比较，如果中国竞争力较强，无须过度担忧其转移问题；第二，哪些国家或地区对中国需转移商品具有较大的贸易潜力，从而确定重点转移对象国或地区。由于钢铁是中美贸易冲突的第一枪，而"一带一路"沿线国占据中国钢铁出口较大份额以及中国与"一带一路"沿线国基础设施建设合作引发的钢铁长期需求，所以我们聚焦于钢铁行业以及"一带一路"。

根据 Comtrade 数据，我们计算出：2011～2017 年中国对美国钢铁出口额占中国钢铁总出口额的比例分别为 3.80%、4.06%、3.86%、4.49%、3.05%、1.24% 和 1.39%，基本呈现下降趋势；来自中国的钢铁进口额占美国钢铁总进口额的比重分别为 5.33%、5.44%、6.18%、7.65%、7.22%、3.04% 和 2.37%，也基本呈现下降趋势；而从绝对值看 2017 年中国对美国的钢铁出口仅 6.8 亿美元，即使全部萎缩，对于中国高达 400 多亿美元的钢铁总出口似乎也并非不可承受之损失①。但问题的复杂性在于，美国不仅对中国而且对所有国家都征收高额进口关税，无论这些国家是否对美国钢铁出口出台对等报复性关税，基于美国在全球钢铁市场的重要地位，钢铁的全球需求将受到较大的负面冲击，迫使本就产能过剩的各大钢铁出口国在美国之外的钢铁市场进行更严酷的竞争，从而较大程度上间接影响中国的钢铁出口。为此，首先我们需要找到中国在"一带一路"沿线地区钢铁出口的主要竞争对手，并比较中国与这些竞争对手在钢铁出口上的竞争优势；然后我们需要估计"一带一路"沿线地区钢铁进口的贸易潜力，找出比较有潜力的钢铁进口国；最后再分析中国可以采取哪些措施来增强竞争优势和实现钢铁出口潜力，借此对冲中美贸易冲突的不利后果。其中要解决的一个关键问题是如何根据现实情况正确测度贸易潜力。由于关税本质上是通过征税使得外国竞争对手企业成本增加，最终抬升进口产品价格而使得进口需求降低，进口需求的降低量取决于关税的传导率（Hayakawa and Ito，2015；Ludema and Yu，2016）以及进口需求弹性。高额关税带来的进口需求下降的负面冲击，理论上可以通过反向降低贸易成本或者生产成本等方式来降低出口商品的最终到岸价格，进而通过进口需求弹性来放大需求或者说发挥贸易潜力来予以对冲。之前测度贸易潜力的方法，更多关注影响贸易需求的结构性因素，并不直接关注价格以及弹性等因素，同时也较少谈及如何发挥贸易潜力。但这里的问题主要由于价格的逆向冲击造成，并没有实质性结构变动，所以不太适用。有鉴于此，我们提出了测度贸易潜力的新思路：利用某国某种产品的进口需求弹性与该国该产品的进口相对规模的乘积来测度其贸易潜力，进口需求弹性越大以及进口相对规模越大，则该国该产品的贸易潜力越大。这种新方法的优势

---

① 数据来源：UN 的 Comtrade 数据库。

在于综合性：进口相对规模实质上与影响进口量的结构性存量因素相关，而进口需求弹性则与影响进口量的边际性因素相关。而这样界定的贸易潜力涉及进口需求弹性，其发挥需要出口国成本以及相应价格的降低，也就同时指明了实现途径。

## 二、文献综述

贸易潜力的测量方法有多种，较常用的是贸易引力模型方法。其中比较经典的是利用传统引力模型（Nilsson，2000；Egger，2002），将双边贸易拟合值界定为"贸易潜力"，进而将实际贸易量与贸易潜力相比所得比值作为测度双边贸易的效率。近年来，国内较多学者采用传统引力模型来估算贸易潜力（王孝松等，2014；袁其刚等，2015），但这种方法不足之处在于只能解释影响贸易因素的平均效应。在随机前沿引力模型中，贸易潜力被界定为最优值，可以通过实际的贸易量除以贸易效率得到，贸易效率越低，则其潜力越大（陈创练等，2016；文淑惠，张昕，2017）。然而，进口国的贸易非效率可能受到开放度、腐败等公共治理水平等制度性或结构性因素影响，进口国短期内无法提升或者克服，作为出口者的中国也无法改变。作为出口者，中国能够做的是降低自身产品的成本以及价格。这启发我们想到：既然关税只是提高了价格，那么是否可以通过选择对价格变动较敏感或者弹性较大的国家，然后反向降低价格来抵消美国征收钢铁高关税的不利影响呢？为此，我们试图借助于进口需求弹性。

进口需求弹性的估计方法较多，而利用不同国家以及不同时期数据的关于进口需求弹性的估计结果更是存在较大差异（Goldstein and Khan，1985；Baier and Bergstrand，2001；Bas et al，2017）。由于进口价格与进口数量的相互决定，进口需求弹性的单方程估计面临严重的内生性问题。芬斯特拉（1994）通过在进口需求方程中加入供给方程而组成结构方程组，发现只要来自供给方的技术冲击和来自需求方的需求冲击在国家和部门间是相互独立的，就可以得到与市场份额以及价格相关的有效工具变量来解决内生性问题，并利用两阶段最小二乘法（2SLS）得到进口需求弹性的一致估计。布罗达和温斯坦（2006）将芬斯特拉（1994）扩展到多产品模型。然而，他们的估计方法对于样本中的每个观测值的方差和协方差都给予了相同的权重，当样本量较小以及存在极值时可能产生较大的偏差。莫勒（2009）关注了他们在贸易弹性估计中的异质性和测量误差问题，并提出了相应解决办法。瑟德贝里（2015）则采用有限信息最大似然估计法（LIML），利用估计残差对样本观测值的方差和协方差进行了重新赋权，可以更好地控制极值问题，较好地发展了芬斯特拉（1994）的估计方法。

关税税率高低因例如游说的影响力之类的外生原因而在国家之间有所不同（Grossman and Helpman，1994），所以关税税率与进口量没有类似进口价格与进口量之间的直接联动关系，可以作为进口价格的类似工具变量，进而估计进口需求弹性。正是基于关税税率的相对外生性，卡利恩多和帕罗（2015）提出，通过构建类似伊顿和科图姆（2002）的李嘉图模型，利用双边关税的非对称性，在引力方程中估计进口需求弹性。安布斯和梅让（2015）利用HS6位数产品的数据，采用芬斯特拉（1994）方法估计的弹性在 -2.2 ~ -29 间变动，其均值为 -5.4，中位数为 -3.9，而采用卡利恩多和帕罗（2015）方法估计的弹性在 0 ~ -41.8 之间变动，其均值为 -11.4，中位数为 -9.6，证实了采用产品微观层次数据估计出来的弹性比一般地利用国家宏观层面贸易数据估计的弹性要大得多。

还有些方法需要被估计国家的资本、劳动等要素禀赋的数据（Kee et al，2008；Felettigh and Federico，2011；陈勇兵等，2014；顾振华和沈瑶，2016），这些数据在"一带一路"地区可能并不完备，卡利恩多和帕罗（2015）则需要贸易以及关税的数据，而芬斯特拉（1994）等开创的方法只需要贸易相关数据。由于贸易方面的数据非常完备，基于这方面的数据优势，本书使用基于芬斯特拉（1994）等发展起来的方法。

## 三、中国对"一带一路"钢铁出口的主要竞争对手以及竞争力分析

美国2015 ~ 2017年三年钢铁的贸易逆差分别为133亿美元、98亿美元和128亿美元，所以美国钢铁关税对市场的冲击可能是百亿美元级别的。为了发

现哪些经济体将受到较大的冲击，我们统计了 2011～2017 年对美国出口最多的 10 个经济体（见表 6.14）。

表 6.14                        2011～2017 年对美国钢铁出口最多的 10 个

| 排名 | 2011 年 | 2012 年 | 2013 年 | 2014 年 | 2015 年 | 2016 年 | 2017 年 |
|---|---|---|---|---|---|---|---|
| 1 | 加拿大 | 加拿大 | 加拿大 | 加拿大 | 加拿大 | 加拿大 | 加拿大 |
| 2 | 巴西 | 巴西 | 巴西 | 巴西 | 巴西 | 巴西 | 巴西 |
| 3 | 墨西哥 | 俄罗斯 | 墨西哥 | 俄罗斯 | 韩国 | 韩国 | 俄罗斯 |
| 4 | 俄罗斯 | 墨西哥 | 俄罗斯 | 中国 | 中国 | 墨西哥 | 墨西哥 |
| 5 | 日本 | 日本 | 日本 | 墨西哥 | 日本 | 俄罗斯 | 韩国 |
| 6 | 中国 | 韩国 | 中国 | 韩国 | 俄罗斯 | 日本 | 日本 |
| 7 | 韩国 | 中国 | 韩国 | 日本 | 墨西哥 | 德国 | 德国 |
| 8 | 德国 | 德国 | 德国 | 英国 | 德国 | 土耳其 | 土耳其 |
| 9 | 南非 | 意大利 | 中国台湾 | 德国 | 土耳其 | 中国台湾 | 中国台湾 |
| 10 | 瑞典 | 中国台湾 | 南非 | 中国台湾 | 中国台湾 | 中国 | 南非 |

资料来源：http://www.intracen.org/itc/market-info-tools/trade-statistics/。以下数据除非另外特别说明，皆来源于此。

从表 6.14 可以看出，加拿大、巴西、俄罗斯、墨西哥、韩国、日本、德国、土耳其、南非和中国台湾等经济体或将受到美国钢铁高关税的较大影响，对美出口可能有较大下滑。作为全球最大钢铁市场之一的美国减少了钢铁进口，可以预期全球性过剩的钢铁产能将在美国以外的市场形成更激烈的竞争。那么这些受美国关税影响较大的国家是否正是中国在"一带一路"钢铁出口市场的直接竞争对手呢？中国与这些竞争对手相比是否存在竞争优势呢？

我们选取了 2017 年钢铁出口额在 50 亿美元以上的 21 个钢铁出口经济体，列出了这些经济体在全球钢铁出口市场以及在"一带一路"市场上的位次（按出口额大小排名）、每一个经济体对"一带一路"钢铁出口占"一带一路"钢铁总进口的份额、每一个经济体对"一带一路"出口占其本身钢铁出口的份额（见表 6.15、表 6.16）。

综合表 6.14～表 6.16，对美国出口较多的经济体，同时又是"一带一路"钢铁进口的重要供给经济体（占比超过 5%）的有俄罗斯、韩国、日本、德国。考虑到印度的经济规模以及较快速的经济增长，我们认为在受到美国高额钢铁关税的冲击后，中国在"一带一路"钢铁出口上的主要竞争对手将是日本、韩国、俄罗斯、德国和印度。那么中国与这些主要竞争对手是否存在竞争优势呢？我们使用常见的 RCA 指数来间接测度六国钢铁出口的竞争力，结果见表 6.17①。

**表 6.15**　　　　　**2011～2017 年 21 个经济体对全世界以及**
**"一带一路"钢铁出口的位次**

| 经济体 | 2011 年 | 2012 年 | 2013 年 | 2014 年 | 2015 年 | 2016 年 | 2017 年 |
|---|---|---|---|---|---|---|---|
| 中国 | 2, 3 | 2, 2 | 1, 2 | 1, 1 | 1, 1 | 1, 1 | 1, 1 |
| 日本 | 1, 1 | 1, 1 | 2, 1 | 2, 2 | 2, 2 | 2, 2 | 2, 2 |
| 德国 | 3, 6 | 3, 6 | 3, 6 | 3, 6 | 3, 5 | 3, 5 | 3, 5 |
| 韩国 | 4, 2 | 4, 3 | 4, 3 | 4, 3 | 4, 3 | 4, 3 | 4, 3 |
| 俄罗斯 | 7, 5 | 6, 5 | 5, 5 | 5, 4 | 5, 4 | 5, 4 | 5, 4 |
| 比利时 | 6, 11 | 7, 13 | 7, 13 | 7, 13 | 7, 11 | 6, 11 | 6, 12 |
| 美国 | 5, 7 | 5, 8 | 6, 9 | 6, 9 | 6, 8 | 7, 10 | 7, 9 |
| 法国 | 8, 14 | 8, 14 | 8, 14 | 8, 14 | 9, 15 | 9, 14 | 8, 14 |
| 荷兰 | 10, 16 | 11, 15 | 9, 16 | 9, 17 | 8, 17 | 8, 17 | 9, 17 |
| 意大利 | 11, 10 | 9, 11 | 11, 12 | 10, 12 | 10, 10 | 10, 7 | 10, 10 |
| 巴西 | 12, 19 | 13, 18 | 17, 20 | 14, 18 | 11, 14 | 11, 15 | 11, 15 |
| 中国台湾 | 13, 8 | 14, 9 | 14, 7 | 12, 7 | 13, 7 | 12, 6 | 12, 7 |
| 乌克兰 | 9, 4 | 10, 4 | 10, 4 | 11, 5 | 12, 8 | | 13, 6 |
| 印度 | 20, 13 | 17, 12 | 12, 10 | 16, 10 | 17, 11 | 13, 9 | 14, 8 |
| 土耳其 | 15, 9 | 12, 7 | 15, 8 | 15, 8 | 16, 9 | 14, 8 | 15, 11 |
| 澳大利亚 | 18, 17 | 20, 19 | 18, 17 | 18, 16 | 18, 16 | 16, 16 | 16, 18 |
| 西班牙 | 16, 20 | 16, 20 | 16, 19 | 17, 20 | 15, 20 | 15, 19 | 17, 20 |
| 英国 | 14, 12 | 15, 10 | 13, 11 | 13, 11 | 14, 12 | 18, 12 | 18, 13 |
| 瑞典 | 17, 18 | 18, 17 | 20, 18 | 21, 19 | 20, 19 | 17, 18 | 19, 19 |
| 加拿大 | 21, 21 | 19, 21 | 19, 21 | 19, 21 | 19, 21 | 20, 20 | 20, 21 |
| 南非 | 19, 15 | 21, 16 | 21, 15 | 20, 15 | 21, 18 | 19, 13 | 21, 16 |

注：乌克兰 2016 年没有报告数据，故无从计算其具体位次。每个单元格中的第一个数值表示该经济体当年对全世界钢铁出口全世界排名，第二个数值表示该经济体当年对"一带一路"地区钢铁出口全世界排名。

---

① $RCA_{xik} = (X_{ik}/X_{uk})/(X_{it}/X_{ut})$，其中，$X_{ik}$ 为国家 $i$ 出口商品 $k$ 的金额，$X_{uk}$ 为世界商品 $k$ 出口金额；$X_{it}$ 为国家 $i$ 的全部商品出口额，$X_{ut}$ 为世界商品出口总额。

表 6.16　2011～2017 年 21 个经济体在 "一带一路" 钢铁总进口的占比以及

该经济体对 "一带一路" 钢铁出口占其本身钢铁出口的比例　　　单位：%

| 经济体 | 2011 年 | 2012 年 | 2013 年 | 2014 年 | 2015 年 | 2016 年 | 2017 年 |
|---|---|---|---|---|---|---|---|
| 中国 | 8.0, 36.0 | 8.7, 41.7 | 10.4, 44.6 | 15.4, 45.9 | 18.2, 50.6 | 18.5, 54.1 | 14.2, 50.4 |
| 日本 | 13.2, 56.2 | 12.7, 57.3 | 12.1, 56.7 | 11.4, 56.3 | 11.8, 58.5 | 11.4, 58.7 | 10.8, 58.8 |
| 德国 | 5.2, 26.4 | 4.8, 27.0 | 4.7, 26.9 | 4.8, 27.1 | 4.6, 27.1 | 4.9, 28.5 | 5.1, 29.4 |
| 韩国 | 9.1, 59.6 | 8.5, 59.6 | 8.2, 61.0 | 8.4, 58.0 | 8.5, 57.8 | 8.5, 57.7 | 8.4, 57.4 |
| 俄罗斯 | 5.5, 45.3 | 6.0, 46.9 | 5.9, 48.4 | 5.9, 47.6 | 5.5, 49.5 | 5.8, 52.4 | 5.4, 51.9 |
| 比利时 | 2.2, 17.6 | 1.8, 18.0 | 1.9, 17.4 | 1.8, 17.7 | 1.7, 16.3 | 1.7, 15.7 | 1.8, 16.0 |
| 美国 | 4.5, 31.6 | 3.6, 28.1 | 3.1, 26.0 | 2.6, 22.9 | 2.3, 21.9 | 2.2, 21.9 | 2.6, 24.9 |
| 法国 | 1.6, 14.6 | 1.3, 13.8 | 1.4, 14.5 | 1.5, 15.2 | 1.3, 14.0 | 1.4, 15.7 | 1.5, 15.0 |
| 荷兰 | 1.3, 14.3 | 1.3, 15.8 | 1.2, 13.4 | 1.2, 12.1 | 1.0, 11.2 | 1.2, 12.9 | 1.3, 13.8 |
| 意大利 | 2.2, 24.0 | 2.1, 23.8 | 2.1, 25.1 | 2.1, 25.6 | 2.3, 29.6 | 2.4, 28.7 | 2.5, 29.0 |
| 巴西 | 1.0, 15.6 | 1.0, 16.8 | 0.81, 5.4 | 1.0 17.3 | 1.4, 20.8 | 1.5, 21.2 | 1.5, 20.8 |
| 中国台湾 | 3.6, 54.7 | 3.3, 57.0 | 3.5, 58.1 | 3.4, 52.8 | 3.2, 54.4 | 3.2, 53.3 | 3.2, 51.0 |
| 乌克兰 | 7.4, 72.1 | 6.7, 77.6 | 6.6, 76.2 | 5.7, 73.0 | 4.1, 69.6 | | 3.3, 58.0 |
| 印度 | 1.8, 39.7 | 1.9, 44.2 | 2.8, 45.5 | 2.5, 45.1 | 2.0, 43.7 | 2.3, 44.9 | 2.7, 48.9 |
| 土耳其 | 3.5, 55.7 | 3.9, 61.2 | 3.3, 54.7 | 2.6, 47.0 | 2.3, 48.3 | 2.3, 48.0 | 2.0, 37.2 |
| 澳大利亚 | 1.3, 27.3 | 1.0, 24.8 | 1.1, 25.6 | 1.2, 28.2 | 1.2, 25.7 | 1.3, 28.0 | 1.3, 27.5 |
| 西班牙 | 1.0, 17.3 | 0.8, 15.8 | 0.8, 14.6 | 0.7, 13.2 | 0.7, 14.1 | 0.8, 15.8 | 0.8, 17.0 |
| 英国 | 2.0, 30.9 | 2.2, 39.1 | 2.5, 40.3 | 2.2, 35.3 | 1.9, 36.2 | 1.6, 37.2 | 1.7, 37.5 |
| 瑞典 | 1.2, 24.8 | 1.1, 26.2 | 1.0, 25.6 | 1.0, 24.2 | 1.0, 23.3 | 1.0, 22.7 | 1.0, 23.6 |
| 加拿大 | 0.5, 10.9 | 0.4, 9.0 | 0.4, 10.3 | 0.3, 6.7 | 0.2, 5.4 | 0.3, 6.5 | 0.3, 7.7 |
| 南非 | 1.4, 30.7 | 1.2, 30.6 | 1.3, 33.7 | 1.4, 32.3 | 1.0, 30.2 | 1.6, 37.4 | 1.4, 34.5 |

注：乌克兰 2016 年没有报告数据，故无从计算其具体比例。每个单元格中的第一个数值表示该经济体当年在 "一带一路" 地区钢铁总进口量的占比，第二个数值表示该经济体当年对 "一带一路" 地区钢铁出口占其本身钢铁出口总量的比例。

表 6.17　　　　　　　　中国等六国钢铁出口竞争力的比较：RCA 指数

| 国家 | 2011 年 | 2012 年 | 2013 年 | 2014 年 | 2015 年 | 2016 年 | 2017 年 | 平均值 |
|---|---|---|---|---|---|---|---|---|
| 中国 | 0.80 | 0.78 | 0.83 | 1.08 | 1.09 | 1.09 | 0.90 | 0.94 |
| 日本 | 1.94 | 2.13 | 2.35 | 2.22 | 2.22 | 2.00 | 1.89 | 2.11 |
| 韩国 | 1.89 | 2.00 | 1.90 | 1.91 | 1.93 | 1.99 | 1.84 | 1.92 |
| 德国 | 0.91 | 0.96 | 0.96 | 0.89 | 0.88 | 0.85 | 0.86 | 0.90 |
| 俄罗斯 | 1.61 | 1.86 | 1.81 | 1.89 | 2.23 | 2.61 | 2.47 | 2.07 |
| 印度 | 1.00 | 1.15 | 1.44 | 1.31 | 1.20 | 1.30 | 1.81 | 1.32 |

资料来源：作者自行计算。

从 RCA 指数看，中国在钢铁出口上的竞争力与德国类似，在六个出口大国中属于竞争力较弱的。由于 RCA 指数是依据出口金额计算的，我们试图将出口金额分解为出口数量和出口价格来发现一些新信息（见图 6.2 ~图 6.5）。

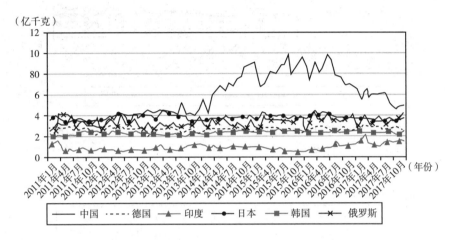

**图 6.2　中德印日韩俄六国月度钢铁出口总量**

资料来源：作者自行计算。

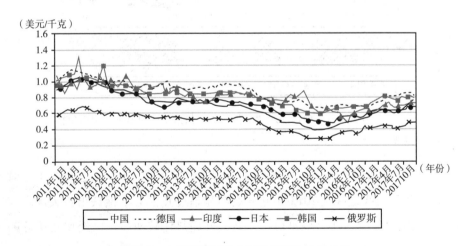

**图 6.3　中德印日韩俄六国月度钢铁出口价格**

资料来源：作者自行计算。

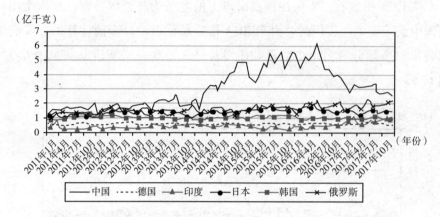

**图6.4 中德印日韩俄六国对"一带一路"沿线地区月度钢铁出口量**

资料来源：作者自行计算。

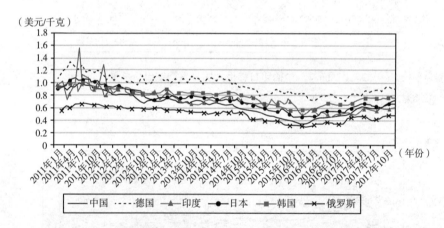

**图6.5 中德印日韩俄六国对"一带一路"沿线地区月度钢铁出口价格**

资料来源：作者自行计算。

从图6.2和图6.4看，中国的钢铁月度出口量无论是对全世界还是对"一带一路"沿线地区从2013年起开始明显超过其他五个钢铁出口大国。在全世界范围内印度钢铁出口量最低，但上升趋势比较明显，已经比较接近韩国；在"一带一路"沿线地区，印度和德国的出口量相对较低。从图6.3和图6.5看，无论是在世界范围还是在"一带一路"沿线地区，俄罗斯钢铁出口价格都明显较低，但在"一带一路"沿线地区其价格优势相对较弱；中国和德国的钢铁出口价格相对较高,尤其是德国在"一带一路"沿线地区价格较高表现得更明显。钢铁行业通常是成本加成定价,较低的价格可能反映了较低的成本,所以中国和德国的钢铁出口价格较高,可能反映了较高的生产成本和较低的竞争力,这与我们前面用 RCA 指数测度出口竞争力的结果相互佐证。

既然中德印日韩俄六国都是对"一带一路"沿线地区的钢铁出口大国,势必相互竞争,那么由于"一带一路"沿线地区大部分是发展中国家,对价格可能相对敏感,最具价格低廉优势的俄罗斯是否对中国形成了最大的竞争呢?我们试图通过估计德印日韩俄五国在钢铁出口上对于中国相应出口的替代弹性来具体分析该问题。一般而言,某国对中国的替代弹性越大意味着该国在钢铁出口上与中国的竞争度越大。我们利用以下方程分别用时间序列数据来估计五国对中国的替代弹性:

$$\ln\left(\frac{E_{it}}{E_{jt}}\right) = C + \sigma \cdot \ln\left(\frac{P_{it}}{P_{jt}} + g \cdot TIME + \varepsilon_{it}\right) \tag{6.12}$$

其中,$i$ 代表日韩德俄印五国,$j$ 代表中国,$E_{it}$ 是 $i$ 国对于"一带一路"沿线地区第 $t$ 个月份的钢铁出口数量,$E_{jt}$ 是中国对于"一带一路"沿线地区第 $t$ 个月份的钢铁出口数量,$P_{it}$ 是 $i$ 国对于"一带一路"沿线地区第 $t$ 个月份钢铁的平均出口价格,$P_{jt}$ 是中国对于"一带一路"沿线地区第 $t$ 个月份的钢铁平均出口价格,$TIME$ 为时间趋势变量,代表钢铁行业过剩生产能力等非价格因素,$\sigma$ 为其他国家对中国钢铁出口的替代弹性,$\varepsilon_{it}$ 为随机扰动项。

我们分别对全世界以及"一带一路"沿线地区的相应数据进行回归,估计结果如表 6.18 和表 6.19 所示。

表 6.18　　　　2011～2017 年德印日韩俄五国对中国钢铁出口替代弹性

| 变量 | 德中 | 印中 | 日中 | 韩中 | 俄中 |
|------|------|------|------|------|------|
| $\ln(p\_i/p\_j)$ | -1.745 *** (0.191) | -2.433 *** (0.161) | -2.226 *** (0.210) | -2.078 *** (0.210) | -2.894 *** (0.313) |
| $Time$ | -0.006 *** (0.00110) | -0.00014 (0.00122) | -0.0077 *** (0.000811) | -0.0034 *** (0.00103) | -0.0064 *** (0.000955) |

续表

| 变量 | 德中 | 印中 | 日中 | 韩中 | 俄中 |
|---|---|---|---|---|---|
| *Constant* | − 0.00506<br>(0.0496) | − 1.377 ***<br>(0.0572) | 0.113 ***<br>(0.0359) | − 0.273 ***<br>(0.0402) | − 1.211 ***<br>(0.131) |
| *Observations* | 84 | 84 | 84 | 84 | 84 |
| $R^2$ | 0.753 | 0.762 | 0.814 | 0.768 | 0.714 |

注：括号中数值为标准差，*** 代表在1%的水平上显著。表中数据作者自行计算。

**表 6.19    2011～2017 年德印日韩俄五国对中国在**
**"一带一路" 沿线地区钢铁出口替代弹性**

| 变量 | 德中 | 印中 | 日中 | 韩中 | 俄中 |
|---|---|---|---|---|---|
| $\ln(p\_i/p\_j)$ | − 2.044 ***<br>(0.178) | − 2.924 ***<br>(0.160) | − 2.589 ***<br>(0.267) | − 2.021 ***<br>(0.266) | − 3.485 ***<br>(0.321) |
| *Time* | − 0.0089 ***<br>(0.00122) | − 0.0026 **<br>(0.00114) | − 0.012 ***<br>(0.000875) | − 0.010 ***<br>(0.00138) | − 0.009 ***<br>(0.00115) |
| *Constant* | − 0.252 ***<br>(0.0706) | − 1.411 ***<br>(0.0555) | 0.199 ***<br>(0.0490) | − 0.0294<br>(0.0594) | − 1.023 ***<br>(0.116) |
| *Observations* | 84 | 84 | 84 | 84 | 84 |
| $R^2$ | 0.824 | 0.819 | 0.810 | 0.778 | 0.778 |

注：括号中数值为标准差，*** 代表在1%的水平上显著。表中数据作者自行计算。

从表 6.18 和表 6.19 的估计结果可以看出，无论是在全球还是在"一带一路"沿线地区，德印日韩俄五国对中国的钢铁出口都存在较强的替代性，充分反映了钢铁产能全球性过剩格局下各大钢铁出口国之间的激烈竞争程度；在其中尤以俄罗斯和印度对中国的替代性或者说竞争性表现得更强，而在"一带一路"沿线地区相比全球范围，这种竞争性更为明显。笔者认为，这可能与俄罗斯高度重工业化的经济结构以及丰富的高品位铁矿石资源禀赋带来的竞争优势有关，而印度与中国的竞争性较强可能是由于中国和印度的出口市场重合程度较高，都比较集中于东南亚和南亚地区。

以上研究反映出中国钢铁行业的竞争力并不强，而且在"一带一路"沿线地区面临的竞争强度还较大，所以中国钢铁贸易向"一带一路"沿线地区的转移并非轻易，必须发挥进口国的贸易潜力。同时考虑到中国对"一带一路"

沿线国家的钢铁出口存在激烈竞争，在测度该具体国家与中国相关的进口潜力时，还需将此竞争性考虑进去。

## 四、"一带一路"沿线国钢铁进口需求弹性分析和钢铁进口潜力的测度

### （一）进口需求弹性分析的理论框架

我们采用瑟德贝里（2015）的理论框架来估计进口需求弹性。假定存在代表性消费者，拥有嵌套型 CES 偏好结构。对于给定的同一产品的多样性，其效用可以表示为：

$$X_{gt} = \left( \sum_{v \in V} b_{gvt}^{\frac{1}{\sigma_g}} x_{gvt}^{\frac{\sigma_g - 1}{\sigma_g}} \right)^{\frac{\sigma_g}{\sigma_g - 1}} \qquad (6.13)$$

由此可产生对某一产品多样性的需求：

$$s_{gvt} \equiv \frac{p_{gvt} x_{gvt}}{\sum_{v \in I_{gt}} p_{gvt} x_{gvt}} = \left( \frac{p_{gvt}}{\phi_{gt}(b_t)} \right)^{1-\sigma_g} b_{gvt} \qquad (6.14)$$

在时期 $t$ 产品 $g$ 的多样性 $v$ 的集合可以表示为 $I_{gt} \in \{1, \cdots, N\}$，$x_{gvt}$ 是时期 $t$ 产品 $g$ 的多样性 $v$ 被消费的加总量，$\sigma_g > 1$ 是产品 $g$ 特定的不变替代弹性，$s_{gvt}$ 是市场份额，取决于其价格 $P_{gvt}$、特定的随机口味参数（taste parameter）$b_{gvt}$ 以及受整个口味参数向量影响的产品 $g$ 的最低生产成本 $\phi_{gt}(b_t)$。

假定出口市场结构为垄断竞争，则消费者将面临向上倾斜的供给曲线：

$$p_{gvt} = \left( \frac{\sigma_g}{\sigma_g - 1} \right) \exp(\eta_{gvt}) (x_{gvt})^{\omega_g} \qquad (6.15)$$

其中，$\eta_{gvt}$ 代表与口味参数 $b_{gvt}$ 相独立的随机技术因素，$\omega_g > 0$ 代表产品 $g$ 的供给弹性的倒数。

为了消除与时间相关的不可观测因素，首先需要对价格和市场份额进行差分。经过一次差分后，仍然存在与产品相关的不可观测因素，可以利用参照物国家的价格和市场份额进行二次差分（第一次差分用 Δ 表示，第二次差

分用 $\Delta^k$ 表示），得到以下结构方程组：

$$\Delta^k \ln s_{gvt} \equiv \Delta \ln p_{gvt} - \Delta \ln p_{gkt} = -(\sigma_g - 1)\Delta^k \ln(p_{gvt}) + \varepsilon_{gvt}^k \qquad (6.16)$$

$$\Delta^k \ln p_{gvt} \equiv \Delta \ln s_{gvt} - \Delta \ln s_{gkt} = \left(\frac{\omega_g}{1+\omega_g}\right)\Delta^k \ln(s_{gvt}) + \delta_{gvt}^k \qquad (6.17)$$

定义 $\rho \equiv \frac{\omega(\sigma-1)}{1+\omega\sigma} \in \left[0, \frac{\sigma-1}{\sigma}\right)$，且假设差分处理过的需求方程的误差项 $\varepsilon_{gvt}^k$ 和供给方程的误差项 $\delta_{gvt}^k$ 在时间和产品空间上是相互独立的，将式（6.16）和式（6.17）相乘化简后得到以下容易处理的估计方程：

$$Y_{gvt} = \theta_1 X_{1gvt} + \theta_2 X_{2gvt} + u_{gvt} \qquad (6.18)$$

其中 $Y_{gvt} \equiv (\Delta^k \ln p_{gvt})^2$，$X_{1gvt} \equiv (\Delta^k \ln s_{gvt})^2$，$X_{2gvt} \equiv (\Delta^k \ln s_{gvt})(\Delta^k \ln p_{gvt})$，$u_{gvt} = \frac{\varepsilon_{gvt}^k \delta_{gvt}^k}{1-\rho}$。由于 $\theta_1 \equiv \frac{\rho}{(\sigma-1)^2(1-\rho)}$，$\theta_2 \equiv \frac{2\rho-1}{(\sigma-1)(1-\rho)}$，通过式（6.18）估计出 $\theta_1$ 和 $\theta_2$ 后，就可以相应求出 $\sigma$ 和 $\rho$ 的估计值，进而再求出 $\omega$ 的估计值，然后我们就可以得到进口需求弹性的估计值为 $1-\sigma$ 以及进口供给弹性为 $1/\omega$。

**（二）具体估计方法、数据来源和估计结果**

我们将海关的 HS6 位数编码产品定义为产品 $g$，同一产品但来自于不同的国家定义为 $v$，市场份额 $s_{gvt}$ 通过某进口国从某出口国 $v$ 进口的产品 $g$ 的数量除以该进口国产品 $g$ 的总进口数量得到，价格 $p_{gvt}$ 可以通过进口金额除以相应的进口数量得到。遵从相关研究（Feenstra，1994；Mohler，2009；Soderbery，2015），对于某进口国某进口产品其相应参照物国家选取该进口产品所占市场份额最大的国家。我们在 "一带一路" 沿线地区选取了 2017 年钢铁进口额超过 5 亿美元的 37 个国家，估计这些国家的钢铁进口需求弹性。数据来自于国际贸易中心（International Trade Centre），其为世界贸易组织和联合国贸易与发展会议的附属机构，可以下载各国历年从其他国家进口的年度、季度或月度的 HS6 或者 HS2 位数编码产品的进口金额、进口数量。钢铁的 HS2 位数编码为 72，下面细分为 HS6 位数编码产品共 194 种。我们对该 37 个国家下载了从 2011 年 1 月到 2017 年 12 月共 84 个月的月度数据，包含了该 37 国从所有其他国家进口的 HS6 位数编码钢铁产品的进口金额和进口数量。根据方程 (6.18) 估计出各国各 HS6 位数编码产品相应的进口需求弹性后，再以各国各 HS6 位数编码进口金额占该国钢铁总进口的比例作为权重，计算各国 HS2 位数编码的钢铁行业加总的进口需求弹性（见表6.20）。

表 6.20　　　37 个"一带一路"沿线国家钢铁的进口需求弹性（绝对值）估计

| 国家 | HS6 种类数 | 最小值 | 最大值 | 平均值 | 中位数值 | 加总值 |
|---|---|---|---|---|---|---|
| 土耳其 | 134 | 0.16 | 28.58 | 2.54 | 1.21 | 2.44 |
| 泰国 | 153 | 0.14 | 25.64 | 2.22 | 0.99 | 2.21 |
| 越南 | 119 | 0.20 | 54.84 | 5.32 | 1.46 | 3.05 |
| 印度尼西亚 | 130 | 0.16 | 33.25 | 2.00 | 0.96 | 1.65 |
| 波兰 | 135 | 0.12 | 53.62 | 5.22 | 1.32 | 4.57 |
| 印度 | 127 | 0.15 | 30.84 | 2.45 | 1.09 | 1.37 |
| 捷克 | 138 | 0.07 | 36.02 | 3.39 | 0.86 | 3.41 |
| 马来西亚 | 129 | 0.16 | 11.57 | 1.98 | 1.09 | 1.70 |
| 俄罗斯 | 113 | 0.12 | 30.16 | 3.30 | 1.31 | 3.27 |
| 菲律宾 | 132 | 0.19 | 15.51 | 3.40 | 1.69 | 7.65 |
| 巴基斯坦 | 94 | 0.15 | 54.22 | 6.11 | 1.71 | 3.40 |
| 埃及 | 125 | 0.13 | 54.64 | 3.35 | 1.08 | 2.18 |
| 阿联酋 | 113 | 0.23 | 26.91 | 2.76 | 1.13 | 1.49 |
| 罗马尼亚 | 126 | 0.11 | 35.24 | 2.47 | 1.04 | 1.95 |
| 斯洛伐克 | 120 | 0.10 | 49.61 | 3.56 | 1.27 | 6.84 |
| 沙特 | 117 | 0.12 | 14.74 | 1.85 | 0.91 | 1.79 |
| 匈牙利 | 123 | 0.14 | 22.39 | 4.35 | 1.34 | 2.52 |
| 新加坡 | 124 | 0.15 | 14.63 | 2.40 | 0.98 | 3.26 |
| 伊朗 | 113 | 0.20 | 31.00 | 3.78 | 1.88 | 3.60 |
| 孟加拉国 | 91 | 0.16 | 42.34 | 6.40 | 1.22 | 4.01 |
| 斯洛文尼亚 | 127 | 0.10 | 22.94 | 4.27 | 1.04 | 4.35 |
| 白俄罗斯 | 100 | 0.17 | 36.44 | 4.80 | 2.30 | 3.20 |
| 以色列 | 94 | 0.17 | 30.95 | 4.21 | 1.38 | 1.55 |
| 保加利亚 | 107 | 0.12 | 44.89 | 6.11 | 1.41 | 4.02 |
| 乌克兰 | 98 | 0.20 | 48.99 | 4.51 | 1.76 | 2.98 |

续表

| 国家 | HS6 种类数 | 最小值 | 最大值 | 平均值 | 中位数值 | 加总值 |
|---|---|---|---|---|---|---|
| 哈萨克斯坦 | 72 | 0.23 | 28.75 | 4.20 | 1.77 | 2.37 |
| 缅甸 | 64 | 0.15 | 45.68 | 7.14 | 1.92 | 5.57 |
| 尼泊尔 | 11 | 0.34 | 21.90 | 6.67 | 3.39 | 0.63 |
| 科威特 | 70 | 0.14 | 33.57 | 4.49 | 1.88 | 2.23 |
| 乌兹别克斯坦 | 38 | 0.34 | 21.29 | 5.02 | 2.53 | 3.44 |
| 斯里兰卡 | 92 | 0.17 | 37.38 | 2.76 | 1.32 | 2.28 |
| 阿曼 | 85 | 0.20 | 36.49 | 3.45 | 1.45 | 2.04 |
| 立陶宛 | 88 | 0.10 | 20.77 | 2.47 | 1.39 | 1.36 |
| 伊拉克 | 45 | 0.26 | 21.45 | 6.54 | 2.59 | 1.62 |
| 克罗地亚 | 117 | 0.16 | 27.81 | 3.21 | 1.09 | 2.28 |
| 拉脱维亚 | 86 | 0.16 | 27.13 | 4.74 | 1.54 | 2.52 |
| 黎巴嫩 | 65 | 0.18 | 29.40 | 3.66 | 1.51 | 2.44 |

资料来源: 作者通过 stata 编程的计算结果, 具体可见附录二中的 stata 程序 2。

值得注意的是, 如果需求方程的误差项 $\varepsilon_{gvt}^k$ 和供给方程的误差项 $\delta_{gvt}^{\hat{k}}$ 由于内生产品质量等问题而出现某种程度的相关时, 则以上方法的估计将是非一致和有偏的。但考虑到钢铁产业是非常传统以及成熟的产业, 其产品质量基本保持稳定, 而且我们考虑的是整个钢铁行业, 个别对质量要求非常高的比如特种钢等具体产品品类可能存在此类问题, 但其影响通过平均后总的影响可能较小。据此, 我们认为上述问题对估计的负面影响并不大。

从表 6.20 可以看出, 不同国家需要进口的钢铁产品种类差别较大, 总的来说经济规模较大以及钢铁进口量较大的国家其进口钢铁产品种类的分布也相应较广; 从平均值和加总值来看, 绝大多数国家的钢铁进口都是富有弹性的, 这与安布斯和梅让 (2015) 以及瑟德贝里 (2015) 的结论相接近。

但是仅凭钢铁进口富有弹性还不够, 如果一个国家本身的进口规模偏小, 则其潜力也不会大; 而如果某个国家的进口规模虽然较大, 但是如果中国产品的出口优势较小, 中国从中分到的市场份额也会较小, 则对于中国而言该国的贸易潜力也不会大。所以与中国相关联的进口潜力需要充分考虑进口需求弹性、进口规模以及中国产品竞争力 (用中国产品市场份额间接测度) 三个因素，将后两者相乘则得到某国从中国的钢铁进口额。具体的计算程序是，我们将这 37 国 2011～2017 年从中国进口钢铁金额取其平均值，然后取这些国家从中国进口金额平均值的总平均值，将某国从中国进口钢铁金额平均值与该总平均值比较，得到该国的进口相对规模值，再分别与该国钢铁加总的进口需求弹性相乘，得到潜力值。计算结果见表 6.21。

表 6.21　　　37 个"一带一路"沿线国家从中国进口钢铁潜力比较

| 国家 | 进口额排序 | 从中国进口的相对规模 | 需求弹性 | 潜力值 | 按潜力值排序 |
|---|---|---|---|---|---|
| 土耳其 | 1，12 | 1.20 | 2.44 | 2.93 | 12 |
| 泰国 | 2，2 | 3.75 | 2.21 | 8.29 | 3 |
| 越南 | 3，1 | 6.01 | 3.05 | 18.33 | 2 |
| 印度尼西亚 | 4，5 | 2.85 | 1.65 | 4.70 | 7 |
| 波兰 | 5，21 | 0.26 | 4.57 | 1.19 | 17 |
| 印度 | 6，4 | 3.18 | 1.37 | 4.36 | 8 |
| 捷克 | 7，33 | 0.02 | 3.41 | 0.07 | 32 |
| 马来西亚 | 8，7 | 2.19 | 1.70 | 3.72 | 10 |
| 俄罗斯 | 9，11 | 1.13 | 3.27 | 3.70 | 11 |
| 菲律宾 | 10，3 | 3.36 | 7.65 | 25.70 | 1 |
| 巴基斯坦 | 11，9 | 1.40 | 3.40 | 4.76 | 6 |
| 埃及 | 12，16 | 0.59 | 2.18 | 1.29 | 16 |
| 阿联酋 | 13，10 | 1.28 | 1.49 | 1.91 | 15 |
| 罗马尼亚 | 14，27 | 0.11 | 1.95 | 0.21 | 27 |
| 斯洛伐克 | 15，37 | 0.00 | 6.84 | 0.00 | 36 |
| 沙特 | 16，8 | 1.59 | 1.79 | 2.85 | 13 |
| 匈牙利 | 17，35 | 0.01 | 2.52 | 0.03 | 35 |
| 新加坡 | 18，6 | 2.18 | 3.26 | 7.11 | 4 |
| 伊朗 | 19，14 | 1.13 | 3.60 | 4.07 | 9 |
| 孟加拉国 | 20，15 | 0.62 | 4.01 | 2.49 | 14 |
| 斯洛文尼亚 | 21，30 | 0.04 | 4.35 | 0.17 | 29 |
| 白俄罗斯 | 22，34 | 0.01 | 3.20 | 0.03 | 34 |
| 以色列 | 23，17 | 0.47 | 1.55 | 0.73 | 21 |

| 国家 | 进口额排序 | 从中国进口的相对规模 | 需求弹性 | 潜力值 | 按潜力值排序 |
|---|---|---|---|---|---|
| 保加利亚 | 24，29 | 0.05 | 4.02 | 0.20 | 28 |
| 乌克兰 | 25，19 | 0.34 | 2.98 | 1.01 | 18 |
| 哈萨克斯坦 | 26，20 | 0.28 | 2.37 | 0.66 | 22 |
| 缅甸 | 27，12 | 1.27 | 5.57 | 7.07 | 5 |
| 尼泊尔 | 28，36 | 0.00 | 0.63 | 0.00 | 37 |
| 科威特 | 29，24 | 0.21 | 2.23 | 0.47 | 24 |
| 乌兹别克斯坦 | 30，22 | 0.27 | 3.44 | 0.93 | 20 |
| 斯里兰卡 | 31，23 | 0.25 | 2.28 | 0.57 | 23 |
| 阿曼 | 32，26 | 0.22 | 2.04 | 0.45 | 25 |
| 立陶宛 | 33，31 | 0.03 | 1.36 | 0.04 | 33 |
| 伊拉克 | 34，25 | 0.22 | 1.62 | 0.36 | 26 |
| 克罗地亚 | 35，28 | 0.06 | 2.28 | 0.14 | 30 |
| 拉脱维亚 | 36，32 | 0.03 | 2.52 | 0.08 | 31 |
| 黎巴嫩 | 37，18 | 0.40 | 2.44 | 0.98 | 19 |

注：表中"进口额排序"列中的第一个数值表示在 37 个国家中该国的钢铁总进口排名，第二个数值表示从中国的钢铁进口排名。表中数据由作者自行计算。

按潜力值排序，排名前十的是菲律宾、越南、泰国、新加坡、缅甸、巴基斯坦、印度尼西亚、印度、伊朗和马来西亚。也就是说，中国的潜力较大国还是集中在东南亚、南亚和西亚等地区。

按照同样的程序，可以计算出德、印、日、韩、俄五国对"一带一路"沿线国家钢铁出口潜力排序前十名（见表 6.22）。

表 6.22　　　　德印日韩俄五国对"一带一路"沿线国家钢铁出口潜力排序

| 排名 | 德国 | 印度 | 日本 | 韩国 | 俄罗斯 |
|---|---|---|---|---|---|
| 1 | 波兰 | 阿联酋 | 泰国 | 泰国 | 土耳其 |
| 2 | 捷克 | 泰国 | 印度尼西亚 | 印度 | 哈萨克斯坦 |
| 3 | 土耳其 | 印度尼西亚 | 印度 | 印度尼西亚 | 白俄罗斯 |
| 4 | 印度 | 孟加拉国 | 越南 | 越南 | 伊朗 |
| 5 | 斯洛文尼亚 | 沙特 | 马来西亚 | 马来西亚 | 埃及 |

续表

| 排名 | 德国 | 印度 | 日本 | 韩国 | 俄罗斯 |
|------|------|------|------|------|--------|
| 6 | 匈牙利 | 越南 | 新加坡 | 土耳其 | 乌克兰 |
| 7 | 斯洛伐克 | 伊朗 | 沙特 | 沙特 | 捷克 |
| 8 | 罗马尼亚 | 马来西亚 | 孟加拉国 | 伊朗 | 波兰 |
| 9 | 俄罗斯 | 尼泊尔 | 菲律宾 | 斯洛文尼亚 | 印度 |
| 10 | 立陶宛 | 斯里兰卡 | 阿联酋 | 阿联酋 | 泰国 |

资料来源：作者自行计算。

从表 6.22 可以看出，德国在"一带一路"沿线地区钢铁出口潜力较大的国家主要分布在东欧一片以及印度和俄罗斯两个钢铁大国，印度、日本和韩国主要分布在东南亚、南亚以及西亚，俄罗斯相对比较分散，主要是周边与俄罗斯接壤的国家以及西亚、南亚和东南亚等。由于德国出口潜力较大国家的分布与中国的分布重合度较小，而两国的钢铁出口竞争力比较接近，所以德国和中国在"一带一路"沿线地区的钢铁出口竞争相对较弱，这与表 6.18 中德国对中国钢铁出口的替代弹性相对较小是相互印证的；印度、日本和韩国在"一带一路"沿线地区钢铁出口潜力国的分布上与中国的重合度相当高，这也解释了为什么印度、日本和韩国这三个国家对中国钢铁出口的替代弹性较高以及竞争度较高的原因；俄罗斯尽管钢铁出口比较分散，与中国的重合度较低，但是俄罗斯依靠其低廉的出口价格，依旧对中国在"一带一路"沿线地区钢铁出口形成了较强的竞争力（表现为相对较高的替代弹性）。

## 五、内外结合发挥"一带一路"沿线地区钢铁出口潜力的可能途径研究

由于钢铁进口潜力是结合相对进口规模以及进口需求弹性计算的，其中相对进口规模相当于过往研究中按照引力模型进行预估的，包含了进口国的经济规模、中国与进口国之间的空间距离以及其他影响贸易的因素的综合作用结果。而钢铁进口需求弹性则可以测度中国通过降低钢铁成本进而降价带来的进口增长，也在事实上给我们指出了发挥进口潜力的途径。对于进口商品而言，其成

本基本上由生产成本和贸易成本两块构成。所以降低成本主要从这两方面入手。

众所周知，钢铁行业的规模经济效应非常显著。从前面的分析我们可以看到，尽管中国的钢铁产量雄踞世界第一，但是钢铁的竞争力却远远称不上第一，其中的重要原因之一可能是国内钢铁行业的集中度太低，行业集中度太低导致规模经济得不到充分发挥。根据新浪财经，中国 2017 年钢铁企业共有 5000 余家，而有炼铁炼钢能力的大中型企业约有 565 家①，这比其他钢铁大国的钢铁企业数量明显多。由于大中型企业一般会参加各国的钢铁工业协会，我们可以通过参加各国钢铁工业协会的会员企业数量进行对比：中国 284 家，日本 54 家，韩国 38 家，俄罗斯 9 家，美国 12 家，德国 68 家，印度 14 家（数据来源：各国钢铁协会公布的会员名单）。由此看来，中国的钢铁行业急需提升集中度。但为什么过去中国的钢铁行业集中度无法提升，一个很重要的原因是地方保护主义导致一些效率较低的地方钢铁企业也能存活下来。中美贸易冲突带来的竞争压力，将使得较多效率较低的钢铁企业无法再出口，进而出现生存危机，为效率较高钢铁企业兼并效率较低钢铁企业提供了好机会。这样看来，贸易冲突反而是转危为机的重大机遇。钢铁企业通过兼并做大，除了规模经济外的另外好处在于，较少的企业易于形成托拉斯等联合组织，一方面提高中国钢铁企业对铁矿石等大宗商品进口的议价权，另一方面也可以在钢铁出口上进行价格协商，避免陷入相互杀价恶性竞争的死循环。

降低贸易成本的途径较多。由于中国钢铁出口的可能萎缩是由于美国采取关税这种贸易保护政策导致的，所以可以通过中国与其他国家进一步贸易自由化来降低贸易成本。迄今为止，中国共签署了 16 个自贸协定，涉及 24 个国家和地区，自贸伙伴遍及亚洲、大洋洲、美洲和欧洲。值得一提的是，在中国已签署自贸协定中，有 5 个是与"一带一路"沿线国家或地区达成的，分别是中国—东盟、中国—巴基斯坦、中国—新加坡、中国—格鲁吉亚和中国—马尔代夫自贸协定②。从我们的研究可以看出，在钢铁贸易方面，"一带一路"沿线贸易潜力较大的国家主要分布在东南亚东盟国家、印度、俄罗斯

---

① https：//finance. sina. cn/futuremarket/shxhjg/2017 - 07 - 17/detail-ifyiaewh9484954. d. html.

② http：//fta. mofcom. gov. cn/.

以及海合会覆盖的海湾六国——巴林、科威特、阿曼、卡塔尔、沙特阿拉伯和阿拉伯联合酋长国。因此，中国政府可以积极推进中国与贸易潜力较大的国家或地区之间的自贸协定，例如与中国与印度、中国与俄罗斯以及中国与海合会等。同时，由于俄罗斯以及印度都是中国钢铁出口方面的重要竞争对手，可能还需要充分利用"金砖国家"以及"一带一路"等多种机制与俄印两国在钢铁产业上进行充分合作，降低恶性竞争。贸易成本的重要组成部分是运输成本，因此中国加快在"一带一路"沿线国建设高速铁路，尽快形成四通八达的高速铁路网络，提升"设施联通，贸易畅通"的程度，有助于降低贸易成本。

# 第七章　总结、政策建议及展望

作为构建"人类命运共同体"抓手的"一带一路"倡议实施五年多来，其进展以及在政治、经济等方面的实效如何，需要谨慎地政策评估。而在中美贸易摩擦背景下，"一带一路"区域日益凸显其重要性，如何充分发挥该区域贸易潜力以应对对美出口萎缩更是当务之急。

## 第一节　"一带一路"政策效应总结

为了准确分析"一带一路"倡议对于中国与"一带一路"沿线国政治关系的影响，我们选取了印度尼西亚、俄罗斯和印度三个代表性国家，分别进行了估计，得到了非常有趣的结论：在"一带一路"倡议提出之后，印度尼西亚和俄罗斯与中国的双边政治亲密度都有了明显提升，但是印度与中国的双边政治亲密度却几乎没有变化。后面进行的稳健性分析，确证了中国与沿线国家政治亲密度的变化，确实是由于"一带一路"倡议引起的，平均而言，"一带一路"倡议促进了中国与这些沿线国家的政治亲密度。我们的研究为"一带一路"倡议的政治关系的效应分析提供了扎实的实证基础。"一带一路"沿线各国立足于自身情况和发展战略，对于中国主导的"一带一路"倡议的响应积极程度不一，是完全可以理解的。"一带一路"倡议既然是合作共赢，并非是国际扶贫和国际慈善事业，那么还是需要考虑效率的。我们需要将那些对中国是真诚合作的沿线国与一些只是想搭便车甚至明面合作暗地捣乱的沿线国进行区别对待，将资源和项目往前一类国家倾斜，做成"一带一路"合作的样板，进而吸引更多的国家加入进来，形成规模效应，以更好地推进"一带一路"的建设大业。

"一带一路"倡议是否真正激励了中国对外直接投资的增长，是倡议实施效果评估的核心问题之一。为反映中国最近十多年来的对外直接投资增长趋势，以及可能存在的样本自我选择问题，本书首次尝试利用倾向得分匹配和双重差分相结合的方法，回答了为什么是这些国家成为"一带一路"沿线国，并分析了倡议的投资效应。主要发现如下：

（1）中国和潜在加入国双向选择成为"一带一路"沿线国的概率与相对贸易规模以及国家治理水平负相关，与其绝对双边经济规模、自然资源禀赋以及与中国的政治关系正相关。而潜在加入国与中国相邻以及与中国地理距离比较接近，也有助于彼此双向选择。

（2）"一带一路"倡议的提出确实激励了中国对沿线国直接投资的增长，且其对投资增长的效应逐年提升。中国投资者重视较大的市场规模、较丰富的自然资源、较低的劳工成本等，也关注东道国的政治风险，并不特别强调与中国的政治亲密关系，是市场化行为。

相较于已有文献的贡献在于，我们考量的是"一带一路"倡议本身的影响，而非仅仅将沿线国标示为新样本进行研究，因而，我们给出了"一带一路"倡议实施在投资层面具有实效的经验证据，这一实效表现在对沿线国的中国投资促进效应上。同时，虽然在"一带一路"倡议之初，相当多研究担忧这一倡议实施的风险，本书的实证研究也揭示了政治风险较高的国家确实更倾向于响应"一带一路"倡议并力图从中获益。但本书的实证结果应能在一定程度上减缓这一担忧。原因在于，总量层面上中国投资者仍遵循市场规律坚持向经济规模大以及国家政治风险较小的沿线国投资。我们的研究还揭示了政府层面的宏观决策与企业层面的微观决策，其偏好与关注点有所不同。"一带一路"沿线国的国家风险较高是客观事实，中国政府需要通过政治、外交、经济等手段，从宏观层面切实降低企业面临的各种风险，引导企业踏踏实实按市场规律开展经济合作。

我们将 59 个"一带一路"国家按照所处的地理位置不同划分成为 5 个区域，然后进行商品出口持续时间的统计。在维持 1 年的商品贸易联系中，中国与西亚北非国家的占比最多，中国同南亚、西亚、北非、原苏联加盟共和国及周边地区、中东欧这 4 个区域的贸易联系持续时间都不同程度地随着时间的延长出现了下降的情况，但是与东南亚的贸易关系呈现出随着时间的延续贸易联系持续期延长的现象。

中国同 5 个区域进行对外贸易时存在着不平衡性，5 个区域的商品生存率存在较大差异，东南亚国家商品生存率明显高于其他区域。同时，东南亚、南亚和西亚北非商品生存率保持在 5 年，均高于全样本的 64.4%。这说明中国对东南亚、南亚以及西亚北非的出口商品持续时间较为稳定。中国与东南亚市场的生存时间较稳定，商品贸易关系的生存寿命更长。这与中国—东盟建立自由贸易区能够促进双方贸易的往来有很大关系。中国虽与中亚和东亚国家相邻，但可能由于历史上存在领土争端问题，导致贸易往来较少，所以商品保持出口的时间也较短。

## 第二节　中美贸易摩擦下出口贸易形势的总结

### 一、中美贸易摩擦下对美出口可能出现的萎缩

本书估计了美国所有 HS6 位数编码进口产品的需求弹性，发现美国的进口产品总体上来看富有弹性，中国对美国出口额较大且市场渗透率较高的 57 种 HS6 位数编码产品中大部分富有弹性；如果考虑产品特征，差异化产品相比同质化产品，平均来说其进口需求弹性（绝对值）较小；将 HS6 位数产品归并到 HS2 位数产品或者 ISIC 产业分类，在更宏观层次上中国对美国出口产品也大都富有弹性。本书还估计了中国 HS6 位数编码出口产品的关税吸收弹性，发现关税税率增加将导致出口产品质量提升以及经质量调整的未包含关税的出口价格的下降；差异化产品的关税吸收弹性（绝对值）要小于同质化产品的关税吸收弹性；对于比较重要的 15 个 HS2 位数编码产品，利用估计出的关税吸收弹性和进口需求弹性，本书计算出如果政府不干预的情况下各产品的出口额自然萎缩程度；如果政府根据各行业平均关税吸收弹性给予各行业差异化的补

贴等帮扶政策，诱导行业内出口企业降价足够多，则出口额萎缩程度将大大低于出口额自然萎缩程度，能够成功稳定出口；而即使将政府的帮扶支出考虑在内，帮扶下的总损失也小于政府不进行任何帮扶下的总损失。

　　基于微观数据的估算和分析，本书为中国采取有效措施应对中美贸易摩擦提供了坚实的微观理论基础。美国加征高额关税的本质是人为抬高中国出口产品最终价格，从而降低中国出口产品竞争力，中国出口企业通过降低不含税价格和提升质量来应对，因此中国政府也需要在这两方面进行帮扶。具体而言，为了让出口企业更有能力降价，中国政府除了提供补贴和提高出口退税率外，还可以在税负、用地、社保、用电、运输、融资和制度性交易等各种成本上充分"减负"来降低企业成本；由于差异化产品更能抵御市场负面冲击，为了让出口企业更好地提升产品质量增强其产品差异化程度，中国政府需要集中力量联合攻关帮助企业在核心技术上进行突破，并通过更好地保护知识产权来激励技术创新和技术转化。需要指出的是，本书研究主要专注于中美贸易摩擦下如何稳定对美国出口，而更为全面的"稳外贸"还需要考虑对其他市场的出口。美国对中国出口加税，中国政府可加快与其他多个国家达成自由贸易协定将双边关税降下来，以降税对冲加税，借此打开更广阔的市场。中国企业也需要在中国政府的帮助下努力开拓和发展"一带一路"、非洲和拉美等区域市场，将出口市场尽量多元化，这才是发生类似贸易摩擦时稳定出口的长远和根本之道。从长远看，中美贸易摩擦终究会解决，但中美贸易摩擦解决了，可能还会发生中欧贸易摩擦、中印贸易摩擦等，在发生这些类似贸易摩擦时如何稳定出口，本文为此提供了一个有益的分析思路。

## 二、向"一带一路"地区的贸易转移

　　利用 Comtrade 的贸易数据，我们发现了中国在"一带一路"地区钢铁出口的主要竞争对手；利用 RCA 指数，我们测度了中德印日韩俄六大钢铁出口国的钢铁出口竞争力，发现中国和德国的竞争力相对较弱；而基于替代弹性分析，我们比较了德印日韩俄五国对中国钢铁出口的竞争强度，发现这五国与中国之间都存在较强的竞争性，其中尤以俄罗斯和印度为强；利用进口需求弹性，我们构建了测度进口潜力的新方法，测度了"一带一路"地区钢铁进口较多的 37 个国家的进口潜力，发现中国重要的进口潜力国与印度、日本和韩国的重合度较高，与德国和俄罗斯的重合度相对较少。

从进口需求弹性分析，我们发现大部分"一带一路"国家的钢铁进口都富有弹性，也就是说降低成本将带来较大幅度的进口量增长。因此，中国钢铁产业降低成本是充分刺激钢铁进口国潜力发挥的重要举措，也是应对中美贸易冲突等诸多外部逆向冲击的根本办法。而中国钢铁产品成本较高、竞争力较差的一个重要原因在于国内行业集中度太低，落后产能太多，可以借助于中美贸易冲突的压力倒逼改革，借机大力推动国内钢铁企业大规模的兼并重组，并与钢铁行业的去产能以及产能置换结合起来，同时优化产业结构和空间结构，大大增强钢铁行业的竞争力。而在外部，中国政府还需要大力推进"一带一路"合作建设，与各大贸易潜力国建立更多的自由贸易区，从而有力地反对美国的贸易保护主义政策。

中美贸易冲突并非偶然孤例，可以预期的是，随着中国制造向价值链上游攀升的结构升级，中国肯定会与原来占据该产品位置的国家频繁产生贸易冲突；而为了将中国产品排挤出本国市场，某些国家还会相互签订各种区域性自贸协定，设定一些严苛条件，让中国无法或者至少短期内无法加入。在这种情境下，中国外贸就会面临本书所分析的问题之一：当某些市场无法进入时，如何寻找替代市场以及如何内外结合充分挖掘贸易潜力。本书为此提供了一个有益的分析思路。

## 第三节 "一带一路"倡议的风险、
## 机遇及保障政策

### 一、"一带一路"倡议的风险和挑战

正如我们在第一章所描述的，"一带一路"倡议是一个相当宏大的构架，而且由于涉及众多发展程度以及政治经济制度大相径庭的国家和地区，因此

在总体监管安排和治理方面目前尚未搭建起明确的多边框架，而是依赖于中国与"一带一路"沿线国家之间相对更为灵活的双边协议来进行合作以及治理。但是，这种双边方式可能既有利也有弊。好处是明显的，这种双边方式可以允许根据具体情况来确定互利的合作形式，例如说"一国一策"，非常之灵活而且有弹性。当然，这种双边方式也与中国政府强调欢迎所有国家参加"一带一路"倡议和尊重参与国的主权和意愿相配套。这种灵活的双边方式可以快速推进中国与特定的相关国家进行协商和具体的"一带一路"项目建设，但如果某些"一带一路"项目是跨境的，其顺利实施和运行可能需要沿线所有国家的联合合作才能成功，如果各个国家的相关政策法规或标准不一致，可能就相当麻烦，这时就需要一个多边协调框架了。要想达成一个多边框架，可能需要多边协商和谈判，比较耗时间。但是，正因为多边框架比较难以达成，一旦达成之后也就相当稳定，因为要想变动需要大多数国家的同意，这样可以让参与国产生稳定的预期，有利于长期项目。与此相对的是双边框架、双边方式相对灵活，但这种灵活性也可能会增加不确定性，因为随时可以变动，使得更难以锚定潜在合作伙伴的长时段的期望和承诺，从而可能阻碍各种合作项目的长期规划。

我们知道，"一带一路"建设的核心抓手是基础设施建设。然而，"一带一路"沿线区域在多个维度上都相当有挑战性。设想的丝绸之路经济带穿过一系列位于高山区或沙漠地区的内陆国家，地理和地形差别较大，地理环境非常复杂，这使得开发基础设施成本特别高。此外，该区域的部分地区受到地缘政治紧张局势和公开冲突的困扰，许多国家都是经常发生社会动荡的脆弱国家，而且由于宏观经济表现欠佳而表现出较大的政治经济不稳定性。以色列和伊斯兰国家的矛盾，印度和巴基斯坦的长期紧张关系，俄罗斯与乌克兰之间的争端，叙利亚、伊拉克和阿富汗的内战，都是不可预测和不可控的。如果其中一些节点国家发生政局动荡甚至发生战争，必然极大地影响"一带一路"线路的正常运行。这对"一带一路"倡议的未来建设和运营提出了额外的挑战和风险。除了基础设施连接之外，"一带一路"货物贸易需要通过多个国家，这些国家的监管制度和监管能力差异极大，其中一些国家的行政效率相当低，要进行有效的跨境运输业务，非常具有挑战性，使得货物的快速运输相对困难。而一旦货物的陆地运输方式没有速度优势，相比于规模巨大的海运方式，将不具备成本优势，这将在很大程度上降低"一带一路"某些线路的吸引力。而一旦没有巨额的贸易流量，"一带一路"线路建设的前期巨额投资将很难收回，将造成巨大的债务黑洞。而由于中国现在面临经济放缓，在不久的将来，"一带一路"基础设施的资金可能面临困难并面临压力，可能需要引进其他合作伙伴，降低资金压力。

## 二、"一带一路"倡议的前景机遇

"一带一路"倡议提倡连通，可以将亚洲、欧洲和非洲国家相对更紧密地联系起来，这是一个非常受欢迎的想法：这种整合将使得"一带一路"沿线国家的企业面对更多的人口和更大的市场。由于地域政治等复杂因素的干扰，欧盟和俄罗斯的合作交流并不顺畅和深入，导致俄罗斯主导的欧亚经济联盟停步不前。鉴于"一带一路"倡议的灵活性，"一带一路"倡议与欧盟和欧亚经济联盟的互补程度在很大程度上取决于中国与欧盟、中国与俄罗斯以及中国与"一带一路"沿线国家的实际谈判深度和合作深入程度。目前，鉴于欧盟与俄罗斯之间的对话停滞不前，"一带一路"倡议提供了一个新的有力的平台，至少可以在跨境基础设施发展领域促进欧亚经济空间的大整合。对于位处亚洲和欧洲之间的国家——例如中亚和东欧国家——而言，"一带一路"倡议无疑是加速其增长和发展的绝佳机会。对于缺乏其他发展机会的该地区的小经济体而言，这可能是唯一可行的选择。这一点可以从"一带一路"倡议提出以后，包括中亚、东欧、中欧和东南欧的一些国家积极响应可以看出。事实上，自2014年以来，中欧、东欧和东南欧的一系列国家，包括欧盟成员国，与中国签署了谅解备忘录，并建立了"16＋1"的合作模式，以进一步深化合作。为什么这些国家这么积极响应"一带一路"倡议呢？无他，因为这些国家相对于欧盟的西欧国家经济发展要落后得多。虽然欧盟对自身内部的落后地区或者欧盟的邻国有一些扶贫的支持政策。但是，欧盟采取的以技术和财政援助的支持政策的灵活性较低，对于那些愿意与欧盟进行更深层次整合的国家必须接受欧盟法规并接受"欧洲价值观"。虽然"欧洲价值观"以及欧盟的法律法规有助于这些国家向市场经济过渡，但其推动能力有限，而且受限于本身既定的政治制度体系或文化价值观以及基于改革成本的考虑，并非受援助的每个国家都愿意开展大规模的体制改革和自由化，特别是中亚许多国家和中东地区。正是因为"一带一路"倡议并不涉及政治体制等方面的改革，也并不着力输出中国模式和中国价值观，而是尊重这些国家的自主选择，所以特别受到欢迎。而对于俄罗斯力推的欧亚经济联盟，由于俄罗斯本身经济体量有限再加之本身经济出现困难，所以欧亚经济联盟的经济活力不够，联盟内部还没能很好地解决内部的商品、服务、资本和劳动力的流动。因此，对于欧亚经济联盟的成员国而言，积极响应"一带一路"倡议也是极有吸引力的。

总体而言，要通过"一带一路"倡议实现中国、欧盟和欧亚经济联盟的经济一体化还比较困难，原因在于欧盟、中国和欧亚经济联盟之间的产品技术等标准存在较大差异。一般而言，中国和欧亚经济联盟的标准较低，而欧盟标准较高，而欧盟的标准对于欠发达经济体的生产者来说可能过高了。但是无论如何，"一带一路"倡议通过跨境基础设施的建设和发展可以对于中国、欧盟和欧亚经济联盟三者都有所裨益。更具体地说，就欧盟而言，它可能有助于促进欧洲边远地区的发展，特别是西巴尔干和欧盟邻国地区。对于欧亚经济联盟而言，较不发达的成员例如亚美尼亚和吉尔吉斯斯坦以及俄罗斯广阔的西伯利亚地区都可能受益"一带一路"倡议，而中国相对落后的西部以及北方同样也会得利。

## 三、"一带一路"倡议的保障政策

### （一）与"一带一路"沿线国加快签署自由贸易协定

从中国海关的进出口数据以及 WTO 等国际组织发布的进出口数据看，我们可以发现，除了东盟成员国之外，当前中国与多数"一带一路"沿线经济体的贸易额，和这些国家的经济规模与整体贸易规模是不相称的。例如，"一带一路"前 10 大经济体中的土耳其（排名第四）、波兰（排名第六）、伊朗

（排名第八）均不在中国贸易前10大国家之列。与中国贸易额前10大经济体中有6个是东盟成员国，这足以证明了中国与东盟签订自由贸易协定的威力。因此，我们认为签署自由贸易协定可能是中国未来扩大与"一带一路"沿线经济体的贸易额最有效的途径。当然，除了东盟10国之外的其他"一带一路"沿线国家，其经济发展水平差异比较大，和中国目前的贸易进展情况也极为不同，具体如何推动与这些国家进行自由贸易相当复杂。

尽管中国与东盟签订自由贸易协定后极大地推动了中国与东盟之间的双边贸易，但这种模式却难以简单复制到沿线其他区域，因为这些国家之间原先并不存在类似东盟这样的区域合作机制。而在这其中，中亚和中东欧国家基本都比较小，中亚国家经济发展水平相对比较接近，或许这些国家是在现有的一些合作机制，譬如"16 + 1"、上合组织等基础上，中国与之开启集体自贸谈判的理想对象。

另外一个推动自由贸易的模式是以"一带一路"前10或前20大经济体为目标（尽管前20大经济体已经包括了6个东盟国家），逐个谈判，从而"以点带面"。尤其是前10大经济体中有5个中东国家，虽然彼此存在差异，但同时也有很多方面比较接近。

### （二）通过股市和债市为沿线国家企业开辟融资通道

正如前所述，"一带一路"沿线存在较多欠发达国家，其基础设施相对落后，基础设施建设的需求非常大，具有巨大的经济空间。但是，这些国家自身财政实力有限，自身的股市和债市发展也不太成熟，单独依靠中国的财力来推动"一带一路"建设是不现实的。因此，如何广开财路、积极稳妥地进行融资是"一带一路"建设的关键问题。对于这种局势，中国政府明确表示，支持沿线国家政府和信用等级较高的企业以及金融机构在中国境内发行人民币债券。在2017年"一带一路"高峰论坛之后，这些事项正在加速落实。当然，优先考虑人民币计价的同时，也最好兼顾部分美元需求。

"一带一路"沿线国家及其企业在中国股市和债市融资获得的人民币资金，不但可以用在和中国的贸易、投资、与中资企业商业活动中，也可以在"一带一路"或其他区域流通。这将极大促进中国和这些国家的经济合作，同时促进和提升人民币国际化，还可以为中国居民和企业提供更多在国内的投资机会，解决中国民众将资产过度配置在楼市的问题，有助于降低金融系统性风险。

### （三）人民币国际化与"一带一路"的结合

"一带一路"倡议构建宏大，涉及众多国家，其建设和发展将是一个长期而漫长的过程，人民币国际化虽然比"一带一路"倡议更早提出，但人民币的国际化也是漫漫征程，绝非短期可以完成的。无论是"一带一路"还是人民币国际化，都是未来中国经济与全球更深层次融合发展的关键因素，而且两者可以相互促进："一带一路"倡议为人民币国际化提供了天然的实施对象和场所，人民币国际化也将加速"一带一路"建设，并且也是"一带一路"建设的组成部分。

例如，目前中国和俄罗斯之间的石油、天然气都由人民币定价和结算，"矿物燃料、油及其蒸馏产品等"是众多沿线国家对中国出口额最大的产品，中国作为全球第一大能源和矿产品进口国，完全可以利用这一优势逐步推动和"一带一路"经济体的能源和矿产品贸易用人民币定价和结算。另外，欧美国家金融系统高度成熟，人民币国际化要想在这些国家有所突破可能难度系数较大，但是采取"先易后难"的策略，在"一带一路"主要经济体推动人民币国际化，也更容易取得突破和成绩，也符合先"区域化"再"国际化"的整体发展进程。

### （四）利用优惠政策引导更多企业向沿线经济体投资

"一带一路"倡议提出以来，中国对"一带一路"沿线国家的直接投资一直稳步增长。但是和欧美发达国家市场比较，"一带一路"区域所占比例仍然偏低。中国企业到海外进行投资时其决策通常更加市场化，由于大多数企业的国际化程度并不是很高，对海外了解有限，因此发达国家和成熟市场经常成为首选。"一带一路"沿线多数国家由于存在风险相对较高、潜在市场相对较小、投资回报不确定等因素，成为中国企业对外投资的次要选择。因此，国内的政策支持和倾斜十分必要，当然这些优惠政策一定需要建立在市场化商业行为的基础之上，否则，背离市场经济的商业活动很难持续。

最后，我们要特别强调，事实上古代丝绸之路之所以兴盛，经济利益是其核心驱动力。没有了经济利益，丝绸之路也就只能是个历史名词，停留在教科书上。因此，无论"一带一路"倡议的愿景是如何美好和崇高，经济合作永远是主心骨。在经济合作中，必须坚持市场运作，遵循市场规律和国际通行规则，充分发挥市场在资源配置中的决定性作用和各类企业的主体作用，同时发挥好政府的作用。也只有如此，"一带一路"倡议才可以持续、长远发展。

# 附录一　各经济体 2008～2017 年钢铁进出口额

附表 1

**各经济体 2008～2017 年钢铁出口额**

单位：万美元

| 经济体 | 2008 年 | 2009 年 | 2010 年 | 2011 年 | 2012 年 | 2013 年 | 2014 年 | 2015 年 | 2016 年 | 2017 年 |
|---|---|---|---|---|---|---|---|---|---|---|
| 中国 | 5347307 | 1348184 | 2893150 | 3987763 | 3711767 | 3862101 | 5547883 | 4919693 | 4324367 | 4307395 |
| 日本 | 3919977 | 2840160 | 3886361 | 4216402 | 3946675 | 3532104 | 3338303 | 2750444 | 2451078 | 2798005 |
| 德国 | 3933832 | 2327964 | 2937661 | 3564880 | 3143134 | 2910589 | 2907394 | 2309530 | 2170064 | 2637680 |
| 韩国 | 2133398 | 1546395 | 2175123 | 2758106 | 2537502 | 2227541 | 2395819 | 2015402 | 1865821 | 2233453 |
| 俄罗斯 | 2860269 | 1472466 | 1875682 | 2198005 | 2260792 | 2006984 | 2055566 | 1522041 | 1412180 | 1876219 |
| 比利时 | 2753358 | 1459593 | 1773506 | 2220663 | 1789098 | 1777591 | 1669311 | 1380616 | 1344171 | 1737696 |
| 美国 | 2383468 | 1539959 | 1982532 | 2536138 | 2283801 | 1968157 | 1856540 | 1454720 | 1287253 | 1606889 |
| 法国 | 2218520 | 1307983 | 1661584 | 1934661 | 1711184 | 1597012 | 1642656 | 1259393 | 1154410 | 1488356 |
| 荷兰 | 1529013 | 902392 | 1347030 | 1692543 | 1459413 | 1451919 | 1567832 | 1278481 | 1173733 | 1478730 |
| 意大利 | 1895538 | 917531 | 1257254 | 1668095 | 1543957 | 1366870 | 1359350 | 1065501 | 1059789 | 1320402 |
| 巴西 | 1284591 | 672334 | 838800 | 1201389 | 1071104 | 837228 | 960503 | 892702 | 789201 | 1076129 |
| 中国台湾 | 1146771 | 792276 | 1006750 | 1173438 | 1035256 | 1008134 | 1055800 | 796204 | 771601 | 966688 |
| 乌克兰 | 2295444 | 1025134 | 1462651 | 1846495 | 1532833 | 1431927 | 1290707 | 807762 |  | 866735 |
| 印度 | 819868 | 438643 | 699623 | 792559 | 769980 | 1020648 | 908061 | 630818 | 643667 | 832394 |
| 土耳其 | 1494636 | 764101 | 874007 | 1122533 | 1133248 | 991879 | 924417 | 655674 | 618035 | 823826 |

续表

| 经济体 | 2008年 | 2009年 | 2010年 | 2011年 | 2012年 | 2013年 | 2014年 | 2015年 | 2016年 | 2017年 |
|---|---|---|---|---|---|---|---|---|---|---|
| 奥地利 | 973476 | 532834 | 653962 | 829046 | 722203 | 707333 | 729015 | 612817 | 590754 | 727878 |
| 西班牙 | 1196005 | 663095 | 885845 | 1058568 | 940664 | 884736 | 903273 | 698305 | 611410 | 710869 |
| 英国 | 1358328 | 684353 | 895899 | 1138394 | 977162 | 1013306 | 1028041 | 727079 | 535820 | 699443 |
| 瑞典 | 994474 | 463063 | 738186 | 900729 | 749710 | 656724 | 682800 | 558487 | 551224 | 668446 |
| 加拿大 | 848214 | 447231 | 684529 | 777128 | 727847 | 669900 | 717681 | 562182 | 526617 | 664650 |
| 南非 | 905795 | 527065 | 809111 | 816222 | 702906 | 641645 | 695607 | 457091 | 527124 | 603753 |
| 波兰 | 649921 | 283869 | 378200 | 542111 | 513934 | 482591 | 458273 | 353883 | 334276 | 452308 |
| 芬兰 | 624605 | 297539 | 468136 | 552671 | 484564 | 483486 | 493042 | 404856 | 364959 | 431205 |
| 哈萨克斯坦 | 627189 | 297007 | 368394 | 612233 | 589039 | 325249 | 338311 | 250077 | 275090 | 418648 |
| 斯洛伐克 | 510135 | 297137 | 416854 | 469602 | 427528 | 423684 | 409365 | 315905 | 308715 | 401892 |
| 捷克 | 599461 | 282970 | 399908 | 540734 | 482044 | 455072 | 415521 | 322363 | 308384 | 377664 |
| 印度尼西亚 | 168910 | 85391 | 110150 | 135273 | 87513 | 65244 | 114808 | 120329 | 182588 | 334948 |
| 越南 | 179067 | 41102 | 114018 | 185575 | 187188 | 202154 | 250261 | 220382 | 224867 | 272242 |
| 墨西哥 | 483800 | 218665 | 358767 | 426681 | 332638 | 369344 | 352260 | 222913 | 200974 | 254645 |
| 马来西亚 | 231277 | 138096 | 179481 | 223588 | 185537 | 121579 | 127098 | 111344 | 128453 | 231586 |
| 阿联酋 | 76405 | | | | 181190 | 207914 | 194166 | 151937 | 132225 | 194033 |
| 罗马尼亚 | 364584 | 180457 | 285395 | 350787 | 268210 | 226412 | 204016 | 154661 | 140790 | 191110 |
| 卢森堡 | 394511 | 192190 | 239773 | 275255 | 204373 | 194157 | 211062 | 163824 | 150879 | 170617 |
| 新加坡 | 275935 | 155253 | 191798 | 245973 | 225718 | 216730 | 231645 | 167775 | 153727 | 158102 |
| 匈牙利 | 229611 | 93853 | 136684 | 190503 | 176551 | 166735 | 148164 | 100899 | 94432 | 154052 |
| 葡萄牙 | 153272 | 91253 | 116947 | 162352 | 154623 | 152892 | 160960 | 123760 | 118163 | 153158 |

续表

| 经济体 | 2008年 | 2009年 | 2010年 | 2011年 | 2012年 | 2013年 | 2014年 | 2015年 | 2016年 | 2017年 |
|---|---|---|---|---|---|---|---|---|---|---|
| 斯洛文尼亚 | 127346 | 59793 | 91450 | 125021 | 110897 | 138133 | 149841 | 131382 | 120516 | 153100 |
| 伊朗 | 49027 | 72661 | 61976 | 98591 | 106655 | 132593 | 204795 | | 249156 | 137882 |
| 泰国 | 233122 | 105069 | 149391 | 164940 | 267940 | 216457 | 133463 | 94615 | 97947 | 136339 |
| 中国香港 | 278544 | 161463 | 218592 | 225873 | 191448 | 177637 | 186249 | 148267 | 128660 | 133558 |
| 丹麦 | 235798 | 106276 | 146034 | 175560 | 136532 | 126886 | 145959 | 104840 | 109962 | 131867 |
| 瑞士 | 185263 | 87176 | 135482 | 170498 | 136345 | 137860 | 132096 | 106706 | 99035 | 123266 |
| 澳大利亚 | 188219 | 103894 | 173268 | 196983 | 148667 | 131452 | 133471 | 93066 | 76061 | 121686 |
| 挪威 | 184512 | 90101 | 124126 | 143489 | 141091 | 130661 | 135033 | 102951 | 95315 | 115717 |
| 埃及 | 122216 | 55669 | 87290 | 115759 | 77504 | 97142 | 62189 | 29104 | 45722 | 85940 |
| 白俄罗斯 | 147577 | 74301 | 95184 | 122915 | 122318 | 97475 | 104374 | 78373 | 62147 | 80390 |
| 新喀里多尼亚 | 80918 | 55135 | 68638 | 85405 | 67788 | 56052 | 86000 | 60677 | 63674 | 79613 |
| 塞尔维亚 | 152131 | 67468 | 105397 | 110144 | 46550 | 47696 | 53706 | 49204 | 47622 | 74874 |
| 保加利亚 | 139051 | 61784 | 87532 | 124456 | 92293 | 81916 | 72819 | 45548 | 44240 | 60314 |
| 希腊 | 97847 | 51442 | 70171 | 119216 | 81557 | 62097 | 55442 | 37195 | 38496 | 59594 |
| 阿曼 | 7547 | 4224 | 7434 | 55753 | 56493 | 75143 | 57864 | 51257 | 44358 | 58886 |
| 特立尼达和多巴哥 | 69271 | 31813 | 57000 | 80747 | 51932 | 150680 | 114966 | 58368 | 37865 | 56767 |
| 沙特 | 110493 | 58307 | 65688 | 81771 | 63308 | 73980 | 42451 | 39086 | 34429 | 54752 |
| 立陶宛 | 49212 | 23406 | 33691 | 48420 | 47528 | 39156 | 41578 | 30975 | 32291 | 50624 |
| 拉脱维亚 | 100472 | 49516 | 72846 | 100304 | 106536 | 67594 | 52879 | 42348 | 34291 | 49587 |
| 哥伦比亚 | 110456 | 89267 | 119315 | 103500 | 104729 | 82699 | 77251 | 49940 | 38986 | 44528 |
| 格鲁吉亚 | 41047 | 19705 | 41826 | 43853 | 37227 | 36512 | 40485 | 24106 | 20443 | 36906 |

续表

| 经济体 | 2008年 | 2009年 | 2010年 | 2011年 | 2012年 | 2013年 | 2014年 | 2015年 | 2016年 | 2017年 |
|---|---|---|---|---|---|---|---|---|---|---|
| 北马其顿 |  | 49167 | 69995 | 91679 | 75548 | 72315 | 66312 | 51042 | 36098 | 36789 |
| 缅甸 |  |  | 0 | 1 | 4 | 36 | 18933 | 19995 | 12451 | 36325 |
| 委内瑞拉 | 165327 | 88907 | 107294 | 98883 | 38553 | 30342 | 38958 | 44784 | 28879 | 35082 |
| 爱沙尼亚 | 73074 | 25200 | 45734 | 62679 | 59940 | 36054 | 33037 | 21659 | 22015 | 33153 |
| 巴林 | 6371 | 6232 | 12218 | 30088 | 10815 | 54670 | 63148 | 33609 | 34495 | 31534 |
| 新西兰 | 52849 | 36232 | 42113 | 53808 | 48999 | 47247 | 38851 | 30403 | 26426 | 30577 |
| 危地马拉 | 17041 | 12473 | 14817 | 20391 | 15806 | 12968 | 16669 | 25053 | 23095 | 30501 |
| 波黑 | 33840 | 16473 | 28852 | 43898 | 40454 | 36030 | 38788 | 26523 | 22116 | 26573 |
| 卡塔尔 | 30272 | 50294 | 74636 | 51106 | 130546 | 112716 | 119710 | 74312 | 29485 | 25394 |
| 爱尔兰 | 31189 | 15667 | 24366 | 36515 | 29827 | 23796 | 26982 | 19093 | 18475 | 24353 |
| 多明尼加 | 74760 | 14044 | 16670 | 58456 | 46893 | 35502 | 19778 | 10639 | 16928 | 23162 |
| 智利 | 93329 | 30968 | 46169 | 65060 | 49125 | 34691 | 47559 | 19359 | 16914 | 23075 |
| 津巴布韦 | 6138 | 4373 | 20460 | 11748 | 13417 | 15938 | 28288 | 16496 | 12252 | 21488 |
| 阿尔巴尼亚 | 13586 | 4592 | 17994 | 25858 | 22245 | 19802 | 20120 | 15062 | 12179 | 19147 |
| 克罗地亚 | 22977 | 9598 | 14725 | 26649 | 22320 | 21353 | 24489 | 17001 | 13740 | 15946 |
| 哥斯达黎加 | 18359 | 7500 | 12230 | 14602 | 26537 | 15303 | 13768 | 9903 | 10799 | 15873 |
| 利比亚 | 23164 | 9932 | 24022 | 10567 | 12059 | 12061 | 15001 | 9807 | 9139 | 15162 |
| 冰岛 | 15377 | 15449 | 18119 | 22639 | 18581 | 18046 | 17624 | 15192 | 14226 | 14459 |
| 阿根廷 | 59991 | 51317 | 50449 | 51667 | 54931 | 46028 | 40721 | 23834 | 16952 | 14098 |
| 秘鲁 | 14549 | 11933 | 12402 | 13670 | 16808 | 15227 | 15007 | 13000 | 12854 | 13967 |
| 萨尔瓦多 | 17551 | 10137 | 13039 | 17979 | 16639 | 16837 | 12187 | 12443 | 11907 | 13669 |

续表

| 经济体 | 2008年 | 2009年 | 2010年 | 2011年 | 2012年 | 2013年 | 2014年 | 2015年 | 2016年 | 2017年 |
|---|---|---|---|---|---|---|---|---|---|---|
| 摩洛哥 | 24923 | 9984 | 14954 | 20861 | 17459 | 14498 | 8945 | 6280 | 9149 | 12948 |
| 不丹 | 656 | 12325 | 16363 | 16843 | 18432 | 11200 | 10897 | 11355 | 8552 | 11142 |
| 菲律宾 | 38716 | 15363 | 20832 | 16176 | 10625 | 11284 | 13709 | 7416 | 7811 | 10713 |
| 肯尼亚 | 14637 | 10448 | 13060 | 17902 | 15377 | 15154 | 12497 | 11020 | 11619 | 10712 |
| 以色列 | 23951 | 15467 | 33033 | 29857 | 24187 | 14071 | 14889 | 9438 | 6209 | 10057 |
| 黎巴嫩 | 21548 | 10073 | 18849 | 24761 | 14912 | 16244 | 9913 | 4720 | 5334 | 9274 |
| 亚美尼亚 | 21447 | 9329 | 12982 | 13412 | 11898 | 10520 | 11006 | 5579 | 6631 | 8724 |
| 朝鲜 | 19437 | 11115 | 18467 | 20744 | 15801 | 13032 | 13403 | 8946 | 7598 | 8316 |
| 赞比亚 | 1028 | 812 | 1712 | 5455 | 5480 | 5498 | 7452 | 4971 | 4371 | 7759 |
| 科威特 | 4123 | 9810 | 13619 | 14266 | 20564 | 17533 | 20126 | 7106 | 6871 | 7711 |
| 乌干达 | 6590 | 5698 | 5418 | 7821 | 8331 | 9432 | 9313 | 8660 | 7084 | 6595 |
| 洪都拉斯 | 5977 | 3485 | 6682 | 6491 | 8839 | 11445 | 10404 | 10197 | 6405 | 6426 |
| 巴基斯坦 | 3748 | 1828 | 3129 | 4708 | 3786 | 4174 | 5531 | 2917 | 5141 | 5083 |
| 阿塞拜疆 | 4990 | 2005 | 7699 | 9431 | 5867 | 4293 | 908 | 1830 | 3899 | 4594 |
| 尼泊尔 |  | 9159 | 10680 | 11701 | 9038 | 9269 | 7888 | 4176 | 3381 | 4264 |
| 阿富汗 | 0 | 0 | 0 | 0 | 0 | 0 | 0 | 0 | 0 | 3989 |
| 突尼斯 | 23010 | 10382 | 16618 | 13440 | 8197 | 6922 | 5458 | 3790 | 2757 | 3954 |
| 多哥 | 4609 | 3845 | 4336 | 3703 | 3183 | 2095 | 1954 | 1817 | 1694 | 3550 |
| 约旦 | 8453 | 5857 | 8175 | 11921 | 5373 | 9180 | 5716 | 3678 | 2899 | 3385 |
| 黑山 | 12625 | 4456 | 3499 | 6262 | 3661 | 3515 | 2258 | 2735 | 1762 | 2877 |
| 古巴 | 9045 | 4995 | 8326 | 12050 | 9777 | 9570 | 7053 | 4593 | 3087 | 2811 |

续表

| 经济体 | 2008年 | 2009年 | 2010年 | 2011年 | 2012年 | 2013年 | 2014年 | 2015年 | 2016年 | 2017年 |
|---|---|---|---|---|---|---|---|---|---|---|
| 加蓬 | 406 | 338 | 1482 | 2711 | 2566 | 2324 | 798 | 755 | 1899 | 2754 |
| 巴拿马 | 3772 | 2173 | 4062 | 5746 | 659 | 385 | 451 | 226 | 3021 | 2666 |
| 吉尔吉斯斯坦 | 1233 | 413 | 1168 | 2999 | 3269 | 3542 | 1953 | 934 | 1616 | 2506 |
| 塞内加尔 | 11527 | 8428 | 9964 | 15042 | 13732 | 11828 | 8363 | 5101 | 4231 | 2018 |
| 孟加拉国 | 3587 | 3937 | 4682 | 5265 | 4099 | 3154 | | 1891 | 1488 | 1922 |
| 塞浦路斯 | 3214 | 2033 | 3377 | 6056 | 5323 | 3670 | 2855 | 1598 | 1224 | 1896 |
| 尼日利亚 | 391 | 27 | 3393 | 3982 | 2007 | 2996 | 461 | 231 | 526 | 1715 |
| 巴拉圭 | 3853 | 1412 | 2351 | 2861 | 2750 | 2551 | 2954 | 1795 | 937 | 1698 |
| 也门 | 609 | 628 | 901 | 4035 | 3026 | 4650 | 5344 | 127 | 72 | 1637 |
| 贝宁 | 5890 | 4136 | 3642 | 6038 | 6813 | 6916 | 5330 | 3251 | 2053 | 1625 |
| 海地 | | | | | | 3527 | 1220 | 4624 | 1365 | 1605 |
| 巴勒斯坦 | 4884 | 2879 | 4100 | 6872 | 6403 | 5566 | 5309 | 3929 | 2788 | 1546 |
| 尼加拉瓜 | 2329 | 1205 | 1715 | 1878 | 1114 | 1268 | 1231 | 656 | 1144 | 1535 |
| 中国澳门 | 1014 | 371 | 0 | 525 | 549 | 0 | 1323 | 621 | 659 | 1458 |
| 坦桑尼亚 | 5496 | 1290 | 2391 | 3837 | 3214 | 3349 | 2499 | 7607 | 975 | 1338 |
| 乌拉圭 | 1674 | 610 | 172 | 106 | 214 | 103 | 101 | 101 | 340 | 1320 |
| 厄瓜多尔 | 5281 | 2306 | 1669 | 2338 | 1751 | 1732 | 1735 | 1685 | 1210 | 1208 |
| 牙买加 | 2010 | 1215 | 1681 | 2188 | 132 | 1387 | 2230 | 716 | 748 | 1172 |
| 几内亚 | 299 | 220 | 408 | 481 | 196 | 195 | 170 | 91 | 698 | 1022 |
| 阿尔及利亚 | 31256 | 10500 | 7745 | 5873 | 3487 | 2177 | 1177 | 482 | 1 | 937 |
| 马耳他 | 937 | 614 | 900 | 1416 | 1145 | 800 | 811 | 784 | 563 | 914 |

续表

| 经济体 | 2008年 | 2009年 | 2010年 | 2011年 | 2012年 | 2013年 | 2014年 | 2015年 | 2016年 | 2017年 |
|---|---|---|---|---|---|---|---|---|---|---|
| 塞拉利昂 | 1972 | 517 | 925 | 1118 | 1336 | 2254 | 411 | 14 | 204 | 913 |
| 加纳 | 532 | 106 | 101 | 171 | 64 | 35 | 19 | 191 | 3151 | 884 |
| 刚果 |  |  |  |  |  |  |  |  | 93 | 882 |
| 玻利维亚 | 338 | 189 | 715 | 1138 | 1119 | 1038 | 1096 | 774 | 369 | 799 |
| 纳米比亚 | 1575 | 2307 | 2566 | 2101 | 1948 | 2176 | 2178 | 1288 | 1093 | 706 |
| 博茨瓦纳 | 1618 | 1166 | 1407 | 2266 | 3017 | 3735 | 1455 | 763 | 758 | 695 |
| 文莱达鲁萨兰 | 792 | 358 | 1151 | 1132 | 1813 | 1837 | 2171 | 1394 | 1573 | 692 |
| 莫桑比克 | 2142 | 1313 | 939 | 997 | 2115 | 1962 | 1579 | 385 | 169 | 681 |
| 斯里兰卡 | 510 | 211 | 187 | 301 | 364 | 181 | 223 | 235 | 537 | 605 |
| 巴哈马 | 1692 | 555 | 1314 | 1637 | 1121 | 759 | 353 | 85 | 36 | 570 |
| 利比里亚 | 2044 | 1071 | 1005 | 1360 | 1012 | 987 | 817 | 982 | 385 | 540 |
| 巴布亚新几内亚 |  |  |  | 4013 | 643 | 1503 | 1671 | 490 | 248 | 465 |
| 乌兹别克 | 21941 | 12512 | 20345 | 11220 | 9750 | 10919 | 15586 | 9113 | 6102 | 430 |
| 阿鲁巴 | 0 | 17 | 24 | 170 | 233 | 273 | 281 | 148 | 531 | 415 |
| 冈比亚 | 202 | 102 | 67 | 21 | 15 | 42 | 142 | 17 | 6 | 365 |
| 苏丹 |  |  |  |  | 240 |  |  | 143 | 19 | 349 |
| 苏里南 |  | 215 | 195 | 430 | 697 | 498 | 349 |  | 284 | 346 |
| 摩尔多瓦 | 5121 | 219 | 1611 | 3597 | 1502 | 4107 | 574 | 197 | 260 | 294 |
| 斯威士兰 | 125 |  |  | 554 | 583 | 441 | 405 | 166 | 114 | 285 |
| 柬埔寨 |  | 131 | 269 | 3 | 36 | 87 | 139 | 22 | 10 | 282 |
| 刚果 | 1198 | 382 | 678 | 3582 | 881 | 901 | 857 | 965 | 154 | 242 |

续表

| 经济体 | 2008年 | 2009年 | 2010年 | 2011年 | 2012年 | 2013年 | 2014年 | 2015年 | 2016年 | 2017年 |
|---|---|---|---|---|---|---|---|---|---|---|
| 库拉索 | 756 | 631 | 451 | 1134 | 756 | 938 | 975 | 221 | 256 | 207 |
| 圭亚那 | 270 | 238 | 225 | 280 | 580 | 347 | 363 | 123 | 4 | 198 |
| 卢旺达 |  | 0 | 0 | 179 | 527 | 530 | 1198 | 192 | 260 | 184 |
| 安哥拉 |  |  |  | 0 | 0 | 0 | 0 | 0 | 147 | 180 |
| 马尔代夫 | 124 | 131 | 199 | 187 | 201 | 174 | 165 | 111 | 82 | 179 |
| 巴巴多斯 | 388 | 158 | 95 | 153 | 122 | 135 | 178 | 131 | 142 | 175 |
| 赤道几内亚 | 67 | 67 | 17 | 90 | 434 | 357 | 234 | 340 | 426 | 162 |
| 毛里求斯 | 1891 | 826 | 1097 | 1824 | 1172 | 1042 | 835 | 683 | 390 | 153 |
| 马拉维 | 33 | 286 | 123 | 51 | 17 | 85 | 582 | 135 | 82 | 150 |
| 法罗群岛 | 148 | 83 | 69 | 123 | 162 | 178 | 233 | 125 | 121 | 140 |
| 多米尼加 | 0 | 1 | 3 | 13 | 4 | 0 | 90 | 91 | 221 | 138 |
| 斐济 | 621 | 436 | 760 | 1014 | 794 | 566 | 604 | 463 | 456 | 129 |
| 喀麦隆 | 3853 | 1568 | 1908 | 3182 | 3587 | 3002 | 2785 | 2778 | 2006 | 127 |
| 佛得角 | 0 | 25 | 48 | 79 | 729 | 193 | 135 | 73 | 0 | 114 |
| 托克劳 | 6 | 96 | 319 | 2226 | 12 | 20 | 17 | 4 | 10 | 108 |
| 英属维尔京群岛 | 191 | 164 | 94 | 297 | 72 | 1534 | 654 | 67 | 119 | 102 |
| 塞舌尔 | 0 |  | 1 | 1 | 52 | 11 | 0 | 6 | 3 | 102 |
| 北马里亚纳群岛 | 218 | 31 | 47 | 10 | 49 | 54 | 27 | 16 | 25 | 90 |
| 安提瓜和巴布达 |  | 73 | 76 | 58 | 60 | 181 | 144 | 86 | 49 | 89 |
| 直布罗陀 | 154 | 404 | 435 | 218 | 125 | 128 | 208 | 114 | 58 | 86 |
| 蒙古国 |  |  | 31 | 52 | 66 | 41 | 35 | 32 | 38 | 84 |

续表

| 经济体 | 2008年 | 2009年 | 2010年 | 2011年 | 2012年 | 2013年 | 2014年 | 2015年 | 2016年 | 2017年 |
|---|---|---|---|---|---|---|---|---|---|---|
| 科特迪瓦 | 4181 | 3605 | 3259 | 4137 | 4993 | 3300 | 3480 | 2553 | 3758 | 71 |
| 尼日尔 | 13 | 1 | 12 | 41 | 18 | 7 | 8 | 21 | 17 | 60 |
| 伯利兹 | 0 | 0 | 0 | 128 | 100 | 78 | 76 | 33 | 36 | 57 |
| 莱索托 | 67 | 6 | 1 | 19 | 34 | 13 | 19 | 27 | 32 | 51 |
| 格陵兰 | 26 | 14 | 39 | 100 | 86 | 45 | 265 | 50 | 69 | 47 |
| 老挝 | | | 15 | 101 | 44 | 24 | 27 | 52 | 352 | 45 |
| 布隆迪 | 180 | 211 | 204 | 189 | 176 | 279 | 333 | 184 | 162 | 44 |
| 开曼群岛 | 0 | 8 | 77 | 245 | 226 | 75 | 216 | 14 | 6 | 43 |
| 特克斯和凯科斯群岛 | | | | 15 | 9 | 583 | 94 | 107 | 50 | 38 |
| 萨摩亚 | 54 | 20 | 22 | 35 | 36 | 50 | 42 | 16 | 16 | 36 |
| 圣卢西亚 | 173 | 155 | 211 | | 97 | 197 | 117 | 566 | 106 | 35 |
| 安道尔 | 312 | 15 | 135 | 244 | 210 | 178 | 223 | 34 | 73 | 34 |
| 马绍尔群岛 | 341 | 44 | 100 | 73 | 43 | 258 | 388 | 305 | 35 | 32 |
| 格林纳达 | 81 | 86 | 285 | 112 | 216 | 117 | 76 | 33 | 18 | 31 |
| 几内亚比绍 | 306 | 3 | 20 | 366 | 241 | 206 | 155 | 52 | 10 | 29 |
| 科摩罗 | 5 | 13 | | 16 | 2 | 0 | 101 | 35 | 10 | 27 |
| 帕劳 | | | | | 12 | | 10 | 3 | 3 | 27 |
| 法属波利尼西亚 | 10 | | 107 | 100 | 113 | 13 | 20 | 18 | 19 | 26 |
| 马里 | 421 | | 583 | 879 | 684 | | | | 595 | 23 |

续表

| 经济体 | 2008年 | 2009年 | 2010年 | 2011年 | 2012年 | 2013年 | 2014年 | 2015年 | 2016年 | 2017年 |
|---|---|---|---|---|---|---|---|---|---|---|
| 圣多美和普林西比 | 0 | 0 | 0 | 0 | 0 | 6 | 1 | 12 | 10 | 22 |
| 东帝汶 |  |  |  |  |  | 2 | 51 | 21 | 6 | 21 |
| 圣文森特和格林纳丁斯 | 169 | 201 | 224 | 226 | 242 | 207 | 179 | 155 | 161 | 20 |
| 塔吉克斯坦 |  |  |  |  |  |  | 155 | 324 | 260 | 20 |
| 叙利亚 | 37723 | 3699 | 3896 | 4991 | 6038 | 7392 | 1485 | 114 | 17 | 19 |
| 安圭拉 | 0 | 8 | 23 | 82 | 8 | 4 | 2 | 3 | 50 | 15 |
| 瓦努阿图 |  | 26 | 5 | 90 | 240 | 31 | 29 | 5 | 12 | 15 |
| 索马里 | 37 | 23 | 8 | 3 | 8 | 5 |  | 24 | 3 | 10 |
| 库克群岛 | 45 | 3 | 8 | 23 | 38 | 6 | 7 | 5 | 5 | 9 |
| 百慕大 |  |  |  |  | 3 | 9 | 0 | 0 | 0 | 7 |
| 汤加 | 168 | 14 | 8 | 22 | 36 | 41 | 21 | 10 | 2 | 7 |
| 吉布提 |  | 57 | 38 | 191 | 181 | 218 | 92 | 60 | 7 | 7 |
| 马达加斯加 | 684 | 446 | 1103 | 1638 | 1225 | 19 | 214 | 24 | 39 | 6 |
| 布基纳法索 | 404 | 578 | 366 | 383 | 281 | 477 | 1019 | 880 | 924 | 5 |
| 伊拉克 |  |  |  |  |  |  | 0 | 6 | 1 | 5 |
| 中非共和国 | 53 | 0 | 0 | 1 | 0 | 0 | 4 | 0 | 0 | 5 |
| 南苏丹 |  |  |  | 7 | 15 | 7 | 9 | 45 | 187 | 5 |
| 埃塞俄比亚 | 386 | 25 | 56 | 49 | 3 | 79 | 14 | 1 | 4 | 4 |
| 瑙鲁 | 19 | 0 |  |  | 23 |  | 0 | 12 | 2 | 3 |

续表

| 经济体 | 2008 年 | 2009 年 | 2010 年 | 2011 年 | 2012 年 | 2013 年 | 2014 年 | 2015 年 | 2016 年 | 2017 年 |
|---|---|---|---|---|---|---|---|---|---|---|
| 基里巴斯 | 4 | 8 | 0 | 0 | 0 | 0 | | 0 | 9 | 2 |
| 厄立特里亚 | 48 | 9 | 51 | 138 | 3 | 3 | 14 | 14 | 0 | 2 |
| 土库曼斯坦 | 86 | 13 | 103 | 12 | 118 | 466 | 78 | 14 | 66 | 2 |
| 所罗门群岛 | 0 | 3 | 3 | 36 | | 52 | 25 | 10 | 3 | 2 |
| 圣基茨和尼维斯 | 2 | 1 | 1 | 3 | 27 | 1 | 1 | 5 | 24 | 2 |
| 毛里塔尼亚 | 74 | 274 | 273 | 745 | 2043 | 968 | 954 | 496 | 87 | 1 |
| 密克罗尼西亚联邦 | 0 | 0 | 0 | 0 | 0 | 0 | 90 | 7 | 7 | 1 |
| 图瓦卢 | 8 | 0 | 3 | 17 | 2 | 1 | 0 | | | 1 |
| 圣赫勒拿岛 | 42 | 12 | 2 | | 5 | | 14 | 10 | 2 | 0 |
| 福克兰群岛 | 1 | 5 | 1 | 3 | 0 | 2 | 23 | 2 | 1 | 0 |
| 乍得 | | 36 | | 1 | 1 | 251 | 1 | 25 | | 0 |
| 诺福克岛 | 22 | 5 | 2 | 118 | 3 | 16 | 3 | 6 | | 0 |
| 皮特凯恩 | | 3 | | | | | | | | |
| 圣皮埃尔和密克隆 | | 6 | | | 15 | 105 | 0 | 0 | 0 | 0 |
| 纽埃 | 34 | 7 | | | 0 | | 1 | 1 | | 0 |
| 塞尔维亚和黑山 | | | | | | | | | | |
| 马约特 | 6 | 17 | 5 | 5 | 10 | 5 | 0 | 0 | | |
| 荷属安的列斯 | 3 | 185 | 379 | | | | | | | |
| 蒙特塞拉特 | 0 | 1 | 0 | 0 | 3 | 0 | | 0 | | |

注：数据来源于国际贸易中心（ITC, international trade center）。空格表示没有记录。

附表2

**各经济体2008～2017年钢铁进口额**

单位：万美元

| 经济体 | 2008年 | 2009年 | 2010年 | 2011年 | 2012年 | 2013年 | 2014年 | 2015年 | 2016年 | 2017年 |
|---|---|---|---|---|---|---|---|---|---|---|
| 德国 | 4062494 | 2144682 | 2938672 | 3818909 | 3112553 | 2973759 | 3044145 | 2498597 | 2304266 | 2896011 |
| 美国 | 3360898 | 1305270 | 2251668 | 2966695 | 3045243 | 2673209 | 3600022 | 2786582 | 2266765 | 2884237 |
| 中国 | 2453400 | 2781649 | 2532624 | 2838064 | 2328040 | 2133556 | 2116720 | 1815247 | 1691777 | 2149251 |
| 意大利 | 3303952 | 1308363 | 1937613 | 2486762 | 1844110 | 1833914 | 1901228 | 1646518 | 1437793 | 1855218 |
| 土耳其 | 2316024 | 1135164 | 1612080 | 2042424 | 1964204 | 1869089 | 1757589 | 1477509 | 1257546 | 1676199 |
| 韩国 | 3578502 | 1844262 | 2487060 | 2843822 | 2382200 | 2037208 | 2195744 | 1541025 | 1432257 | 1654811 |
| 比利时 | 1958117 | 928192 | 1229144 | 1663088 | 1228683 | 1236386 | 1192331 | 976560 | 959879 | 1286919 |
| 法国 | 2222877 | 1140694 | 1446207 | 1810183 | 1440094 | 1372548 | 1342386 | 1058911 | 979448 | 1245434 |
| 荷兰 | 1375190 | 738097 | 1011642 | 1329486 | 1176947 | 1241275 | 1266166 | 1025523 | 988315 | 1175790 |
| 泰国 | 1360532 | 688111 | 1099940 | 1311391 | 1402256 | 1371780 | 1196796 | 958890 | 953113 | 1064531 |
| 墨西哥 | 876313 | 518529 | 726404 | 831597 | 1015141 | 867444 | 958119 | 940681 | 861325 | 1020730 |
| 越南 | 778263 | 615029 | 713441 | 768771 | 754682 | 809479 | 929038 | 872484 | 910861 | 1012392 |
| 西班牙 | 1686963 | 742525 | 1047311 | 1253389 | 996782 | 969472 | 1011320 | 825464 | 732610 | 954889 |
| 印度尼西亚 | 828188 | 435662 | 637155 | 858055 | 1013889 | 955361 | 835442 | 631654 | 618006 | 845721 |
| 波兰 | 977466 | 499618 | 651802 | 857436 | 748773 | 760999 | 829444 | 670884 | 658010 | 842119 |
| 中国台湾 | 1496608 | 671122 | 1125602 | 1282698 | 1087950 | 989452 | 1035813 | 721508 | 644555 | 798109 |
| 印度 | 1077243 | 846268 | 1070134 | 1294548 | 1373963 | 1011891 | 1129314 | 1170805 | 871365 | 787094 |
| 日本 | 1131864 | 491061 | 850116 | 1137235 | 921601 | 738411 | 852447 | 618481 | 567970 | 735632 |
| 加拿大 | 880151 | 480311 | 747994 | 861437 | 853833 | 741199 | 860986 | 640647 | 586115 | 716410 |
| 英国 | 1035591 | 461449 | 657685 | 879678 | 753036 | 633847 | 724160 | 561544 | 504446 | 603180 |
| 捷克 | 756085 | 370374 | 527635 | 679964 | 623090 | 601673 | 582935 | 483755 | 466255 | 598781 |

续表

| 经济体 | 2008 年 | 2009 年 | 2010 年 | 2011 年 | 2012 年 | 2013 年 | 2014 年 | 2015 年 | 2016 年 | 2017 年 |
|---|---|---|---|---|---|---|---|---|---|---|
| 马来西亚 | 653218 | 364898 | 542012 | 629614 | 606261 | 600191 | 598995 | 475407 | 459132 | 520727 |
| 俄罗斯 | 637209 | 332463 | 441004 | 630328 | 640258 | 589171 | 570195 | 330120 | 303268 | 482567 |
| 瑞典 | 698528 | 307565 | 481929 | 606275 | 477932 | 435675 | 427920 | 349964 | 358606 | 458411 |
| 奥地利 | 642307 | 297373 | 397186 | 523229 | 440694 | 418338 | 437918 | 362788 | 357298 | 446358 |
| 菲律宾 | 158853 | 87017 | 118332 | 126880 | 129334 | 137264 | 167230 | 171944 | 303709 | 381461 |
| 巴基斯坦 | 162942 | 168349 | 169523 | 168047 | 184769 | 184094 | 230183 | 255175 | 275602 | 341887 |
| 埃及 | 494574 | 356362 | 312577 | 360032 | 430742 | 393569 | 433935 | 371864 | 284207 | 324381 |
| 阿联酋 | 1248479 | | | | 527453 | 501634 | 600561 | 353618 | 303697 | 321089 |
| 罗马尼亚 | 395582 | 167315 | 239354 | 333401 | 274091 | 257968 | 279047 | 237742 | 224594 | 293871 |
| 斯洛伐克 | 308897 | 159725 | 222864 | 272640 | 252830 | 266595 | 255158 | 214935 | 211607 | 268760 |
| 葡萄牙 | 393030 | 205242 | 242338 | 288181 | 239577 | 252920 | 258253 | 218061 | 196095 | 267033 |
| 沙特 | 677656 | 253562 | 460720 | 609642 | 781989 | 599247 | 563166 | 469165 | 319763 | 257529 |
| 瑞士 | 399048 | 198426 | 286975 | 358063 | 288457 | 283783 | 281248 | 218494 | 211162 | 253724 |
| 匈牙利 | 315901 | 132752 | 167992 | 237157 | 222922 | 258635 | 247006 | 183116 | 192433 | 243865 |
| 阿尔及利亚 | 335591 | 252413 | 196729 | 299639 | 344081 | 325547 | 358639 | 303458 | 224737 | 241298 |
| 新加坡 | 520700 | 247035 | 305408 | 458527 | 397305 | 399443 | 381939 | 286643 | 215859 | 240291 |
| 芬兰 | 404488 | 175331 | 298746 | 340816 | 291915 | 265023 | 285770 | 212689 | 195199 | 235580 |
| 伊朗 | 801568 | 682180 | 818769 | 765166 | 529237 | 302833 | 349345 | | 187480 | 209619 |
| 孟加拉国 | 103866 | 119230 | 131358 | 180028 | 188553 | 171421 | | 240767 | 206368 | 203672 |
| 丹麦 | 391288 | 140589 | 186059 | 248661 | 209571 | 213737 | 215056 | 169001 | 157968 | 195101 |

续表

| 经济体 | 2008 年 | 2009 年 | 2010 年 | 2011 年 | 2012 年 | 2013 年 | 2014 年 | 2015 年 | 2016 年 | 2017 年 |
|---|---|---|---|---|---|---|---|---|---|---|
| 巴西 | 332286 | 219293 | 472182 | 395337 | 367757 | 324835 | 338465 | 247595 | 136436 | 192499 |
| 中国香港 | 386596 | 208777 | 290660 | 288389 | 256408 | 245423 | 239694 | 201375 | 168181 | 188320 |
| 斯洛文尼亚 | 206674 | 98858 | 134110 | 163891 | 139278 | 159661 | 166897 | 144190 | 140013 | 177748 |
| 白俄罗斯 | 276861 | 124244 | 210927 | 254481 | 230923 | 212173 | 165446 | 106737 | 105978 | 151543 |
| 澳大利亚 | 323440 | 162286 | 230295 | 222994 | 220215 | 159231 | 163238 | 132251 | 114284 | 147353 |
| 哥伦比亚 | 186306 | 88668 | 138707 | 173600 | 186939 | 173498 | 201237 | 159694 | 125206 | 134835 |
| 以色列 | 149065 | 83436 | 116626 | 151280 | 136865 | 146002 | 136649 | 126969 | 113328 | 132545 |
| 卢森堡 | 297318 | 139998 | 190577 | 223700 | 191557 | 174533 | 168060 | 122312 | 112541 | 132141 |
| 秘鲁 | 159465 | 87386 | 148747 | 155526 | 167468 | 159478 | 149487 | 134877 | 117683 | 131439 |
| 阿根廷 | 169242 | 72465 | 142261 | 154712 | 138304 | 116129 | 100079 | 108667 | 65605 | 126439 |
| 摩洛哥 | 218130 | 120791 | 118041 | 158298 | 141345 | 153385 | 144012 | 132012 | 127624 | 126319 |
| 希腊 | 339438 | 151398 | 143055 | 169900 | 104287 | 102093 | 109167 | 83397 | 95000 | 121020 |
| 智利 | 174479 | 54053 | 152461 | 137020 | 155640 | 132506 | 127683 | 114911 | 93276 | 118281 |
| 保加利亚 | 196717 | 70277 | 84177 | 133682 | 105732 | 109115 | 102047 | 91944 | 88155 | 115603 |
| 乌克兰 | 329925 | 111752 | 192137 | 277686 | 229928 | 223172 | 129763 | 68573 |  | 113423 |
| 南非 | 111730 | 73528 | 104165 | 142204 | 125579 | 156093 | 124937 | 108102 | 99379 | 106496 |
| 哈萨克斯坦 | 118345 | 62299 | 49865 | 108211 | 120468 | 114839 | 104946 | 87548 | 65668 | 103325 |
| 缅甸 |  |  | 22140 | 37804 | 40578 | 67540 | 100847 | 104518 | 86364 | 97560 |
| 尼泊尔 |  | 35131 | 49520 | 49369 | 50375 | 68305 | 61421 | 58103 | 84223 | 94782 |
| 科威特 | 153590 | 46043 | 83114 | 91965 | 85935 | 84488 | 97061 | 78279 | 72837 | 93628 |

续表

| 经济体 | 2008 年 | 2009 年 | 2010 年 | 2011 年 | 2012 年 | 2013 年 | 2014 年 | 2015 年 | 2016 年 | 2017 年 |
|---|---|---|---|---|---|---|---|---|---|---|
| 乌兹别克斯坦 | 42443 | 34187 | 47183 | 57296 | 62602 | 76429 | 80855 | 59991 | 53206 | 91486 |
| 挪威 | 173523 | 87334 | 92791 | 121268 | 105383 | 94506 | 97915 | 68931 | 69131 | 80531 |
| 斯里兰卡 | 38919 | 22496 | 29444 | 44655 | 56378 | 47217 | 56846 | 58982 | 59760 | 80229 |
| 阿曼 | 113441 | 47717 | 59386 | 90957 | 103775 | 103725 | 126380 | 99608 | 93862 | 80109 |
| 埃塞俄比亚 | 44369 | 38066 | 31894 | 45317 | 71973 | 64301 | 72712 | 88977 | 89212 | 79928 |
| 厄瓜多尔 | 122404 | 52658 | 68085 | 90103 | 76703 | 94611 | 81096 | 62430 | 45946 | 74408 |
| 肯尼亚 | 49038 | 39780 | 48911 | 66153 | 57561 | 77550 | 73819 | 71498 | 60461 | 73471 |
| 立陶宛 | 79528 | 31656 | 42510 | 62475 | 60074 | 58669 | 62108 | 49590 | 52179 | 70507 |
| 伊拉克 | | | | | | | 77521 | 98699 | 59262 | 70043 |
| 危地马拉 | 64689 | 28556 | 45360 | 61220 | 48689 | 52659 | 56056 | 53347 | 50306 | 62411 |
| 爱尔兰 | 115393 | 39700 | 45255 | 52618 | 51319 | 51277 | 58332 | 53503 | 53534 | 61252 |
| 突尼斯 | 114538 | 55661 | 75718 | 84467 | 62091 | 65942 | 69453 | 53404 | 46613 | 60560 |
| 克罗地亚 | 128213 | 62720 | 58848 | 74750 | 57088 | 55820 | 58983 | 53630 | 52613 | 60495 |
| 拉脱维亚 | 88232 | 35335 | 64812 | 95964 | 89781 | 68480 | 63387 | 49329 | 45793 | 58672 |
| 黎巴嫩 | 79325 | 57606 | 68754 | 89446 | 88622 | 86168 | 81351 | 53325 | 58287 | 58440 |
| 爱沙尼亚 | 85149 | 26954 | 47446 | 70478 | 64543 | 52109 | 51209 | 39425 | 41657 | 57108 |
| 塞尔维亚 | 97451 | 41449 | 47572 | 54198 | 52367 | 55516 | 55632 | 48262 | 38477 | 53953 |
| 哥斯达黎加 | 71328 | 17962 | 41721 | 52843 | 58207 | 46008 | 48041 | 43727 | 41496 | 47716 |
| 北马其顿 | | 33589 | 41916 | 53375 | 40429 | 36352 | 39263 | 31658 | 34433 | 45117 |
| 尼日利亚 | 105429 | 86859 | 66206 | 87554 | 105321 | 95556 | 127916 | 94061 | 49894 | 43675 |

续表

| 经济体 | 2008年 | 2009年 | 2010年 | 2011年 | 2012年 | 2013年 | 2014年 | 2015年 | 2016年 | 2017年 |
|---|---|---|---|---|---|---|---|---|---|---|
| 约旦 | 78541 | 56050 | 46367 | 56915 | 77122 | 74074 | 68930 | 60973 | 55907 | 42273 |
| 多明尼加 | 70892 | 31122 | 46500 | 67711 | 47211 | 46172 | 55636 | 52277 | 36773 | 42165 |
| 也门 | 28118 | 39838 | 30683 | 23491 | 36357 | 43673 | 81361 | 27270 | 30714 | 42013 |
| 加纳 | 26620 | 15764 | 26275 | 40006 | 43129 | 42758 | | | 32158 | 37551 |
| 新西兰 | 55180 | 23110 | 33783 | 38409 | 36645 | 37400 | 39745 | 32792 | 30519 | 34523 |
| 萨尔瓦多 | 40228 | 14660 | 23232 | 29486 | 28612 | 31156 | 27775 | 28009 | 23601 | 32515 |
| 波黑 | 62218 | 20466 | 26574 | 33189 | 25926 | 27317 | 25505 | 22965 | 24999 | 32239 |
| 洪都拉斯 | 36859 | 17512 | 21035 | 30363 | 30968 | 28456 | 22609 | 24071 | 24723 | 31967 |
| 坦桑尼亚 | 35921 | 25332 | 31739 | 39447 | 42622 | 49991 | 38447 | 29792 | 26537 | 31434 |
| 玻利维亚 | 32261 | 26997 | 32222 | 41001 | 41206 | 45093 | 52999 | 44213 | 39998 | 29976 |
| 乌干达 | 29341 | 21035 | 22341 | 26414 | 24201 | 25191 | 25105 | 27956 | 20965 | 28357 |
| 巴拿马 | 42552 | 24099 | 28125 | 36837 | 690 | 669 | 363 | 252 | 226 | 28188 |
| 卡塔尔 | 88003 | 35082 | 54726 | 33394 | 45089 | 40651 | 75125 | 58773 | 53568 | 28050 |
| 阿塞拜疆 | 19211 | 16212 | 22700 | 41605 | 44022 | 38130 | 39452 | 35062 | 26602 | 26442 |
| 苏丹 | | | | | 37497 | | | 27362 | 23882 | 25577 |
| 巴拉圭 | 19289 | 11785 | 19085 | 25365 | 24989 | 28900 | 33943 | 24923 | 19635 | 25159 |
| 塞内加尔 | 23927 | 13859 | 18739 | 24100 | 23615 | 20140 | 18269 | 18419 | 17287 | 23775 |
| 老挝 | | | 7978 | 14951 | 10947 | 20340 | 22502 | 19159 | 18085 | 23723 |
| 吉布提 | | 404 | 9103 | 10807 | 15383 | 8048 | 13344 | 26071 | 25775 | 23709 |
| 科特迪瓦 | 19628 | 15990 | 16672 | 13470 | 19297 | 18715 | 19636 | 21806 | 19662 | 22873 |

续表

| 经济体 | 2008 年 | 2009 年 | 2010 年 | 2011 年 | 2012 年 | 2013 年 | 2014 年 | 2015 年 | 2016 年 | 2017 年 |
|---|---|---|---|---|---|---|---|---|---|---|
| 中国澳门 | 15791 | 4020 | 4539 | 8300 | 12687 |  | 26209 | 21664 | 10951 | 20865 |
| 阿尔巴尼亚 | 24383 | 25039 | 26649 | 33502 | 23775 | 19725 | 23800 | 14899 | 10941 | 17280 |
| 格鲁吉亚 | 23263 | 8392 | 13265 | 15542 | 18571 | 19872 | 20192 | 15912 | 15276 | 17197 |
| 塔吉克斯坦 |  |  |  |  |  |  | 21129 | 21910 | 19129 | 15536 |
| 巴林 | 77881 | 15977 | 27765 | 37298 | 27590 | 33965 | 22653 | 23881 | 22843 | 15421 |
| 叙利亚 | 234885 | 218946 | 128421 | 132329 | 38699 | 16592 | 20928 | 14895 | 9319 | 14570 |
| 赞比亚 | 14387 | 10868 | 14239 | 20510 | 21878 | 23811 | 20125 | 17747 | 12404 | 14555 |
| 吉尔吉斯斯坦 | 8971 | 7809 | 7192 | 11161 | 17117 | 22103 | 22710 | 29621 | 13434 | 14456 |
| 古巴 | 17911 | 13805 | 16852 | 22958 | 16191 | 18730 | 12940 | 20976 | 11935 | 14240 |
| 尼加拉瓜 | 14449 | 9391 | 12358 | 17374 | 20285 | 19174 | 19804 | 18490 | 15200 | 13734 |
| 文莱 | 6472 | 4682 | 6429 | 9268 | 7538 | 5269 | 4078 | 4442 | 5498 | 13314 |
| 乌拉圭 | 18706 | 10230 | 13471 | 18890 | 17940 | 17902 | 14824 | 13133 | 9559 | 13252 |
| 安哥拉 |  | 51387 | 33374 | 50602 | 96078 | 66654 | 90202 | 56000 | 12219 | 13227 |
| 刚果 | 11893 | 7613 | 9493 | 14034 | 15160 | 17440 | 19574 | 15676 | 13420 | 13092 |
| 塞浦路斯 | 45826 | 17126 | 21254 | 17689 | 12011 | 8717 | 7185 | 7235 | 7413 | 11752 |
| 莫桑比克 | 8038 | 9572 | 8532 | 10844 | 15398 | 19697 | 25254 | 16975 | 9246 | 11729 |
| 特立尼达和多巴哥 | 22281 | 9277 | 13787 | 12880 | 12714 | 15077 | 18113 | 16344 | 9560 | 11512 |
| 喀麦隆 | 12215 | 8166 | 9627 | 10760 | 12045 | 12591 | 17041 | 20328 | 17667 | 11278 |
| 津巴布韦 | 3798 | 6292 | 8641 | 12777 | 12919 | 12476 | 12721 | 12275 | 11369 | 10989 |
| 莱索托 | 451 | 587 | 646 | 1232 | 1955 | 2569 | 1655 | 1072 | 1417 | 10734 |

续表

| 经济体 | 2008年 | 2009年 | 2010年 | 2011年 | 2012年 | 2013年 | 2014年 | 2015年 | 2016年 | 2017年 |
|---|---|---|---|---|---|---|---|---|---|---|
| 海地 | | | | | | 13555 | 13954 | 11312 | 9195 | 9818 |
| 委内瑞拉 | 40432 | 40442 | 35702 | 50960 | 122592 | 58099 | 51104 | 49817 | 16485 | 9567 |
| 牙买加 | 17526 | 5141 | 6803 | 8897 | 8590 | 8424 | 8219 | 8775 | 4652 | 9525 |
| 阿富汗 | 37873 | 26060 | 46326 | 49078 | 45884 | 53879 | 41341 | 34606 | 23157 | 8848 |
| 柬埔寨 | 9661 | 5183 | 6362 | 9511 | 9449 | 9765 | 15553 | 16708 | 18575 | 8770 |
| 朝鲜 | 16219 | 8966 | 15464 | 10367 | 9798 | 10182 | 11215 | 12250 | 9977 | 8694 |
| 纳米比亚 | 5655 | 8063 | 8008 | 9290 | 9350 | 9376 | 11271 | 12391 | 9735 | 8627 |
| 摩尔多瓦 | 13364 | 5291 | 7385 | 9994 | 8733 | 10253 | 9642 | 7635 | 7160 | 8427 |
| 黑山 | 15277 | 4780 | 4045 | 5400 | 3989 | 4834 | 4744 | 4157 | 4458 | 8308 |
| 多哥 | 5909 | 4621 | 4897 | 7250 | 5931 | 7335 | 6594 | 6712 | 6674 | 8308 |
| 亚美尼亚 | 16695 | 10033 | 12301 | 11662 | 10249 | 10798 | 10404 | 6621 | 5796 | 8307 |
| 巴布亚新几内亚 | | | | 9817 | 10087 | 8661 | 9053 | 7756 | 6513 | 8056 |
| 马达加斯加 | 11106 | 6531 | 5277 | 6407 | 5669 | 5396 | 8666 | 7204 | 7233 | 7824 |
| 马拉维 | 5971 | 5204 | 6334 | 6789 | 6959 | 8177 | 7925 | 6509 | 5818 | 7372 |
| 博茨瓦纳 | 9257 | 7491 | 10146 | 11993 | 9069 | 10016 | 7291 | 6480 | 5550 | 6930 |
| 几内亚 | 3563 | 2588 | 2436 | 2912 | 4175 | 5477 | 5448 | 5500 | 8066 | 6884 |
| 蒙古国 | | | 3707 | 16148 | 17478 | 20045 | 19803 | 10472 | 5057 | 6874 |
| 土库曼斯坦 | 21875 | 13898 | 24131 | 23607 | 45296 | 46095 | 41502 | 25886 | 14267 | 5823 |
| 贝宁 | 10529 | 7520 | 8014 | 11168 | 13659 | 8131 | 8092 | 6946 | 6080 | 5643 |
| 毛里求斯 | 11342 | 7139 | 9520 | 9616 | 10638 | 9109 | 7375 | 6139 | 5242 | 5528 |

续表

| 经济体 | 2008 年 | 2009 年 | 2010 年 | 2011 年 | 2012 年 | 2013 年 | 2014 年 | 2015 年 | 2016 年 | 2017 年 |
|---|---|---|---|---|---|---|---|---|---|---|
| 索马里 | 1256 | 504 | 457 | 1297 | 3690 | 4837 | 3403 | 4522 | 7208 | 5369 |
| 利比亚 | 17171 | 30911 | 83156 | 8831 | 50647 | 59141 | 36126 | 18610 | 7685 | 5357 |
| 毛里塔尼亚 | 1807 | 1798 | 3691 | 4699 | 5164 | 4662 | 6411 | 5214 | 4684 | 5207 |
| 冰岛 | 8652 | 3482 | 3960 | 4962 | 4103 | 3925 | 4312 | 3744 | 4305 | 4701 |
| 斐济 | 4190 | 2348 | 2943 | 2924 | 3199 | 3476 | 4949 | 2866 | 5291 | 4689 |
| 马尔代夫 | 3812 | 1704 | 1775 | 2299 | 2862 | 1963 | 2536 | 3941 | 5574 | 4183 |
| 卢旺达 | 6083 | 4923 | 6163 | 8298 | 9225 | 8411 | 8263 | 9520 | 6288 | 3185 |
| 圭亚那 | 3066 | 2361 | 3153 | 3727 | 3725 | 4313 | 3700 | 3122 | 2289 | 3023 |
| 利比里亚 | 2295 | 1759 | 2471 | 3253 | 4317 | 3750 | 3549 | 3148 | 2372 | 2991 |
| 塞拉利昂 | | | | | | | 1876 | 2291 | 3333 | 2944 |
| 马耳他 | 6653 | 3722 | 4112 | 3615 | 3064 | 3403 | 3419 | 2617 | 2425 | 2895 |
| 冈比亚 | 207 | 87 | 111 | 292 | 249 | 299 | 396 | 374 | 688 | 2713 |
| 斯威士兰 | | | | 2508 | 2581 | 2469 | 2419 | 2110 | 2058 | 2542 |
| 新喀里多尼亚 | 6088 | 4029 | 5142 | 4639 | 5007 | 3956 | 3533 | 3644 | 2456 | 2465 |
| 布基纳法索 | 8438 | 6251 | 8595 | 8962 | 11579 | 11970 | 18475 | 13318 | 14925 | 2396 |
| 马里 | 11869 | | 16059 | 11382 | 9330 | | | | 8169 | 2331 |
| 加蓬 | 5264 | 2884 | 5124 | 6675 | 6606 | 6429 | 6242 | 3825 | 2560 | 2317 |
| 东帝汶 | | | | | | 601 | 1407 | 1846 | 2183 | 2316 |
| 布隆迪 | 1434 | 854 | 2190 | 3647 | 3678 | 3203 | 2668 | 1915 | 2560 | 2285 |
| 不丹 | 5411 | 4939 | 8404 | 9446 | 12350 | 1545 | 2814 | 2104 | 1099 | 2168 |

续表

| 经济体 | 2008年 | 2009年 | 2010年 | 2011年 | 2012年 | 2013年 | 2014年 | 2015年 | 2016年 | 2017年 |
|---|---|---|---|---|---|---|---|---|---|---|
| 伯利兹 | 2284 | 1182 | 1466 | 1271 | 1599 | 1753 | 1849 | 2095 | 2045 | 2124 |
| 巴哈马 | 2242 | 1609 | 1031 | 3180 | 3495 | 2451 | 1728 | 1366 | 1744 | 2034 |
| 刚果 | 1310 | 1902 | 1548 | 4499 | 7338 | 6625 | 9694 | 7059 | 3414 | 2007 |
| 塞舌尔 | 2740 |  | 3162 | 2500 | 3008 | 1952 | 1692 | 2113 | 2165 | 1883 |
| 苏里南 |  | 2973 | 3485 | 3595 | 4354 | 4028 | 3937 |  | 2395 | 1722 |
| 佛得角 | 3566 | 1694 | 1592 | 2007 | 1893 | 1357 | 1700 | 1332 | 1304 | 1617 |
| 赤道几内亚 | 5586 | 4457 | 6598 | 8064 | 8218 | 7371 | 6042 | 3765 | 1907 | 1509 |
| 巴巴多斯 | 3308 | 2003 | 1545 | 2048 | 1342 | 1024 | 1143 | 1231 | 1038 | 1321 |
| 中非共和国 | 310 | 144 | 291 | 258 | 448 | 224 | 120 | 316 | 222 | 1288 |
| 法属波利尼西亚 | 3170 | 1862 | 2128 | 1948 | 1878 | 1959 | 1693 | 1423 | 1178 | 1056 |
| 所罗门群岛 | 699 | 343 | 596 | 775 |  | 766 | 991 | 860 | 1339 | 954 |
| 尼日尔 | 2194 | 3394 | 3537 | 3041 | 2823 | 3535 | 3865 | 4196 | 2640 | 907 |
| 英属维尔京群岛 | 56875 | 30074 | 21904 | 2835 | 1443 | 3322 | 26151 | 4396 | 445 | 780 |
| 萨摩亚 | 748 | 530 | 590 | 642 | 606 | 945 | 612 | 574 | 501 | 741 |
| 库拉索 |  |  |  | 702 | 799 | 580 | 720 | 817 | 842 | 612 |
| 安提瓜和巴布达 |  | 579 | 337 | 367 | 469 | 602 | 468 | 509 | 624 | 582 |
| 百慕大 |  |  |  |  | 419 | 227 | 92 | 145 | 655 | 576 |
| 科摩罗 | 522 | 936 | 787 | 728 | 616 | 631 | 535 | 779 | 650 | 554 |
| 瓦努阿图 |  | 752 | 442 | 393 | 384 | 391 | 325 | 748 | 730 | 519 |
| 巴勒斯坦 | 7800 | 9568 | 10569 | 11136 | 13701 | 14048 | 14627 | 15292 | 19229 | 509 |

续表

| 经济体 | 2008 年 | 2009 年 | 2010 年 | 2011 年 | 2012 年 | 2013 年 | 2014 年 | 2015 年 | 2016 年 | 2017 年 |
|---|---|---|---|---|---|---|---|---|---|---|
| 圣卢西亚 | 1243 | | | | 677 | 952 | 706 | 653 | 786 | 470 |
| 法罗群岛 | 597 | 285 | 323 | 473 | 432 | 1130 | 511 | 410 | 344 | 452 |
| 安道尔 | 1505 | 707 | 676 | 725 | 320 | 324 | 390 | 347 | 240 | 344 |
| 开曼群岛 | 1787 | 1052 | 455 | 532 | 285 | 330 | 506 | 450 | 386 | 337 |
| 乍得 | 2744 | 5550 | 5099 | 4816 | 7414 | 5882 | 3994 | 2171 | 2082 | 331 |
| 南苏丹 | | | | | 1129 | 1833 | 1988 | 2562 | 1113 | 284 |
| 格陵兰 | 572 | 661 | 843 | 679 | 582 | 509 | 350 | 406 | 382 | 270 |
| 圣文森特和格林纳丁斯 | 943 | 712 | 621 | 903 | 668 | 493 | 625 | 574 | 467 | 266 |
| 北马里亚纳群岛 | 208 | 72 | 95 | 87 | 117 | 104 | 172 | 326 | 469 | 234 |
| 马绍尔群岛 | 160 | 61 | 332 | 599 | 1070 | 643 | 98 | 222 | 378 | 233 |
| 多米尼加 | 597 | 424 | 443 | 452 | 379 | 365 | 572 | 287 | 404 | 227 |
| 密克罗尼西亚联邦 | 262 | 167 | 118 | 161 | 220 | 201 | 188 | 178 | 164 | 222 |
| 格林纳达 | 881 | 448 | 573 | 512 | 407 | 400 | 470 | 425 | 244 | 185 |
| 圣基茨和尼维斯 | 713 | 467 | 390 | 435 | 413 | 490 | 461 | 276 | 213 | 181 |
| 特克斯和凯科斯群岛 | 0 | 0 | 0 | 149 | 122 | 136 | 284 | 201 | 198 | 179 |
| 几内亚比绍 | 1318 | 1284 | 1405 | 2282 | 1946 | 1989 | 1978 | 1348 | 1406 | 169 |
| 汤加 | 110 | 120 | 326 | 351 | 148 | 155 | 136 | 272 | 244 | 155 |
| 圣多美和普林西比 | 118 | 159 | 47 | 51 | 95 | 137 | 150 | 66 | 70 | 154 |
| 直布罗陀 | 1106 | 225 | 308 | 121 | 40 | 123 | 393 | 169 | 119 | 150 |
| 帕劳 | | | | | 73 | | 150 | 91 | 138 | 149 |

续表

| 经济体 | 2008年 | 2009年 | 2010年 | 2011年 | 2012年 | 2013年 | 2014年 | 2015年 | 2016年 | 2017年 |
|---|---|---|---|---|---|---|---|---|---|---|
| 阿鲁巴 | 0 | 175 | 111 | 217 | 307 | 187 | 217 | 283 | 231 | 135 |
| 厄立特里亚 | 491 | 409 | 290 | 665 | 1013 | 771 | 738 | 541 | 363 | 129 |
| 库克群岛 | 140 | 110 | 112 | 192 | 94 | 79 | 92 | 82 | 72 | 107 |
| 蒙特塞拉特 | 92 | 49 | | | 58 | 37 | 48 | 30 | 1032 | 98 |
| 图瓦卢 | 26 | 22 | 28 | 27 | 24 | 23 | 46 | 26 | 86 | 91 |
| 福克兰群岛 | 17 | 29 | 8 | 40 | 22 | 18 | 32 | 34 | 45 | 85 |
| 安圭拉 | 460 | 57 | 58 | 105 | 81 | 104 | 128 | 108 | 72 | 62 |
| 诺福克岛 | 8 | 3 | 6 | 7 | 2 | 5 | 2 | 38 | 47 | 39 |
| 基里巴斯 | 13 | 11 | 16 | 34 | 891 | 17 | | 16 | 26 | 39 |
| 圣赫勒拿岛 | 14 | 11 | 7 | 9 | 144 | 60 | 100 | 97 | 18 | 20 |
| 托克劳 | 51 | 25 | 641 | 0 | 3 | 3 | 7 | | 5 | 14 |
| 瑙鲁 | 14 | 6 | 9 | 24 | 52 | 48 | 95 | 33 | 26 | 14 |
| 瓦利斯群岛和富图纳群岛 | 115 | 76 | 72 | 80 | 80 | 76 | 68 | 28 | 33 | 9 |
| 圣皮埃尔和密克隆 | 10 | 11 | 15 | 8 | 11 | 13 | 16 | 8 | 16 | 6 |
| 纽埃 | 28 | 3 | 21 | 23 | 3 | 4 | 4 | 6 | 11 | 3 |
| 美属萨摩亚 | | | | | | | | | 4 | 3 |
| 马约特 | 1362 | 1157 | 555 | 630 | 654 | 923 | | | | |
| 荷属安的列斯 | 411 | 1225 | 712 | | | | | | | |
| 皮特凯恩 | | 1 | | 0 | | 0 | 10 | | | |
| 塞尔维亚和黑山 | | | | | | | | | | |

注：数据来源于国际贸易中心（ITC, international trade center）。空格表示没有记录。

# 附录二　STATA 程序

**程序 1. 计算"一带一路"37 个国家钢铁的进口需求弹性**

＊＊＊＊＊＊＊"计算"一带一路"37 个国家钢铁的进口需求弹性"＊＊＊＊＊＊＊

＊＊＊CLEAR

```
set more off
capture clear *
capture log close
capture estimates clear
set memory 2000m
set matsize 2500
set linesize 200
        global value       = "tcvalue"
        global quan        = "tcquan"
        global good        = "hs"
        global country     = "tcname"
        global time        = "timeblock"
        global minyear     = 1995
        global DIRECTORY = "E:\论文发表\可发表的期刊\国际贸易问题\贸
易弹性估计\asoderbe-elasticities-estimation\HybridCode"
        global trade_data = "baci92_95 – 16_hs6_72_50"
cd "$DIRECTORY"
*** INITIALIZE NONLINEAR LIML PROGRAM
do "$DIRECTORY/mata_LIMLhybrid". do
*** LOOP OVER HS's *****
local counter = 1
```

```
use "$DIRECTORY/$trade_data.dta" if $value >0 & $quan >0,clear
levelsof $good,local(hs)
cap foreach good in `hs'{
    noisily di as txt "GOOD = `good'"
use "$DIRECTORY/$trade_data.dta" if $good == "`good'" & $value >0 & $
quan >0,clear
****** LEVEL OF AGGREGATION,USER SPECIFIED AND STOP IF DATA
UNAVAILABLE *******
rename $value cusval
rename $quan quantity
tostring $country $good,replace force
collapse(sum)quantity cusval,by($time $good $country)
egen product = group($country $good)/** PRODUCT IS YOUR VARIETY. IN
F/BW VARIETY IS AN HS10 COUNTRY PAIR **/
bys product:egen periods = nvals($time)
egen maxperiods = max(periods)
egen products = nvals(product)
if(products <3|maxperiods <2){
    noisily di as error "BAD APPLE:products <3|maxperiods <2"
    continue
}
*** LOG UNIT VALUES AND SHARES
drop if $time < $minyear
gen t = $time - $minyear + 1
gen meanprice = cusval/quantity
sort t $good
by t $good:egen totsum = sum(cusval)
gen s = cusval/totsum
gen ls = ln(s)
```

```
gen lp = ln( meanprice )
*** FIRST DIFFERENCING
sort product t
by product: gen ls_dif = ls[ _n ] − ls[ _n − 1 ]
by product: gen lp_dif = lp[ _n ] − lp[ _n − 1 ]
sort t
save "$DIRECTORY/mfg_cusimport_hybrid. dta" , replace
*** AUTOMATE CHOOSING REFERENCE VARIETY k( need to download xfill )
di "REFERENCE GOOD"
xtset product
bysort product: gen period = _N
sum period, detail
local maxt = r( max )
sum cusval, detail
local q_max = r( max )
local q_cutoff = r( p90 )
gen ref = .
replace ref = product if period >= `maxt' & cusval >= `q_max'
xfill ref, i( product )
xfill ref, i( t )
local ref = ref
replace ref = product if ref ==. & period >= `maxt' & cusval >= `q_cutoff'
xfill ref, i( product )
xfill ref, i( t )
local ref = ref
replace ref = product if ref ==. & period >= `maxt'
xfill ref, i( product )
xfill ref, i( t )
local ref = ref
```

```
gsort - ref
local ref = ref
gen ref_country = $country if ref == product
gsort - ref_country
local ref_country = ref_country
*** REFERENCE PRODUCT ***
keep if product == `ref'
rename ls_dif h_ls_dif
rename lp_dif h_lp_dif
keep t h_ls_dif h_lp_dif
sort t
save "$DIRECTORY/mfg_cref_hybrid. dta" , replace
use "$DIRECTORY/mfg_cusimport_hybrid. dta" , clear
merge m:1 t using "$DIRECTORY/mfg_cref_hybrid. dta"
tab_merge
drop_merge
/ *************** IV REGRESSION ***************** /
gen y = (lp_dif - h_lp_dif)^2
gen x1 = (ls_dif - h_ls_dif)^2
gen x2 = (lp_dif - h_lp_dif) * (ls_dif - h_ls_dif)
drop if y == . |x1 == . |x2 == .
save "$DIRECTORY/mfg_cregready_hybrid. dta" , replace   / * THIS DATASET IS
CREATED TO CHECK ANY ERRORS FOR THE CURRENT GOOD */
/ ****** IV 1 **** /
noisily di "   FIRST STEP"
sort product t
qui tab product if product! = `ref', gen( c_I_)
cap foreach var of varlist x1 x2 {
    regress `var' c_I_ * , noc
```

```
        predict `var'hat
}
        if( _rc == 2001 | _rc == 111 ) {
            noisily di as error "ERROR:_rc = "_rc
            continue
        }
cap ivreg2 y( x1 x2 = c_I_ * ) , liml fuller( 1 )/ * CONSISTENT, BUT NOT EFFI-
CIENT ESTIMATES * /
if( _rc == 504 | _rc == 481 | _rc == 3351 ) {
    noisily di as error "ERROR:_rc = "_rc
    continue
}
/ * * * * OPTIMAL WEIGHTS * * * */
cap predict uhat, resid
        if( _rc == 2001 | _rc == 198 ) {
            noisily di as error "_rc = "_rc
            continue
        }
gen uhat2 = uhat^2
drop if uhat2 == .
qui regress uhat2 c_I_ * , noc
predict uhat2hat
gen shat = sqrt( uhat2hat )
/ * * * * * * * * * * * * * * * * * * * * * * * * * * * * * * * * * * * * * * * * * * *
* * * * * * * * * * * * * * * * * * * * * * * * * * * * * * * * *
bysort product:gen period = _N                    * BW 2006 WGHT OPTIONAL *
sort cname t
by cname:gen bw_wght = ( period^1. 5 ) * ( 1/quantity[ _n] + 1/quantity[ _n - 1 ])^
( - .5)
```

```
*****************************************
**************************************/
******** WEIGHT DATA AND REESTIMATE ******
noisily di "        WEIGHT and REESTIMATE"
gen ones = 1
foreach var of varlist y x1hat x2hat ones {
    gen `var'star = `var'/shat
}
cap ivreg2 y (x1 x2 = c_I_ *) [aw = 1/uhat2hat] , liml fuller(1)
if( _rc == 504 | _rc == 481 | _rc == 335 | _rc == 2000 | _rc == 198) {
    noisily di as error "_rc = " _rc
    continue
}
gen double theta1 = _b[x1]
gen double theta2 = _b[x2]
local cons = _b[_cons]
gen cons = `cons'
*** Calculate sigma and rho ***
gen double rho1 = .5 + sqrt(.25 - 1/(4 + theta2^2/theta1)) if theta2 > 0
replace rho1 = .5 - sqrt(.25 - 1/(4 + theta2^2/theta1)) if theta2 < 0
gen double sigma1 = 1 + (2 * rho - 1)/((1 - rho) * theta2)
foreach keep in theta1 theta2 rho1 sigma1 {
local `keep'_hat = `keep'
}
local omega_hat = `rho1_hat'/(`sigma1_hat' - 1 - (`sigma1_hat' * `rho1_hat'))
noisily di as result "SIGMA = `sigma1_hat'  OMEGA = `omega_hat'  RHO = `rho1_hat'"
local constrained = 0
save "$DIRECTORY/mfg_cregready_hybrid. dta" , replace
    **** END ESTIMATION LOOP
```

```
** COLLECT ESTIMATES
drop_all
set obs 1
foreach keep in theta1 theta2 rho1 sigma1 {
capture gen double `keep' = ``keep'_hat'
local `keep'_hat = .
}
contract theta * sigma * rho *
capture drop_freq
capture gen omega = rho/( sigma - 1 - ( sigma * rho) )
replace omega = 0 if omega < 0
capture gen product = "`good'"
capture gen N = `N'
capture gen cons = `cons'
capture gen ref = "`ref_country'"
capture gen period = `maxt'
capture gen constrained = `constrained'
if (`counter' == 1 ) {
   save "$DIRECTORY/elast_hybrid_hs6_50" , replace
   local counter = `counter' + 1
}
if(`counter'! = 1 ) {
cap append using "$DIRECTORY/elast_hybrid_hs6_50"
duplicates drop * , force
cap save "$DIRECTORY/elast_hybrid_hs6_50" , replace
}
}
      **** END GOODS LOOP
set more off
```

```
capture clear *
capture log close
capture estimates clear
set memory 2000m
set matsize 2500
set linesize 200
*** USER DEFINED VALUE, QUANTITY, AGGREGATION, COUNTRY, TIME
PERIOD, DIRECTORY AND DATA
        global value = "tcvalue"
        global quan = "tcquan"
        global good = "hs"
        global country = "tcname"
        global time = "timeblock"
        global minyear = 1995
        global DIRECTORY = "E:\论文发表\可发表的期刊\国际贸易问题\
贸易弹性估计\asoderbe - elasticities - estimation\HybridCode"
        global trade_data = "baci92_95 - 16_hs6_72_704"
cd "$DIRECTORY"


*** INITIALIZE NONLINEAR LIML PROGRAM
do "$DIRECTORY/mata_LIMLhybrid". do
*** LOOP OVER HS's *****
local counter = 1
use "$DIRECTORY/ $trade_data. dta" if $value >0 & $quan >0, clear
levelsof $good, local(hs)
cap foreach good in `hs'{
    noisily di as txt "GOOD = `good'"
use "$DIRECTORY/ $trade_data. dta" if $good == "`good'" & $value >0 & $
quan >0, clear
```

****** LEVEL OF AGGREGATION, USER SPECIFIED AND STOP IF DATA UNAVAILABLE *******

```
rename $value    cusval
rename $quan quantity
tostring $country  $good,replace force
collapse(sum)quantity cusval,by($time  $good  $country)
egen product = group($ country  $ good)/** PRODUCT IS YOUR VARIETY. IN
F/BW VARIETY IS AN HS10 COUNTRY PAIR **/
bys product:egen periods = nvals($time)
egen maxperiods = max(periods)
egen products = nvals(product)
if( products < 3 | maxperiods < 2) {
    noisily di as error "BAD APPLE:products < 3 | maxperiods < 2"
    continue
}
*** LOG UNIT VALUES AND SHARES
drop if  $time < $minyear
gen t =  $time − $minyear + 1
gen meanprice = cusval/quantity
sort t  $good
by t  $good:egen totsum = sum(cusval)
gen s = cusval/totsum
gen ls = ln(s)
gen lp = ln(meanprice)
*** FIRST DIFFERENCING
sort product t
by product:gen ls_dif = ls[_n] − ls[_n − 1]
by product:gen lp_dif = lp[_n] − lp[_n − 1]
sort t
```

```
save "$DIRECTORY/mfg_cusimport_hybrid. dta" ,replace
*** AUTOMATE CHOOSING REFERENCE VARIETY k(need to download xfill)
di "REFERENCE GOOD"
xtset product
bysort product:gen period = _N
sum period,detail
local maxt = r(max)
sum cusval,detail
local q_max = r(max)
local q_cutoff = r(p90)
gen ref = .
replace ref = product if period >= `maxt' & cusval >= `q_max'
xfill ref,i(product)
xfill ref,i(t)
local ref = ref
replace ref = product if ref == . & period >= `maxt' & cusval >= `q_cutoff'
xfill ref,i(product)
xfill ref,i(t)
local ref = ref
replace ref = product if ref == . & period >= `maxt'
xfill ref,i(product)
xfill ref,i(t)
local ref = ref
gsort - ref
local ref = ref
gen ref_country = $country if ref == product
gsort - ref_country
local ref_country = ref_country
*** REFERENCE PRODUCT ***
```

```
keep if product == `ref'
rename ls_dif h_ls_dif
rename lp_dif h_lp_dif
keep t h_ls_dif h_lp_dif
sort t
save "$DIRECTORY/mfg_cref_hybrid. dta" , replace
use "$DIRECTORY/mfg_cusimport_hybrid. dta" , clear
merge m:1 t using "$DIRECTORY/mfg_cref_hybrid. dta"
tab_merge
drop_merge
/ * * * * * * * * * * * * * IV REGRESSION * * * * * * * * * * * * * * * * * * * * * * * * * /
gen y = ( lp_dif - h_lp_dif)^2
gen x1 = ( ls_dif - h_ls_dif)^2
gen x2 = ( lp_dif - h_lp_dif) * ( ls_dif - h_ls_dif)
drop if y ==. | x1 ==. | x2 ==.
save "$DIRECTORY/mfg_cregready_hybrid. dta" , replace   / * THIS DATASET IS
CREATED TO CHECK ANY ERRORS FOR THE CURRENT GOOD * /
/ * * * * * * IV 1 * * * * /
noisily di "    FIRST STEP"
sort product t
qui tab product if product! = `ref' , gen( c_I_)
cap foreach var of varlist x1  x2 {
    regress `var' c_I_ * , noc
    predict `var'hat
}
    if( _rc ==2001 | _rc ==111 ) {
        noisily di as error " ERROR:_rc = " _rc
        continue
    }
```

**193**

```
cap ivreg2 y( x1  x2 = c_I_ * ), liml fuller( 1 )/ * CONSISTENT, BUT NOT EFFI-
CIENT ESTIMATES * /
if( _rc == 504 | _rc == 481 | _rc == 3351 ) {
   noisily di as error "ERROR:_rc = "_rc
   continue
}
/ * * * * OPTIMAL WEIGHTS * * * * /
cap predict uhat, resid
        if( _rc == 2001 | _rc == 198 ) {
             noisily di as error "_rc = "_rc
             continue
        }
gen uhat2 = uhat^2
drop if uhat2 == .
qui regress uhat2 c_I_ * , noc
predict uhat2hat
gen shat = sqrt( uhat2hat )
/ * * * * * * * * * * * * * * * * * * * * * * * * * * * * * * * * * * * * * * * * * * * * *
* * * * * * * * * * * * * * * * * * * * * * * * * * * * * * * * *
bysort product: gen period = _N                       * BW 2006 WGHT OPTIONAL *
sort cname t
by cname: gen bw_wght = ( period^1.5 ) * ( 1/quantity[ _n ] + 1/quantity[ _n – 1 ] )^
( –.5 )
   * * * * * * * * * * * * * * * * * * * * * * * * * * * * * * * * * * * * * * * * * * * * * *
* * * * * * * * * * * * * * * * * * * * * * * * * * * * * * * * * * * /
* * * * * * * * WEIGHT DATA AND REESTIMATE * * * * * *
noisily di "        WEIGHT and REESTIMATE"
gen ones = 1
foreach var of varlist y x1hat x2hat ones {
```

```
    gen `var'star = `var'/shat
}
cap ivreg2 y( x1 x2 = c_I_ * )[ aw = 1/uhat2hat ], liml fuller( 1 )
if( _rc == 504 | _rc == 481 | _rc == 3351 | _rc == 2000 | _rc == 198 ) {
    noisily di as error " _rc = " _rc
    continue
}
gen double theta1 = _b[ x1 ]
gen double theta2 = _b[ x2 ]
local cons = _b[ _cons ]
gen cons = `cons'
*** Calculate sigma and rho ***
gen double rho1 = . 5 + sqrt( . 25 - 1/( 4 + theta2^2/theta1 ) ) if theta2 > 0
replace rho1 = . 5 - sqrt( . 25 - 1/( 4 + theta2^2/theta1 ) ) if theta2 < 0
gen double sigma1 = 1 + ( 2 * rho - 1 )/( ( 1 - rho ) * theta2 )
foreach keep in theta1 theta2 rho1 sigma1 {
local `keep'_hat = `keep'
}
local omega_hat = `rho1_hat'/( `sigma1_hat' - 1 - ( `sigma1_hat' * `rho1_hat') )
noisily di as result "SIGMA = `sigma1_hat'   OMEGA = `omega_hat'   RHO = `rho1_hat'"
local constrained = 0
save "$DIRECTORY/mfg_cregready_hybrid. dta", replace
    **** END ESTIMATION LOOP
** COLLECT ESTIMATES
drop_all
set obs 1
foreach keep in theta1 theta2 rho1 sigma1 {
capture gen double `keep' = ``keep'_hat'
local `keep'_hat = .
```

```
}
contract theta * sigma * rho *
capture drop_freq
capture gen omega = rho/( sigma − 1 − ( sigma * rho ) )
replace omega = 0 if omega < 0
capture gen   product = "`good'"
capture gen N = `N'
capture gen cons = `cons'
capture gen ref = "`ref_country'"
capture gen period = `maxt'
capture gen constrained = `constrained'
if(`counter' == 1 ) {
   save "$ DIRECTORY/elast_hybrid_hs6_704" , replace
   local counter = `counter' + 1
}
if(`counter'! = 1 ) {
cap append using "$ DIRECTORY/elast_hybrid_hs6_704"
duplicates drop * , force
cap save "$ DIRECTORY/elast_hybrid_hs6_704" , replace
}
}
    **** END GOODS LOOP
*** CLEAR
set more off
capture clear *
capture log close
capture estimates clear
set memory 2000m
set matsize 2500
```

```
set linesize 200
*** USER DEFINED VALUE, QUANTITY, AGGREGATION, COUNTRY, TIME
PERIOD, DIRECTORY AND DATA
        global value     = "tcvalue"
        global quan      = "tcquan"
        global good      = "hs"
        global country   = "tcname"
        global time      = "timeblock"
        global minyear   = 1995
        global DIRECTORY = "E:\论文发表\可发表的期刊\国际贸易问题\
贸易弹性估计\asoderbe - elasticities - estimation\HybridCode"
        global trade_data = "baci92_95 - 16_hs6_72_705"
cd "$DIRECTORY"
*** INITIALIZE NONLINEAR LIML PROGRAM
do "$DIRECTORY/mata_LIMLhybrid". do
*** LOOP OVER HS's *****
local counter = 1
use "$DIRECTORY/$trade_data. dta" if $value >0 & $quan >0, clear
levelsof $good, local(hs)
cap foreach good in `hs'{
    noisily di as txt "GOOD =`good'"
use "$DIRECTORY/$trade_data. dta" if $good == "`good'" & $value >0 & $
quan >0, clear
****** LEVEL OF AGGREGATION, USER SPECIFIED AND STOP IF DATA
UNAVAILABLE *******
rename $value   cusval
rename $quan quantity
tostring $country $good, replace force
collapse(sum) quantity cusval, by($time $good $country)
```

```
egen product = group ( $ country   $ good ) / * * PRODUCT IS YOUR VARIETY.  IN
F/BW VARIETY IS AN HS10 COUNTRY PAIR * * /
bys product : egen periods = nvals ( $ time )
egen maxperiods = max ( periods )
egen products = nvals ( product )
if ( products < 3 | maxperiods < 2 ) {
    noisily di as error "BAD APPLE : products < 3 | maxperiods < 2"
    continue
}
* * * LOG UNIT VALUES AND SHARES
drop if  $ time < $ minyear
gen t =  $ time - $ minyear + 1
gen meanprice = cusval/quantity
sort t  $ good
by t  $ good : egen totsum = sum ( cusval )
gen s = cusval/totsum
gen ls = ln ( s )
gen lp = ln ( meanprice )
* * * FIRST DIFFERENCING
sort product t
by product : gen ls_dif = ls [ _n ] - ls [ _n - 1 ]
by product : gen lp_dif = lp [ _n ] - lp [ _n - 1 ]
sort t
save " $ DIRECTORY/mfg_cusimport_hybrid. dta" , replace
* * * AUTOMATE CHOOSING REFERENCE VARIETY k ( need to download xfill )
di "REFERENCE GOOD"
xtset product
bysort product : gen period = _N
sum period , detail
```

```
local maxt = r( max)
sum cusval , detail
local q_max = r( max )
local q_cutoff = r( p90 )
gen ref = .
replace ref = product if period >= `maxt' & cusval >= `q_max'
xfill ref , i( product)
xfill ref , i( t )
local ref = ref
replace ref = product if ref == . & period >= `maxt' & cusval >= `q_cutoff'
xfill ref , i( product)
xfill ref , i( t )
local ref = ref
replace ref = product if ref == . & period >= `maxt'
xfill ref , i( product)
xfill ref , i( t )
local ref = ref
gsort − ref
local ref = ref
gen ref_country = $country if ref == product
gsort − ref_country
local ref_country = ref_country
*** REFERENCE PRODUCT ***
keep if product == `ref'
rename ls_dif h_ls_dif
rename lp_dif h_lp_dif
keep t h_ls_dif h_lp_dif
sort t
save "$DIRECTORY/mfg_cref_hybrid. dta" , replace
```

```
use "$DIRECTORY/mfg_cusimport_hybrid.dta",clear
merge m:1 t using "$DIRECTORY/mfg_cref_hybrid.dta"
tab_merge
drop_merge
/ ********************* IV REGRESSION ***************
*********************/
gen y = (lp_dif - h_lp_dif)^2
gen x1 = (ls_dif - h_ls_dif)^2
gen x2 = (lp_dif - h_lp_dif) * (ls_dif - h_ls_dif)
drop if y == . |x1 == . |x2 == .
save "$DIRECTORY/mfg_cregready_hybrid.dta",replace   / * THIS DATASET IS
CREATED TO CHECK ANY ERRORS FOR THE CURRENT GOOD */
/ ****** IV 1 ****/
noisily di "    FIRST STEP"
sort product t
qui tab product if product! = `ref',gen(c_I_)
cap foreach var of varlist x1 x2{
    regress `var' c_I_ * ,noc
    predict `var'hat
}
        if(_rc ==2001|_rc ==111){
            noisily di as error "ERROR:_rc = "_rc
            continue
        }
cap ivreg2 y(x1 x2 = c_I_ * ),liml fuller(1)/ * CONSISTENT,BUT NOT EFFI-
CIENT ESTIMATES */
if(_rc ==504|_rc ==481|_rc ==3351){
  noisily di as error "ERROR:_rc = "_rc
  continue
```

```
}


/ * * * * OPTIMAL WEIGHTS * * * * /
cap predict uhat, resid
        if( _rc == 2001 | _rc == 198 ) {
            noisily di as error " _rc = " _rc
            continue
        }
gen uhat2 = uhat^2
drop if uhat2 == .


qui regress uhat2 c_I_ * , noc
predict uhat2hat
gen shat = sqrt( uhat2hat )
/ * * * * * * * * * * * * * * * * * * * * * * * * * * * * * * * * * * * * * * * * * * *
* * * * * * * * * * * * * * * * * * * * * * * * * * * * * * * * * * *
bysort product: gen period = _N                    * BW 2006 WGHT OPTIONAL *
sort cname t
by cname: gen bw_wght = ( period^1.5 ) * ( 1/quantity[ _n ] + 1/quantity[ _n - 1 ] )^
( - .5 )
* * * * * * * * * WEIGHT DATA AND REESTIMATE * * * * * *
noisily di "        WEIGHT and REESTIMATE"
gen ones = 1
foreach var of varlist y x1hat x2hat ones {
    gen `var'star = `var'/shat
}
cap ivreg2 y( x1  x2 = c_I_ * ) [ aw = 1/uhat2hat ] , liml fuller( 1 )
if( _rc == 504 | _rc == 481 | _rc == 3351 | _rc == 2000 | _rc == 198 ) {
    noisily di as error " _rc = " _rc
```

```
    continue
}
gen double theta1 = _b[x1]
gen double theta2 = _b[x2]
local cons = _b[_cons]
gen cons = `cons'
*** Calculate sigma and rho ***
gen double rho1 = .5 + sqrt(.25 - 1/(4 + theta2^2/theta1)) if theta2 > 0
replace rho1 = .5 - sqrt(.25 - 1/(4 + theta2^2/theta1)) if theta2 < 0
gen double sigma1 = 1 + (2 * rho - 1)/((1 - rho) * theta2)
foreach keep in theta1 theta2 rho1 sigma1 {
local `keep'_hat = `keep'
}
local omega_hat = `rho1_hat'/(`sigma1_hat' - 1 - (`sigma1_hat' * `rho1_hat'))
noisily di as result "SIGMA = `sigma1_hat'   OMEGA = `omega_hat'   RHO = `rho1_hat'"
local constrained = 0
save "$DIRECTORY/mfg_cregready_hybrid. dta" , replace
    **** END ESTIMATION LOOP
** COLLECT ESTIMATES
drop_all
set obs 1
foreach keep in theta1 theta2 rho1 sigma1 {
capture gen double `keep' = ``keep'_hat'
local `keep'_hat = .
}
contract theta * sigma * rho *
capture drop_freq
capture gen omega = rho/(sigma - 1 - (sigma * rho))
replace omega = 0 if omega < 0
```

```
capture gen   product = "`good'"

capture gen N = `N'

capture gen cons = `cons'

capture gen ref = "`ref_country'"

capture gen period = `maxt'

capture gen constrained = `constrained'

if(`counter' == 1) {

    save "$DIRECTORY/elast_hybrid_hs6_705" , replace

    local counter = `counter' + 1

}

if(`counter'! = 1) {

cap append using "$DIRECTORY/elast_hybrid_hs6_705"

duplicates drop * , force

cap save "$DIRECTORY/elast_hybrid_hs6_705" , replace

}

}

    **** END GOODS LOOP

*** CLEAR

set more off

capture clear *

capture log close

capture estimates clear

set memory 2000m

set matsize 2500

set linesize 200

*** USER DEFINED VALUE, QUANTITY, AGGREGATION, COUNTRY, TIME
PERIOD, DIRECTORY AND DATA

        global value   = "tcvalue"

        global quan    = "tcquan"
```

```
        global good      = "hs"
        global country = "tcname"
        global time      = "timeblock"
        global minyear = 1995
        global DIRECTORY = "E:\论文发表\可发表的期刊\国际贸易问题\
贸易弹性估计\asoderbe - elasticities - estimation\HybridCode"
        global trade_data = "baci92_95 - 16_hs6_72_764"
cd "$DIRECTORY"


*** INITIALIZE NONLINEAR LIML PROGRAM
do "$DIRECTORY/mata_LIMLhybrid". do
*** LOOP OVER HS's *****
local counter = 1
use "$DIRECTORY/$trade_data. dta" if $value >0 & $quan >0, clear
levelsof $good, local(hs)
cap foreach good in `hs'{
    noisily di as txt "GOOD = `good'"
use "$DIRECTORY/$trade_data. dta" if $good == "`good'" & $value >0 & $
quan >0, clear
****** LEVEL OF AGGREGATION, USER SPECIFIED AND STOP IF DATA
UNAVAILABLE *******
rename $value    cusval
rename $quan quantity
tostring $country $good, replace force
collapse(sum)quantity cusval, by($time  $good  $country)
egen product = group($country  $good)/** PRODUCT IS YOUR VARIETY. IN
F/BW VARIETY IS AN HS10 COUNTRY PAIR **/
bys product:egen periods = nvals($time)
egen maxperiods = max(periods)
```

```
egen products = nvals( product)
if( products < 3 | maxperiods < 2) {
    noisily di as error "BAD APPLE: products < 3 | maxperiods < 2"
    continue
}
*** LOG UNIT VALUES AND SHARES
drop if $time < $minyear
gen t = $time − $minyear + 1
gen meanprice = cusval/quantity
sort t  $good
by t  $good: egen totsum = sum( cusval)
gen s = cusval/totsum
gen ls = ln( s)
gen lp = ln( meanprice)
*** FIRST DIFFERENCING
sort product t
by product: gen ls_dif = ls[ _n] − ls[ _n − 1]
by product: gen lp_dif = lp[ _n] − lp[ _n − 1]
sort t
save "$DIRECTORY/mfg_cusimport_hybrid. dta" , replace
*** AUTOMATE CHOOSING REFERENCE VARIETY k( need to download xfill)
di "REFERENCE GOOD"
xtset product
bysort product: gen period = _N
sum period , detail
local maxt = r( max)
sum cusval , detail
local q_max = r( max)
local q_cutoff = r( p90)
```

```
gen ref = .
replace ref = product if period >= `maxt' & cusval >= `q_max'
xfill ref,i(product)
xfill ref,i(t)
local ref = ref
replace ref = product if ref == . & period >= `maxt' & cusval >= `q_cutoff'
xfill ref,i(product)
xfill ref,i(t)
local ref = ref
replace ref = product if ref == . & period >= `maxt'
xfill ref,i(product)
xfill ref,i(t)
local ref = ref
gsort - ref
local ref = ref
gen ref_country = $country if ref == product
gsort - ref_country
local ref_country = ref_country
*** REFERENCE PRODUCT ***
keep if product == `ref'
rename ls_dif h_ls_dif
rename lp_dif h_lp_dif
keep t h_ls_dif h_lp_dif
sort t
save "$DIRECTORY/mfg_cref_hybrid. dta" ,replace
use "$DIRECTORY/mfg_cusimport_hybrid. dta" ,clear
merge m:1 t using "$DIRECTORY/mfg_cref_hybrid. dta"
tab_merge
drop_merge
```

```
/ * * * * * * * * * * * IV REGRESSION * * * * * * * * * * * * * * * * * * * * * * * * * /
gen y = ( lp_dif − h_lp_dif)^2
gen x1 = ( ls_dif − h_ls_dif)^2
gen x2 = ( lp_dif − h_lp_dif) * ( ls_dif − h_ls_dif)
drop if y == . | x1 == . | x2 == .
save "$ DIRECTORY/mfg_cregready_hybrid. dta" , replace   / * THIS DATASET IS
CREATED TO CHECK ANY ERRORS FOR THE CURRENT GOOD * /
/ * * * * * * IV 1 * * * * /
noisily di "   FIRST STEP"
sort product t
qui tab product if product! = `ref' , gen( c_I_ )
cap foreach var of varlist x1  x2 {
     regress `var' c_I_ * , noc
     predict `var'hat
}
         if( _rc == 2001 | _rc == 111 ) {
              noisily di as error " ERROR : _rc = " _rc
              continue
          }
cap ivreg2 y( x1  x2 = c_I_ * ) , liml fuller( 1 )/ * CONSISTENT , BUT  NOT  EFFI-
CIENT ESTIMATES * /
if( _rc == 504 | _rc == 481 | _rc == 3351 ) {
   noisily di as error " ERROR : _rc = " _rc
   continue
}


/ * * * * OPTIMAL WEIGHTS * * * * /
cap predict uhat , resid
         if( _rc == 2001 | _rc == 198 ) {
```

```
                    noisily di as error "_rc = "_rc
                    continue
            }
gen uhat2 = uhat^2
drop if uhat2 == .

qui regress uhat2 c_I_ * ,noc
predict uhat2hat
gen shat = sqrt( uhat2hat)
/ * * * * * * * * * * * * * * * * * * * * * * * * * * * * * * * * * * * * * * * *
* * * * * * * * * * * * * * * * * * * * * * * * * * * * * * * *
bysort product:gen period = _N              * BW 2006 WGHT OPTIONAL *
sort cname t
by cname:gen bw_wght = ( period^1. 5) * ( 1/quantity[ _n] + 1/quantity[ _n - 1] )^
( - . 5)
 * * * * * * * * * * * * * * * * * * * * * * * * * * * * * * * * * * * * * * * * *
* * * * * * * * * * * * * * * * * * * * * * * * * * * * * * * * * /
* * * * * * * * WEIGHT DATA AND REESTIMATE * * * * * *
noisily di "       WEIGHT and REESTIMATE"
gen ones = 1
foreach var of varlist y x1hat x2hat ones{
    gen `var'star = `var'/shat
}
cap ivreg2 y( x1 x2 = c_I_ * ) [ aw = 1/uhat2hat] ,liml fuller( 1)
if( _rc == 504 | _rc == 481 | _rc == 3351 | _rc == 2000 | _rc == 198) {
    noisily di as error "_rc = "_rc
    continue
}
gen double theta1 = _b[ x1]
```

```
gen double theta2 = _b[x2]
local cons = _b[_cons]
gen cons = `cons'
*** Calculate sigma and rho ***
gen double rho1 = .5 + sqrt(.25 - 1/(4 + theta2^2/theta1)) if theta2 > 0
replace rho1 = .5 - sqrt(.25 - 1/(4 + theta2^2/theta1)) if theta2 < 0
gen double sigma1 = 1 + (2 * rho - 1)/((1 - rho) * theta2)
foreach keep in theta1 theta2 rho1 sigma1 {
local `keep'_hat = `keep'
}
local omega_hat = `rho1_hat'/(`sigma1_hat' - 1 - (`sigma1_hat' * `rho1_hat'))
noisily di as result "SIGMA =`sigma1_hat'  OMEGA =`omega_hat'  RHO =`rho1_hat'"
local constrained = 0
save "$DIRECTORY/mfg_cregready_hybrid.dta", replace
    **** END ESTIMATION LOOP
** COLLECT ESTIMATES
drop_all
set obs 1
foreach keep in theta1 theta2 rho1 sigma1 {
capture gen double `keep' = ``keep'_hat'
local `keep'_hat = .
}
contract theta * sigma * rho *
capture drop_freq
capture gen omega = rho/(sigma - 1 - (sigma * rho))
replace omega = 0 if omega < 0
capture gen  product = "`good'"
capture gen N = `N'
capture gen cons = `cons'
```

```
capture gen ref = "`ref_country'"
capture gen period = `maxt'
capture gen constrained = `constrained'
if(`counter' == 1 ) {
    save "$DIRECTORY/elast_hybrid_hs6_764" ,replace
    local counter = `counter' + 1
}
if(`counter'! = 1 ) {
cap append using "$DIRECTORY/elast_hybrid_hs6_764"
duplicates drop * ,force
cap save "$DIRECTORY/elast_hybrid_hs6_764" ,replace
}
}
    **** END GOODS LOOP
*** CLEAR
set more off
capture clear *
capture log close
capture estimates clear
set memory 2000m
set matsize 2500
set linesize 200
*** USER DEFINED VALUE, QUANTITY, AGGREGATION, COUNTRY, TIME
PERIOD, DIRECTORY AND DATA
            global value   = "tcvalue"
            global quan    = "tcquan"
            global good    = "hs"
            global country = "tcname"
            global time    = "timeblock"
```

```
        global minyear = 1995
        global DIRECTORY = "E:\论文发表\可发表的期刊\国际贸易问题\
贸易弹性估计\asoderbe – elasticities – estimation\HybridCode"
        global trade_data = "baci92_95 – 16_hs6_72_784"
cd "$DIRECTORY"
*** INITIALIZE NONLINEAR LIML PROGRAM
do "$DIRECTORY/mata_LIMLhybrid". do
*** LOOP OVER HS's *****
local counter = 1
use "$DIRECTORY/ $trade_data. dta" if $value >0 & $quan >0, clear
levelsof $good, local(hs)
cap foreach good in `hs'{
    noisily di as txt "GOOD = `good'"
use "$DIRECTORY/ $trade_data. dta" if $good == "`good'" & $value >0 & $
quan >0, clear
****** LEVEL OF AGGREGATION, USER SPECIFIED AND STOP IF DATA
UNAVAILABLE *******
rename $value   cusval
rename $quan quantity
tostring $country $good, replace force
collapse(sum)quantity cusval, by($time $good $country)
egen product = group($country $good)/** PRODUCT IS YOUR VARIETY. IN
F/BW VARIETY IS AN HS10 COUNTRY PAIR **/
bys product:egen periods = nvals($time)
egen maxperiods = max(periods)
egen products = nvals(product)
if( products <3 | maxperiods <2) {
    noisily di as error "BAD APPLE:products <3 | maxperiods <2"
    continue
```

}

*** LOG UNIT VALUES AND SHARES

drop if $time < $minyear

gen t = $time − $minyear + 1

gen meanprice = cusval/quantity

sort t $good

by t $good: egen totsum = sum(cusval)

gen s = cusval/totsum

gen ls = ln(s)

gen lp = ln(meanprice)

*** FIRST DIFFERENCING

sort product t

by product: gen ls_dif = ls[_n] − ls[_n − 1]

by product: gen lp_dif = lp[_n] − lp[_n − 1]

sort t

save "$DIRECTORY/mfg_cusimport_hybrid. dta", replace


*** AUTOMATE CHOOSING REFERENCE VARIETY k(need to download xfill)

di "REFERENCE GOOD"

xtset product

bysort product: gen period = _N

sum period, detail

local maxt = r(max)

sum cusval, detail

local q_max = r(max)

local q_cutoff = r(p90)

gen ref = .

replace ref = product if period >= `maxt' & cusval >= `q_max'

xfill ref, i(product)

```
xfill ref,i(t)
local ref = ref
replace ref = product if ref == . & period >= `maxt' & cusval >= `q_cutoff'
xfill ref,i(product)
xfill ref,i(t)
local ref = ref
replace ref = product if ref == . & period >= `maxt'
xfill ref,i(product)
xfill ref,i(t)
local ref = ref
gsort − ref
local ref = ref
gen ref_country = $country if ref == product
gsort − ref_country
local ref_country = ref_country
*** REFERENCE PRODUCT ***
keep if product == `ref'
rename ls_dif h_ls_dif
rename lp_dif h_lp_dif
keep t h_ls_dif h_lp_dif
sort t
save "$DIRECTORY/mfg_cref_hybrid. dta" ,replace
use "$DIRECTORY/mfg_cusimport_hybrid. dta" ,clear
merge m:1 t using "$DIRECTORY/mfg_cref_hybrid. dta"
tab_merge
drop_merge
/*********** IV REGRESSION ************************/
gen y = (lp_dif − h_lp_dif)^2
gen x1 = (ls_dif − h_ls_dif)^2
```

```
gen x2 = ( lp_dif - h_lp_dif) * ( ls_dif - h_ls_dif)
drop if y == . |x1 == . |x2 == .
save "$ DIRECTORY/mfg_cregready_hybrid. dta" ,replace  / * THIS DATASET IS
CREATED TO CHECK ANY ERRORS FOR THE CURRENT GOOD * /
/ * * * * * * IV 1 * * * * /
noisily di "    FIRST STEP"
sort product t
qui tab product if product! = `ref' ,gen( c_I_)
cap foreach var of varlist x1  x2 {
     regress `var' c_I_ * ,noc
     predict `var'hat
}

        if( _rc == 2001 |_rc == 111) {
             noisily di as error "ERROR : _rc = " _rc
             continue
         }
cap ivreg2 y( x1  x2 = c_I_ * ) , liml fuller( 1 )/ * CONSISTENT, BUT NOT EFFI-
CIENT ESTIMATES * /
if( _rc == 504 |_rc == 481 |_rc == 3351 ) {
   noisily di as error "ERROR : _rc = " _rc
   continue
}


/ * * * * OPTIMAL WEIGHTS * * * * /
cap predict uhat ,resid
         if( _rc == 2001 |_rc == 198 ) {
             noisily di as error "_rc = " _rc
             continue
         }
```

```
gen uhat2 = uhat^2
drop if uhat2 == .


qui regress uhat2 c_I_ * ,noc
predict uhat2hat
gen shat = sqrt( uhat2hat)
/ * * * * * * * * * * * * * * * * * * * * * * * * * * * * * * * * * * * * * * * * * * * *
* * * * * * * * * * * * * * * * * * * * * * * * * * * * * * * * * *
bysort product;gen period = _N                    * BW 2006 WGHT OPTIONAL *
sort cname t
by cname;gen bw_wght = ( period^1.5) * ( 1/quantity[ _n] + 1/quantity[ _n - 1 ] )^
( - .5)
 * * * * * * * * * * * * * * * * * * * * * * * * * * * * * * * * * * * * * * * * * * * *
* * * * * * * * * * * * * * * * * * * * * * * * * * * * * * * * * /
* * * * * * * * WEIGHT DATA AND REESTIMATE * * * * * *
noisily di "        WEIGHT and REESTIMATE"
gen ones = 1
foreach var of varlist y x1hat x2hat ones{
    gen `var'star = `var'/shat
}
cap ivreg2 y( x1 x2 = c_I_ * ) [ aw = 1/uhat2hat] ,liml fuller( 1 )
if( _rc == 504 I _rc == 481 I _rc == 3351 I _rc == 2000 I _rc == 198) {
    noisily di as error "_rc = " _rc
    continue
}
gen double theta1 = _b[ x1 ]
gen double theta2 = _b[ x2 ]
local cons = _b[ _cons ]
gen cons = `cons'
```

```
* * * Calculate sigma and rho * * *
gen double rho1 = .5 + sqrt(.25 − 1/(4 + theta2^2/theta1)) if theta2 > 0
replace rho1 = .5 − sqrt(.25 − 1/(4 + theta2^2/theta1)) if theta2 < 0
gen double sigma1 = 1 + (2 * rho − 1)/((1 − rho) * theta2)


foreach keep in theta1 theta2 rho1 sigma1 {
local `keep'_hat = `keep'
}
local omega_hat = `rho1_hat'/(`sigma1_hat' − 1 − (`sigma1_hat' * `rho1_hat'))
noisily di as result "SIGMA = `sigma1_hat'   OMEGA = `omega_hat'   RHO = `rho1_hat'"
local constrained = 0
save "$DIRECTORY/mfg_cregready_hybrid. dta" , replace
    * * * * END ESTIMATION LOOP
* * COLLECT ESTIMATES
drop_all
set obs 1
foreach keep in theta1 theta2 rho1 sigma1 {
capture gen double `keep' = ``keep'_hat'
local `keep'_hat = .
}
contract theta * sigma * rho *
capture drop_freq
capture gen omega = rho/(sigma − 1 − (sigma * rho))
replace omega = 0 if omega < 0
capture gen   product = "`good'"
capture gen N = `N'
capture gen cons = `cons'
capture gen ref = "`ref_country'"
capture gen period = `maxt'
```

```
capture gen constrained = `constrained'
if(`counter' == 1) {
    save "$DIRECTORY/elast_hybrid_hs6_784" , replace
    local counter = `counter' + 1
}
if(`counter'! = 1) {
cap append using "$DIRECTORY/elast_hybrid_hs6_784"
duplicates drop * , force
cap save "$DIRECTORY/elast_hybrid_hs6_784" , replace
}
}
    **** END GOODS LOOP
 *** CLEAR
set more off
capture clear *
capture log close
capture estimates clear
set memory 2000m
set matsize 2500
set linesize 200
 *** USER DEFINED VALUE , QUANTITY , AGGREGATION , COUNTRY , TIME
PERIOD , DIRECTORY AND DATA
        global value    = " tcvalue"
        global quan     = " tcquan"
        global good     = " hs"
        global country  = " tcname"
        global time     = " timeblock"
        global minyear = 1995
        global DIRECTORY = " E:\论文发表\可发表的期刊\国际贸易问题\
```

贸易弹性估计\asoderbe − elasticities − estimation\HybridCode"

　　　　global trade_data = " baci92_95 − 16_hs6_72_792"

cd "$DIRECTORY"

∗∗∗ INITIALIZE NONLINEAR LIML PROGRAM

do "$DIRECTORY/mata_LIMLhybrid". do

∗∗∗ LOOP OVER HS's ∗∗∗∗∗

local counter = 1

use "$DIRECTORY/ $trade_data. dta" if $value >0 & $quan >0, clear

levelsof $good, local( hs )

cap foreach good in `hs'{

　　noisily di as txt " GOOD = `good'"

use "$DIRECTORY/ $trade_data. dta" if $good == "`good'" & $value >0 & $
quan >0, clear

∗∗∗∗∗∗ LEVEL OF AGGREGATION, USER SPECIFIED AND STOP IF DATA
UNAVAILABLE ∗∗∗∗∗∗∗

rename $value　cusval

rename $quan quantity

tostring $country $good, replace force

collapse( sum ) quantity cusval, by( $time $good $country )

egen product = group ( $country $good )/ ∗∗ PRODUCT IS YOUR VARIETY. IN
F/BW VARIETY IS AN HS10 COUNTRY PAIR ∗∗/

bys product: egen periods = nvals( $time )

egen maxperiods = max( periods )

egen products = nvals( product )

if( products <3 | maxperiods <2) {

　　noisily di as error " BAD APPLE: products <3 | maxperiods <2"

　　continue

}

∗∗∗ LOG UNIT VALUES AND SHARES

218

```
drop if $time < $minyear
gen t = $time − $minyear + 1
gen meanprice = cusval/quantity
sort t $good
by t $good:egen totsum = sum(cusval)
gen s = cusval/totsum
gen ls = ln(s)
gen lp = ln(meanprice)
*** FIRST DIFFERENCING
sort product t
by product:gen ls_dif = ls[_n] − ls[_n − 1]
by product:gen lp_dif = lp[_n] − lp[_n − 1]
sort t
save "$DIRECTORY/mfg_cusimport_hybrid. dta" ,replace
*** AUTOMATE CHOOSING REFERENCE VARIETY k(need to download xfill)
di "REFERENCE GOOD"
xtset product
bysort product:gen period = _N
sum period,detail
local maxt = r(max)
sum cusval,detail
local q_max = r(max)
local q_cutoff = r(p90)
gen ref = .
replace ref = product if period >= `maxt' & cusval >= `q_max'
xfill ref,i(product)
xfill ref,i(t)
local ref = ref
replace ref = product if ref ==. & period >= `maxt' & cusval >= `q_cutoff'
```

```
xfill ref,i( product )

xfill ref,i( t )

local ref = ref

replace ref = product if ref == . & period >= `maxt'

xfill ref,i( product )

xfill ref,i( t )

local ref = ref

gsort − ref

local ref = ref

gen ref_country = $country if ref == product

gsort − ref_country

local ref_country = ref_country

*** REFERENCE PRODUCT ***

keep if product == `ref'

rename ls_dif h_ls_dif

rename lp_dif h_lp_dif

keep t h_ls_dif h_lp_dif

sort t

save "$DIRECTORY/mfg_cref_hybrid. dta" , replace

use "$DIRECTORY/mfg_cusimport_hybrid. dta" , clear

merge m:1 t using "$DIRECTORY/mfg_cref_hybrid. dta"

tab_merge

drop_merge

/ *********** IV REGRESSION ************************* /

gen y = ( lp_dif − h_lp_dif )^2

gen x1 = ( ls_dif − h_ls_dif )^2

gen x2 = ( lp_dif − h_lp_dif ) * ( ls_dif − h_ls_dif )

drop if y == . |x1 == . |x2 == .

save "$DIRECTORY/mfg_cregready_hybrid. dta" , replace   / * THIS DATASET IS
```

CREATED TO CHECK ANY ERRORS FOR THE CURRENT GOOD * /

/ * * * * * * IV 1 * * * * /

noisily di "　FIRST STEP"

sort product t

qui tab product if product ! = `ref', gen( c_I_)

cap foreach var of varlist x1  x2 {

    regress `var' c_I_ * , noc

    predict `var'hat

}

      if( _rc == 2001 | _rc == 111) {

        noisily di as error "ERROR: _rc = " _rc

        continue

      }

cap ivreg2 y( x1  x2 = c_I_ * ) , liml fuller( 1 )/ * CONSISTENT, BUT NOT EFFI-CIENT ESTIMATES * /

if( _rc == 504 | _rc == 481 | _rc == 3351) {

  noisily di as error "ERROR: _rc = " _rc

  continue

}


/ * * * * OPTIMAL WEIGHTS * * * * /

cap predict uhat, resid

      if( _rc == 2001 | _rc == 198) {

        noisily di as error "_rc = " _rc

        continue

      }

gen uhat2 = uhat^2

drop if uhat2 == .

```
qui regress uhat2 c_I_ * ,noc
predict uhat2hat
gen shat = sqrt(uhat2hat)
/ **********************************************
******************************************
bysort product:gen period = _N                    * BW 2006 WGHT OPTIONAL *
sort cname t
by cname:gen bw_wght = (period^1.5) * (1/quantity[_n] + 1/quantity[_n - 1])^
( - .5)
    **********************************************
*************************************** /
******** WEIGHT DATA AND REESTIMATE ******
noisily di "       WEIGHT and REESTIMATE"
gen ones = 1
foreach var of varlist y x1hat x2hat ones{
    gen `var'star = `var'/shat
}
cap ivreg2 y(x1 x2 = c_I_ * )[aw = 1/uhat2hat] ,liml fuller(1)
if( _rc == 504 | _rc == 481 | _rc == 335 | _rc == 2000 | _rc == 198){
    noisily di as error "_rc = "_rc
    continue
}
gen double theta1 = _b[x1]
gen double theta2 = _b[x2]
local cons = _b[_cons]
gen cons = `cons'
*** Calculate sigma and rho ***
gen double rho1 = .5 + sqrt(.25 - 1/(4 + theta2^2/theta1))if theta2 >0
replace rho1 = .5 - sqrt(.25 - 1/(4 + theta2^2/theta1))if theta2 <0
```

```
gen double sigma1 = 1 + ( 2 * rho − 1 )/( ( 1 − rho ) * theta2 )
foreach keep in theta1 theta2 rho1 sigma1 {
local `keep'_hat = `keep'
}
local omega_hat = `rho1_hat'/( `sigma1_hat' − 1 − ( `sigma1_hat' * `rho1_hat') )
noisily di as result "SIGMA = `sigma1_hat'  OMEGA = `omega_hat'  RHO = `rho1_hat'"
local constrained = 0
save "$DIRECTORY/mfg_cregready_hybrid. dta" , replace
     **** END ESTIMATION LOOP
 ** COLLECT ESTIMATES
drop_all
set obs 1
foreach keep in theta1 theta2 rho1 sigma1 {
capture gen double `keep' = ``keep'_hat'
local `keep'_hat = .
}
contract theta * sigma * rho *
capture drop_freq
capture gen omega = rho/( sigma − 1 − ( sigma * rho ) )
replace omega = 0 if omega < 0
capture gen   product = "`good'"
capture gen N = `N'
capture gen cons = `cons'
capture gen ref = "`ref_country'"
capture gen period = `maxt'
capture gen constrained = `constrained'
if(`counter' == 1 ) {
   save "$DIRECTORY/elast_hybrid_hs6_792" , replace
   local counter = `counter' + 1
```

```
}
if(`counter'! = 1) {
cap append using "$DIRECTORY/elast_hybrid_hs6_792"
duplicates drop *, force
cap save "$DIRECTORY/elast_hybrid_hs6_792", replace
}
}
    **** END GOODS LOOP
```

## 程序 2. 计算中国出口产品的关税吸收弹性

```
****** "计算中国出口产品的关税吸收弹性" ***********
set more off
cap log off
cd "E:\exportdata\baci_trade_data\"
forvalues i = 1995/2016 {
use baci92_`i', clear
keep if exporter == 156
save baci92_`i'_exporter_China, replace
}
use baci92_1995_exporter_China, clear
forvalues i = 1996/2016 {
append using baci92_`i'_exporter_China
}
gen price_hs6 = values/ quantities
gen hs6_1 = hs6
tostring hs6_1, replace
gen   yr_imp_hs6 = year1 + importer1 + hs6_1
save "E:\论文发表\可发表的期刊\中国工业经济\baci92_95_16_exporter_Chi-
na. dta", replace
```

```
cd "E:\论文发表\可发表的期刊\中国工业经济\tariff_data_allcountries"
local files:dir "." file "*.CSV"
foreach file in `files'{
    import delimited using `file',case(lower)clear
    save "`file'.dta",replace
}
clear
set more off
cd "E:\论文发表\可发表的期刊\中国工业经济\tariff_data_allcountries"
local files:dir "." file "*.dta"
foreach file in `files'{
    append using "`file'"
}
save "E:\论文发表\可发表的期刊\中国工业经济\tariff_data_allcountries\tariff_
allcountries_95_16.dta",replace
use "E:\论文发表\可发表的期刊\中国工业经济\tariff_data_allcountries\tariff_
allcountries_95_16.dta",clear
gen year1 = year
tostring year1,replace
gen importer1 = reporter_iso_n
tostring importer1,replace
replace importer1 = "00" + importer1 if reporter_iso_n < 10
replace importer1 = "0" + importer1 if reporter_iso_n >= 10 & reporter_iso_n < 100
gen hs6 = productcode
gen hs6_1 = hs6
tostring hs6_1,replace
gen  yr_imp_hs6 = year1 + importer1 + hs6_1
gen importer = reporter_iso_n
replace importer = 490 if importer == 158
```

```
replace importer = 699 if importer == 356

replace importer = 579 if importer == 578

replace importer = 711 if importer == 710

replace importer = 757 if importer == 756

replace importer = 842 if importer == 840

drop importer1

gen importer1 = importer

tostring importer1 , replace

replace importer1 = "00" + importer1 if importer < 10

replace importer1 = "0" + importer1 if importer >= 10 & importer < 100

replace yr_imp_hs6 = year1 + importer1 + hs6_1

save "E:\论文发表\可发表的期刊\中国工业经济\tariff_data_allcountries\tariff_
allcountries_95_16_adjustToCEPII. dta" , replace

use "E:\论文发表\可发表的期刊\中国工业经济\baci92_95_16_exporter_Chi-
na. dta" , clear

drop exporter values   hs2 tvalues_yr_importer_hs2 tquan_yr_importer_hs2 price_yr_
imp_hs2 year1 importer1 hs2_1 yr_imp_hs2 hs6_1

save "E:\论文发表\可发表的期刊\中国工业经济\baci92_95_16_exporter_China
_reduced. dta" , replace

use "E:\论文发表\可发表的期刊\中国工业经济\tariff_allcountries_95_16_ad-
justToCEPII. dta" , clear

drop nomencode reporter_iso_n productcode estcode year1 hs6_1 importer1 sum_
of_rates

save "E:\论文发表\可发表的期刊\中国工业经济\tariff_allcountries_95_16_ad-
justToCEPII_reduced. dta" , replace

use "E:\论文发表\可发表的期刊\中国工业经济\baci92_95_16_exporter_China
_reduced. dta" , clear

merge 1:1 yr_imp_hs6 using tariff_allcountries_95_16_adjustToCEPII_reduced

drop if price_hs6 == . | simpleaverage == .
```

```
sort year importer hs6
save "E:\论文发表\可发表的期刊\中国工业经济\price_tariff_allcountries_95_
16. dta" , replace
use "E:\论文发表\可发表的期刊\经济学家\gravdata. dta" , clear
keep if iso3_o == "CHN"
keep if year > 1994
save "E:\论文发表\可发表的期刊\中国工业经济\gravitydata_95_16. dta" , replace
clear
merge 1:m iso3_d using"E:\论文发表\可发表的期刊\中国工业经济\gravitydata_
95_16. dta"
keep iso3_d importer country year pop_d gdp_d gdpcap_d
save "E:\论文发表\可发表的期刊\中国工业经济\gravitydata_gdp_95_16.
dta" , replace
use "E:\论文发表\可发表的期刊\中国工业经济\price_tariff_allcountries_95_
16. dta" , clear
gen year1 = year
tostring year1 , replace
gen importer1 = importer
tostring importer1 , replace
replace importer1 = "00" + importer1 if importer < 10
replace importer1 = "0" + importer1 if importer >= 10 & importer < 100
gen yr_imp = year1 + importer1
save "E:\论文发表\可发表的期刊\中国工业经济\price_tariff_allcountries_95_
16. dta" , replace
use "E:\论文发表\可发表的期刊\中国工业经济\gravitydata_gdp_95_16.
dta" , clear
gen year1 = year
tostring year1 , replace
gen importer1 = importer
```

```
tostring importer1 , replace
replace importer1 = "00" + importer1 if importer < 10
replace importer1 = "0" + importer1 if importer >= 10 & importer < 100
gen yr_imp = year1 + importer1
duplicates report yr_imp
duplicates list yr_imp
drop if importer == .
duplicates list yr_imp
replace year1 = "1995" if year1 == "."
replace yr_imp = year1 + importer1
save "E:\论文发表\可发表的期刊\中国工业经济\gravitydata_gdp_95_16.
dta" , replace
duplicates list yr_imp
drop in 77
save "E:\论文发表\可发表的期刊\中国工业经济\gravitydata_gdp_95_16.
dta" , replace
merge 1:m yr_imp using"E:\论文发表\可发表的期刊\中国工业经济\price_tar-
iff_allcountries_95_16. dta" , nogen
save "E:\论文发表\可发表的期刊\中国工业经济\price_tariff_allcountries_95_
16_1. dta" , replace
use "E:\论文发表\可发表的期刊\经济学家\elast_USA_hs6Andhs2_importratio_
ISICrev3. 1. dta" , clear
duplicates report hs6
keep hs6 elast elast_hs2_weighted sigma sigma_hs2_mean sigma_hs2_median
merge 1:m hs6 using"E:\论文发表\可发表的期刊\中国工业经济\price_tariff_
allcountries_95_16_1. dta" , nogen
save "E:\论文发表\可发表的期刊\中国工业经济\price_tariff_sigma_allcountries_
95_16. dta" , replace
gen hs3 = int( hs6/1000)
```

```
su importer if importer == 156
drop if importer == 156
save "E:\论文发表\可发表的期刊\中国工业经济\price_tariff_sigma_allcountries_
95_16. dta",replace
use "C:\Users\xiangyonghui\Downloads\Sigmas73countries_9403_HS3digit. dta"
gen hs3 = hs_3digit
by hs_3digit,sort:egen sigma_hs3_Broda = median( sigma)
su sigma_hs3_Broda
by hs3,sort:keep if_n == 1
keep hs3 sigma_hs3_Broda
merge 1:m hs3 using"E:\论文发表\可发表的期刊\中国工业经济\price_tariff_
sigma_allcountries_95_16. dta",nogen
by hs3,sort:egen sigma_hs3_median = median( sigma)
order sigma_hs3_median,after( sigma_hs3_Broda)
save "E:\论文发表\可发表的期刊\中国工业经济\price_tariff_sigmas_allcoun-
tries_95_16. dta",replace
set more off
gen tariff = simpleaverage
gen ln_Q = log( quantities)
gen lngdpcap = log( gdpcap_d)
gsort importer hs6    year
gen ln_price = log( price_hs6)
gen ln_tariff = log( 1 + tariff)
by importer hs6,sort:gen Lag_ln_price = ln_price[ _n - 1]
by importer hs6,sort:gen Lag_ln_tariff = ln_tariff[ _n - 1]
gen Delta_ln_price = ln_price - Lag_ln_price
gen Delta_ln_tariff = ln_tariff - Lag_ln_tariff
order ln_price Lag_ln_price Delta_ln_price ln_tariff Lag_ln_tariff Delta_ln_tariff,af-
ter( year)
```

```
order hs6, after(importer)
gen D_increase = 0
replace D_increase = 1 if Delta_ln_tariff > 0
gen D_decrease = 0
replace D_decrease = 1 if Delta_ln_tariff < 0
gen Delta_ln_tariff_D_inc = Delta_ln_tariff * D_increase
label variable Delta_ln_tariff_D_inc " interactive term of Delta_ln_tariff and D_in-
crease"
gen Delta_ln_tariff_D_dec = Delta_ln_tariff * D_decrease
label variable Delta_ln_tariff_D_dec "interactive term of Delta_ln_tariff and D_de-
crease"
gen Squ_ln_tariff = Delta_ln_tariff^2
gen Cub_ln_tariff = Delta_ln_tariff^3
rename Squ_ln_tariff Squ_Delta_ln_tariff
rename Cub_ln_tariff Cub_Delta_ln_tariff
label variable Squ_Delta_ln_tariff "Square of Delta_ln_tariff "
label variable Cub_Delta_ln_tariff "Cube of Delta_ln_tariff "
gen lnDemand = sigma_hs3_median * log((1 + tariff) * price_hs6)
set more off
reg ln_Q lnDemand i. hs6 i. importer# i. year
predict Resid, resid
gen ln_quality = Resid/(sigma_hs3_median - 1)
gen ln_price_Qadj = ln_price - ln_quality
label variable ln_price_Qadj "quality adjusted log price"
gsort importer hs6   year
by importer hs6, sort: gen Lag_ln_price_Qadj = ln_price_Qadj[_n - 1]
by importer hs6, sort: gen Lag_ln_quality = ln_quality[_n - 1]
gen Delta_ln_price_Qadj = ln_price_Qadj - Lag_ln_price_Qadj
gen Delta_ln_quality = ln_quality - Lag_ln_quality
```

```
gen lnDemand1 = sigma_hs3_Broda * log( ( 1 + tariff) * price_hs6)
reg ln_Q lnDemand1 i. hs6 i. importer# i. year
predict Resid1 , resid
gen ln_quality1 = Resid1/( sigma_hs3_Broda − 1)
gen ln_price_Qadj1 = ln_price − ln_quality1
label variable ln_price_Qadj1 "quality adjusted log price"
gsort importer hs6   year
by importer hs6 , sort:gen Lag_ln_price_Qadj1 = ln_price_Qadj1[ _n − 1]
by importer hs6 , sort:gen Lag_ln_quality1 = ln_quality1[ _n − 1]
gen Delta_ln_price_Qadj1 = ln_price_Qadj1 − Lag_ln_price_Qadj1
gen Delta_ln_quality1 = ln_quality1 − Lag_ln_quality1
save "D:\论文\中国工业经济文件\price_tariff_sigmas_allcountries_95_16_2.
dta" , replace
set more off
reg Delta_ln_price   Delta_ln_tariff lngdpcap i. importer i. hs6
est store m1
reg Delta_ln_price   Delta_ln_tariff Squ_Delta_ln_tariff lngdpcap i. importer i. hs6
est store m2
reg Delta_ln_price   Delta_ln_tariff Squ_Delta_ln_tariff Cub_Delta_ln_tariff lngdp-
cap i. importer i. hs6
est store m3
reg Delta_ln_price   Delta_ln_tariff_D_inc   Delta_ln_tariff_D_dec lngdpcap i. im-
porter i. hs6
est store m4
save "D:\论文\中国工业经济文件\price_tariff_sigmas_allcountries_95_16_2.
dta" , replace
set more off
reg Delta_ln_price_Qadj   Delta_ln_tariff Squ_Delta_ln_tariff Cub_Delta_ln_tariff
lngdpcap i. importer i. hs6
```

```
est store m5
reg Delta_ln_price_Qadj    Delta_ln_tariff_D_inc Delta_ln_tariff_D_dec Squ_Delta_
ln_tariff Cub_Delta_ln_tariff lngdpcap i. importer i. hs6
est store m6
reg Delta_ln_quality    Delta_ln_tariff Squ_Delta_ln_tariff Cub_Delta_ln_tariff lngdp-
cap i. importer i. hs6
est store m7
reg Delta_ln_quality    Delta_ln_tariff_D_inc Delta_ln_tariff_D_dec Squ_Delta_ln_
tariff Cub_Delta_ln_tariff    lngdpcap i. importer i. hs6
est store m8
reg Delta_ln_price_Qadj1    Delta_ln_tariff Squ_Delta_ln_tariff Cub_Delta_ln_tariff
lngdpcap i. importer i. hs6
est store m9
reg Delta_ln_price_Qadj1    Delta_ln_tariff_D_inc Delta_ln_tariff_D_dec Squ_Delta_
ln_tariff Cub_Delta_ln_tariff lngdpcap i. importer i. hs6
est store m10
reg Delta_ln_quality1    Delta_ln_tariff Squ_Delta_ln_tariff Cub_Delta_ln_tariff lngd-
pcap i. importer i. hs6
est store m11
reg Delta_ln_quality1    Delta_ln_tariff_D_inc Delta_ln_tariff_D_dec Squ_Delta_ln_
tariff Cub_Delta_ln_tariff    lngdpcap i. importer i. hs6
est store m12
save "D:\论文\中国工业经济文件\price_tariff_sigmas_allcountries_95_16_2.
dta" , replace
outreg2 [ m1 m2 m3 m4 ] using myfile, excel word replace keep ( Delta_ln_tariff Squ_
Delta_ln_tariff Cub_Delta_ln_tariff lngdpcap ) adjr2
outreg2 [ m5 m6 m7 m8 ] using myfile, excel word replace keep ( Delta_ln_tariff
Cub_Delta_ln_tariff lngdpcap ) adjr2
outreg2 [ m9 m10 m11 m12 ] using myfile, excel word replace keep ( Delta _ln _
```

tariff　Cub_Delta_ln_tariff lngdpcap）adjr2

use "E:\论文发表\可发表的期刊\财贸经济\price_tariff_sigmas_sitc4_allcoun-tries_95_16. dta" ,clear

cd "D:\论文\财贸经济\"

use "D:\论文\财贸经济\price_tariff_sigmas_sitc4_allcountries_95_16. dta" ,clear

set more off

reg Delta_ln_price_Qadj　Delta_ln_tariff_D_homo Delta_ln_tariff_D_diff Squ_Delta_ln_tariff Cub_Delta_ln_tariff lngdpcap i. importer i. hs6

est store m13

reg Delta_ln_price_Qadj　Delta_ln_tariff_D_inc_D_homo Delta_ln_tariff_D_inc_D_diff　Delta_ln_tariff_D_dec_D_homo　Delta_ln_tariff_D_dec_D_diff　Squ_Delta_ln_tariff Cub_Delta_ln_tariff lngdpcap i. importer i. hs6

est store m14

reg Delta_ln_quality　Delta_ln_tariff_D_homo Delta_ln_tariff_D_diff Squ_Delta_ln_tariff Cub_Delta_ln_tariff lngdpcap i. importer i. hs6

est store m15

reg Delta_ln_quality　Delta_ln_tariff_D_inc_D_homo Delta_ln_tariff_D_inc_D_diff　Delta_ln_tariff_D_dec_D_homo　Delta_ln_tariff_D_dec_D_diff Squ_Delta_ln_tariff Cub_Delta_ln_tariff　lngdpcap i. importer i. hs6

est store m16

save "D:\论文\财贸经济\price_tariff_sigmas_sitc4_allcountries_95_16. dta" ,replace

outreg2 ［m13 m14 m15 m16］ using myfile,excel word replace keep（Delta_ln_tariff_D_homo Delta_ln_tariff_D_diff　Delta_ln_tariff_D_inc_D_homo Delta_ln_tariff_D_inc_D_diff　Delta_ln_tariff_D_dec_D_homo　Delta_ln_tariff_D_dec_D_diff Squ_Delta_ln_tariff Cub_Delta_ln_tariff lngdpcap　）adjr2

cd "D:\论文\财贸经济\"

use "D:\论文\财贸经济\price_tariff_sigmas_sitc4_allcountries_95_16. dta" ,clear

set more off

```
reg Delta_ln_price_Qadj   Delta_ln_tariff Squ_Delta_ln_tariff Cub_Delta_ln_tariff
lngdpcap i. importer i. hs6   if D_increase >0 & D_homo ==1
est store m17
reg Delta_ln_price_Qadj   Delta_ln_tariff   Squ_Delta_ln_tariff Cub_Delta_ln_tariff
lngdpcap i. importer i. hs6 if D_increase >0 & D_diff ==1
est store m18
reg Delta_ln_quality   Delta_ln_tariff   Squ_Delta_ln_tariff Cub_Delta_ln_tariff lng-
dpcap i. importer i. hs6 if D_increase >0 & D_homo ==1
est store m19
reg Delta_ln_quality   Delta_ln_tariff Squ_Delta_ln_tariff Cub_Delta_ln_tariff   lng-
dpcap i. importer i. hs6 if D_increase >0 & D_diff ==1
est store m20
save "D:\论文\财贸经济\price_tariff_sigmas_sitc4_allcountries_95_16. dta" , replace
outreg2 [m17 m18 m19 m20] using myfile , excel word replace keep( Delta_ln_tariff
Squ_Delta_ln_tariff Cub_Delta_ln_tariff lngdpcap   ) adjr2
log using "D:\论文\财贸经济\20181022. log" , append
cd "D:\论文\财贸经济\"
use "D:\论文\财贸经济\price_tariff_sigmas_sitc4_allcountries_95_16. dta" , clear
set more off
reg Delta_ln_price_Qadj   Delta_ln_tariff Squ_Delta_ln_tariff Cub_Delta_ln_tariff
lngdpcap i. importer i. hs6
est store m21
reg Delta_ln_price_Qadj   Delta_ln_tariff   Squ_Delta_ln_tariff Cub_Delta_ln_tariff
lngdpcap i. importer i. hs6 if D_increase >0
est store m22
reg Delta_ln_price_Qadj   Delta_ln_tariff   Squ_Delta_ln_tariff Cub_Delta_ln_tariff
lngdpcap i. importer i. hs6 if D_decrease >0
est store m23
reg Delta_ln_quality   Delta_ln_tariff   Squ_Delta_ln_tariff Cub_Delta_ln_tariff lng-
```

```
dpcap i. importer i. hs6

est store m24

reg Delta_ln_quality  Delta_ln_tariff  Squ_Delta_ln_tariff Cub_Delta_ln_tariff lng-
dpcap i. importer i. hs6  if D_increase > 0

est store m25

reg Delta_ln_quality  Delta_ln_tariff  Squ_Delta_ln_tariff Cub_Delta_ln_tariff lng-
dpcap i. importer i. hs6  if D_decrease > 0

est store m26

save "D:\论文\财贸经济\price_tariff_sigmas_sitc4_allcountries_95_16. dta" , replace
outreg2 [m21 m22 m23 m24 m25 m26] using myfile , excel word replace keep( Delta
_ln_tariff Squ_Delta_ln_tariff Cub_Delta_ln_tariff lngdpcap    ) adjr2
log using "D:\论文\财贸经济\20181022. log" , append
cd "D:\论文\财贸经济\"
use "D:\论文\财贸经济\price_tariff_sigmas_sitc4_allcountries_95_16. dta" , clear
set more off

reg Delta_ln_price_Qadj   Delta_ln_tariff Squ_Delta_ln_tariff Cub_Delta_ln_tariff
lngdpcap i. importer i. hs6

est store m27

reg Delta_ln_price_Qadj   Delta_ln_tariff  Squ_Delta_ln_tariff Cub_Delta_ln_tariff
lngdpcap i. importer i. hs6 if D_homo == 1

est store m28

reg Delta_ln_price_Qadj   Delta_ln_tariff  Squ_Delta_ln_tariff Cub_Delta_ln_tariff
lngdpcap i. importer i. hs6 if D_diff == 1

est store m29

reg Delta_ln_quality  Delta_ln_tariff  Squ_Delta_ln_tariff Cub_Delta_ln_tariff lng-
dpcap i. importer i. hs6

est store m30

reg Delta_ln_quality  Delta_ln_tariff  Squ_Delta_ln_tariff Cub_Delta_ln_tariff lng-
dpcap i. importer i. hs6  if D_homo == 1
```

```
est store m31

reg Delta_ln_quality   Delta_ln_tariff   Squ_Delta_ln_tariff Cub_Delta_ln_tariff lng-
dpcap i. importer i. hs6   if D_diff ==1

est store m32

save "D:\论文\财贸经济\price_tariff_sigmas_sitc4_allcountries_95_16. dta", re-
place

outreg2 [m27 m28 m29 m30 m31 m32] using myfile, excel word replace keep(Delta
_ln_tariff Squ_Delta_ln_tariff Cub_Delta_ln_tariff lngdpcap   ) adjr2

set more off
cd"D:\论文\财贸经济\"
use "D:\论文\财贸经济\price_tariff_sigmas_sitc_allcountries_95_16_reduced.
dta", clear

local hs2  1   2   3   4   5   6   7   8   9  10  11  12  13  14  15  16  17  18
          19  20  21  22  23  24  25  26  27  28  29  30  31  32  33  34  35  36  37
          38  39  40  41  42  43  44  45  46  47  48  49  50  51  52  53  54  55  56
          57  58  59  60  61  62  63  64  65  66  67  68  69  70  71  72  73  74  75
          76  78  79  80  81  82  83  84  85  86  87  88  89  90  91  92  93  94  95
          96  97

foreach h of local hs2 {

reg Delta_ln_price_Qadj Delta_ln_tariff_D_inc Delta_ln_tariff_D_dec Squ_Delta_
ln_tariff Cub_Delta_ln_tariff lngdpcap i. importer i. hs6   if hs2 ==`h'

est store price_hs2_`h'

reg Delta_ln_quality Delta_ln_tariff_D_inc Delta_ln_tariff_D_dec Squ_Delta_ln_tar-
iff Cub_Delta_ln_tariff lngdpcap i. importer i. hs6   if hs2 ==`h'

est store quality_hs2_`h'

}

outreg2 [price_hs2_ *] using price_hs2, excel word replace keep(Delta_ln_tariff_
D_inc Delta_ln_tariff_D_dec Squ_Delta_ln_tariff Cub_Delta_ln_tariff lngdpcap   )
adjr2
```

```
outreg2 [ quality_hs2_ * ] using quality_hs2 , excel word replace keep ( Delta_ln_tar-
iff_D_inc Delta_ln_tariff_D_dec Squ_Delta_ln_tariff Cub_Delta_ln_tariff lngdpcap
    ) adjr2
set more off
cd"D:\论文\财贸经济\"
use "D:\论文\财贸经济\price_tariff_sigmas_sitc_allcountries_95_16_reduced.
dta" , clear
local isic2   1   2   5  10  11  12  13  14  15  16  17  18  19  20  21  22  23  24
           25  26  27  28  29  30  31  32  33  34  35  36  40  74  92  93  99
foreach i of local isic2 {
reg Delta_ln_price_Qadj Delta_ln_tariff_D_inc Delta_ln_tariff_D_dec Squ_Delta_ln
_tariff Cub_Delta_ln_tariff lngdpcap i. importer i. hs6    if hs2 == `i'
est store price_isic2_`i'
reg Delta_ln_quality Delta_ln_tariff_D_inc Delta_ln_tariff_D_dec Squ_Delta_ln_tar-
iff Cub_Delta_ln_tariff lngdpcap i. importer i. hs6    if hs2 == `i'
est store quality_isic2_`i'
}
outreg2 [ price_isic2_ * ] using price_isic2 , excel word replace keep ( Delta_ln_tariff_
D_inc Delta_ln_tariff_D_dec Squ_Delta_ln_tariff Cub_Delta_ln_tariff lngdpcap    )
adjr2
outreg2 [ quality_isic2_ * ] using quality_isic2 , excel word replace keep ( Delta_
ln_tariff_D_inc Delta_ln_tariff_D_dec Squ_Delta_ln_tariff Cub_Delta_ln_tariff
lngdpcap    ) adjr2
```

# 参 考 文 献

[1] 陈创练，谢学臻，林玉婷. 全球贸易效率和贸易潜力及其影响因素分析 [J]. 国际贸易问题，2016 (7).

[2] 陈继勇. 中美贸易战的背景、原因、本质及中国对策 [J]. 武汉大学学报（哲学社会科学版）. 2018 (5).

[3] 陈伟光，王燕. 共建"一带一路"：基于关系治理与规则治理的分析框架 [J]. 世界经济与政治，2016，(06)：93 – 112.

[4] 陈勇兵，陈小鸿，曹亮. 中国进口需求弹性的估算 [J]. 世界经济，2014 (2).

[5] 顾振华，沈瑶. 中国进口需求弹性的再计算 [J]. 国际贸易问题，2016 (4).

[6] 郭烨，许陈生. 双边高层会晤与中国在"一带一路"沿线国家的直接投资 [J]. 国际贸易问题，2016 (2).

[7] 贺灿飞，郭琪，邹沛思. 基于关系视角的中国对外直接投资区位 [J]. 世界地理研究，2013，22 (4)：1 – 12.

[8] 洪邮生，孙灿. "一带一路"倡议与现行国际体系的变革：一种与"马歇尔计划"比较的视角 [J]. 南京大学学报：哲学. 人文科学. 社会科学，2016 (6).

[9] 胡鞍钢，马伟，鄢一龙. 丝绸之路经济带：战略内涵、定位和实现路径 [J]. 新疆师范大学学报（哲学社会科学版），2014 (2).

[10] 胡兵，邓富华，张明. 东道国腐败与中国对外直接投资 [J]. 国际贸易问题，2015 (10).

[11] 黄河.公共产品视角下的"一带一路"[J].世界经济与政治，2015（6）：138－155.

[12] 金中夏.中国的"马歇尔计划"：探讨中国对外基础设施投资战略[J].国际经济评论，2012（6）：57－64.

[13] 孔庆峰，董虹蔚."一带一路"国家的贸易便利化水平测算与贸易潜力研究[J].国际贸易问题，2015（12）：158－168.

[14] 雷达.中美贸易战的长期性和严峻程度[J].南开学报（哲学社会科学版），2018（3）.

[15] 李向阳.构建"一带一路"需要优先处理的关系[J].国际经济评论，2015（1）.

[16] 梁琦，吴新生."一带一路"沿线国家双边贸易影响因素研究：基于拓展引力方程的实证检验[J].经济学家，2016（12）.

[17] 刘海云，聂飞.中国制造业对外直接投资的空心化效应研究[J].中国工业经济，2015（4）.

[18] 刘瑞明，赵仁杰.西部大开发：增长驱动还是政策陷阱：基于PSM-DID方法的研究[J].中国工业经济，2015（6）：32－43.

[19] 卢山冰，刘晓蕾，余淑秀.中国"一带一路"投资战略与"马歇尔计划"的比较研究[J].人文杂志，2015（10）.

[20] 马建英.美国对中国"一带一路"倡议的认知与反应[J].世界经济与政治，2015（10）.

[21] 潘镇，金中坤.双边政治关系、东道国制度风险与中国对外直接投资[J].财贸经济，2015（6）.

[22] 裴长洪，樊瑛.中国企业对外直接投资的国家特定优势[J].中国工业经济，2010（7）.

[23] 裴长洪，郑文.国家特定优势：国际投资理论的补充解释[J].经济研究，2011（11）.

[24] 邱立成，杨德彬.中国企业OFDI的区位选择：国有企业和民营企业的比较分析[J].国际贸易问题，2015（6）.

[25] 阮宗泽.中国需要构建怎样的周边[J].国际问题研究，2014（2）.

[26] 王孝松, 翟光宇, 谢申祥. 中国出口增长潜力预测: 基于引力模型的若干情景分析 [J]. 财贸经济, 2014 (2).

[27] 文淑惠, 张昕. 中南半岛贸易潜力及其影响因素——基于随机前沿引力模型的实证分析 [J]. 国际贸易问题, 2017 (10).

[28] 许娇, 陈坤铭, 杨书菲等. "一带一路" 交通基础设施建设的国际经贸效应 [J]. 亚太经济, 2016 (3).

[29] 阎大颖, 洪俊杰, 任兵. 中国企业对外直接投资的决定因素: 基于制度视角的经验分析 [J]. 南开管理评论, 2009 (6).

[30] 杨宏恩, 孟庆强, 王晶等. 双边投资协定对中国对外直接投资的影响: 基于投资协定异质性的视角 [J]. 管理世界, 2016 (4).

[31] 于津平, 顾威. "一带一路" 建设的利益、风险与策略 [J]. 南开学报: 哲学社会科学版, 2016 (1).

[32] 余永定. 中美贸易战的回顾与展望 [J]. 新金融评论, 2018 (3).

[33] 袁其刚, 王玥, 李晓亮. 我们国对金砖国家出口贸易潜力测算: 基于引力模型的实证分析 [J]. 经济与管理评论, 2015 (2).

[34] 张建红, 姜建刚. 双边政治关系对中国对外直接投资的影响研究 [J]. 世界经济与政治, 2012 (12).

[35] 张杰. 中美经济竞争的战略内涵、多重博弈特征与应对策略 [J]. 世界经济与政治论坛, 2018 (3).

[36] 张亚斌. "一带一路" 投资便利化与中国对外直接投资选择: 基于跨国面板数据及投资引力模型的实证研究 [J]. 国际贸易问题, 2016 (9).

[37] 张幼文. 中美贸易战: 不是市场竞争而是战略竞争 [J]. 南开学报 (哲学社会科学版), 2018 (3).

[38] 张宇燕, 管清友. 世界能源格局与中国的能源安全 [J]. 世界经济, 2007 (9).

[39] 钟飞腾. 超越地缘政治的迷思: 中国的新亚洲战略 [J]. 外交评论 (外交学院学报), 2014 (6): 16 - 39.

[40] 宗芳宇, 路江涌, 武常岐. 双边投资协定, 制度环境和企业对外直接投资区位选择 [J]. 经济研究, 2012 (5): 71 - 82.

［41］Abadie A, Diamond A, Hainmueller J. Comparative politics and the synthetic control method ［J］. American Journal of Political Science, 2015, 59 (2): 495 – 510.

［42］Abadie A, Diamond A, Hainmueller J. Synth: An R Package for Synthetic Control Methods in Comparative Case Studies ［J］. Journal of Statistical Software, 2011, 42 (13): 1 – 13.

［43］Abadie A, Diamond A, Hainmueller J. Synthetic control methods for comparative case studies: Estimating the effect of California's tobacco control program ［J］. Journal of the AmericanStatistical Association, 2010, 105 (490): 493 – 505.

［44］Abadie A, Drukker D, Herr J L, et al. Implementing matching estimators for average treatment effects in Stata ［J］. Stata Journal, 2004 (4): 290 – 311.

［45］Abadie A, Gardeazabal J. The economic costs of conflict: A case study of the Basque Country ［J］. AmericanEconomic Review, 2003, 93 (1): 113 – 132.

［46］Abadie A. Semiparametric Difference-in-Differences Estimators ［J］. Review of Economic Studies, 2005 (72): 1 – 19.

［47］Adhikari B, Alm J. Evaluating the economic effects of flat tax reforms using synthetic control methods ［J］. Southern Economic Journal, 2016, 83 (2): 437 – 463.

［48］Alchian A, Allen W. University Economics: Elements of Inquiry ［M］. Indianapolis: Liberty Fund, 2018.

［49］Angrist D, Pischke S. Mostly Harmless Econometrics: An Empiricist's Companion ［M］. Princeton: Princeton University Press, 2008.

［50］Angrist J D, Imbens G W, Rubin D B. Identification of causal effects using instrumental variables ［J］. Journal of the American Statistical Association, 1996, 91 (434): 444 – 455.

［51］Angrist J D, Krueger A B. Instrumental variables and the search for identification: From supply and demand to natural experiments ［J］. Journal of Economic Perspectives, 2001, 15 (4): 69 – 85.

［52］Angrist J D. Lifetime earnings and the Vietnam era draft lottery: evidence from social security administrative records [J]. The American Economic Review, 1990: 313 – 336.

[53] Angrist J, Azoulay P, Ellison G, Hill R, Lu F. Economic Research Evolves: Fields and Styles [J]. American Economic Review, 2017, 107 (5): 293 – 297.

[54] Angrist J, Bettinger E, Kremer M. Long-term educational consequences of secondary school vouchers: Evidence from administrative records in Colombia [J]. American Economic Review, 2006, 96 (3): 847 – 862.

[55] Athey S, Bayati M, Doudchenko N, et al. Matrix completion methods for causal panel data models [R]. National Bureau of Economic Research, 2018.

[56] Athey S, Imbens G W. The state of applied econometrics: Causality and policy evaluation [J]. Journal of Economic Perspectives, 2017, 31 (2): 3 – 32.

[57] Austin P C. An introduction to propensity score methods for reducing the effects of confounding in observational studies [J]. Multivariate Behavioral Research, 2011, 46 (3), 399 – 424.

[58] Baier S L, Bergstrand J H. Do free trade agreements actually increase members' international trade? [J]. Journal of International Economics, 2007, 71 (1): 72 – 95.

[59] Baier S L, Bergstrand J H. Economic determinants of free trade agreements [J]. Journal of International Economics, 2004, 64 (1): 29 – 63.

[60] Baier S L, Bergstrand J H. Estimating the effects of free trade agreements on international trade flows using matching econometrics [J]. Journal of International Economics, 2009, 77 (1), 63 – 76.

[61] Baier S L, Bergstrand J H. The growth of world trade: tariffs, transport costs, and income similarity [J]. Journal of international Economics , 2001, 53 (1), 1 – 27.

[62] Baldwin R, Harrigan J Zeros, Quality, and Space: Trade Theory and Trade Evidence [J]. American Economic Journal: Microeconomics, 2011, 3 (2): 60 – 88.

［63］Baltagi B H, Egger P, Pfaffermary M. Estimating regional trade agreement effects on FDI in an interdependent world ［J］. Journal of Econometrics, 2008, 145（1）: 194 – 208.

［64］Bas M, Mayer T, Thoenig M. From Micro to Macro: Demand, Supply, and Heterogeneity in the Trade Elasticity ［J］. Journal of International Economics, Vol. 108, 2017: 1 – 19.

［65］Behrman J R, Cheng Y, Todd P E. Evaluating preschool programs when length of exposure to the program varies: A nonparametric approach ［J］. Review of Economics and Statistics, 2004, 86（1）: 108 – 132.

［66］Bergstrand J H, Egger P. What Determines BITs? ［J］. Journal of International Economics, 2013, 90（1）: 107 – 122.

［67］Bertrand M, Duflo E, Mullainathan S. How much should we trust differences-in-differences estimates? ［J］. The Quarterly Journal of Economics, 2004, 119（1）: 249 – 275.

［68］Billmeier A, Nannicini T. Assessing economic liberalization episodes: A synthetic control approach ［J］. Review of Economics and Statistics, 2013, 95（3）: 983 – 1001.

［69］Black S E. Do better schools matter? Parental valuation of elementary education ［J］. The Quarterly Journal of Economics, 1999, 114（2）: 577 – 599.

［70］Bound J, Jaeger A, Baker M. Problems with Instrumental Variables Estimation When the Correlation between the Instruments and the Endogenous Explanatory Variable Is Weak ［J］. Journal of the American Statistical Association, 1995（90）: 443 – 450.

［71］Broda C, Greenfield J, Weinstein D. From Groundnuts to Globalization: A Structural Estimate of Trade And Growth ［R］. NBER Working Paper, No. 12512, 2006.

［72］Broda C, Weinstein D E. Globalization and the Gains from Variety ［J］. The Quarterly Journal of Economics, 2006, 121（2）: 541 – 585.

［73］Buckley P J, Clegg L J, Cross A R, et al. The determinants of Chinese outward foreign direct investment [J]. Journal of International Business Studies, 2007, 38 (4): 499 –518.

[74] Bussiere M. Exchange Rate Pass-Through to Trade Prices: The Role of Nonlinearities and Asymmetries [J]. Oxford Bulletin of Economics and Statistics, 2013, 75 (5): 731 –758.

[75] Caliendo L, Parro F. Estimates of The Trade And Welfare Effects of NAFTA [J]. The Review of Economic Studies, 2015, 82 (1): 1 –44.

[76] Carr D L, Markusen J R, Maskus K E. Estimating the knowledge-capital model of the multinational enterprise [J]. The American Economic Review, 2001, 91 (3): 693 –708.

[77] Cerulli Giovanni. Econometric Evaluation of Socio-Economic Programs: Theory and Application [M]. Berlin: Springer-Verlag, 2015.

[78] Cirera X. Who Captures The Price Rent? The Impact of European Union Trade Preferences on Export Prices [J]. Review of World Economics, Vol. 150, No. 3, 2014, 150 (3): 507 –527.

[79] De Long J B, Eichengreen B. The Marshall Plan: History's most successful structural adjustment program [R]. National Bureau of Economic Research, 1991, No. W3899.

[80] Deaton A S. Instruments of development: Randomization in the tropics, and the search for the elusive keys to economic development [R]. National Bureau of Economic Research, 2009.

[81] Dehejia R H, Wahba S. Causal effects in nonexperimental studies: Reevaluating the evaluation of training programs [J]. Journal of the American Statistical Association, 1999, 94 (448): 1053 –1062.

[82] Doudchenko N, Imbens G W. Balancing, regression, difference-in-differences and synthetic control methods: A synthesis [R]. National Bureau of Economic Research, 2016.

[83] Eaton J, Kortum S. Technology, Geography, and Trade [J]. Econometrica, 2002, 70 (5): 1741 –1779.

［84］Egger P, Merlo V. The impact of bilateral investment treaties on FDI dynamics ［J］. The World Economy, 2007, 30 (10), 1536 – 1549.

［85］Eichengreen B, Uzan M. The Marshall Plan: economic effects and implications for Eastern Europe and the former USSR ［J］. Economic Policy, 1992, 7 (14): 13 – 75.

［86］Fally T. Structural gravity and fixed effects ［J］. Journal of International Economics, 2015, 97 (1), 76 – 85.

［87］Feenstra R C. New product varieties and the measurement of international prices ［J］. The American Economic Review , 1994, 84 (1), 157 – 177.

［88］Feenstra RC, Romalis J. International Prices and Endogenous Quality ［J］. The Quarterly Journal of Economics, 2014, 129 (2): 477 – 527.

［89］Felettigh A, Federico S. Measuring the Price Elasticity of Import Demand in the Destination Markets of Italian Exports ［J］. Economia E Politica Industriale, 2011: 127 – 162.

［90］Fisman R. Estimating the value of political connections ［J］. American Economic Review, 2001, 91 (4): 1095 – 1102.

［91］Goldstein M, Khan M S. Income and Price Effects in Foreign Trade ［J］. Handbook of International Economics, 1985 (2): 1041 – 1105.

［92］Grossman G M, Helpman E. Protection for Sale ［J］. American Economic Review, 1994, 84 (4): 833 – 850.

［93］Görg H, Halpern L, Muraközy B. Why Do Within-Firm-Product Export Prices Differ Across Markets? Evidence from Hungary ［J］. The World Economy, 2017, 40 (6): 1233 – 1246.

［94］H Greene. Econometric Analysis (6th Edition) ［J］. Upper Saddle River, New Jersey: Pearson, 2012.

［95］Hallak J C, Schott P K. Estimating Cross-Country Differences in Product Quality ［J］. The Quarterly Journal of Economics, 2011, 126 (1): 417 – 474.

［96］Harrigan J. Technology, Factor Supplies, and International Specialization: Estimating the Neoclassical Model ［J］. The American Economic Review,

1997, 87 (4): 475 - 494.

[97] Harrison G W, List J A. Field experiments [J]. Journal of Economic literature, 2004, 42 (4): 1009 - 1055.

[98] Hayakawa K. Asymmetric Tariff Pass-Through to Trade Prices [R]. JETRO Working Paper, No. 631, 2017.

[99] Heckman J J, Ichimura H, Todd P E. Matching as an econometric evaluation estimator: Evidence from evaluating a job training programme [J]. The Review of Economic Studies, 1997, 64 (4): 605 - 654.

[100] Heckman J J, Ichimura H, Todd P. Matching as an econometric evaluation estimator [J]. The Review of Economic Studies, 1998, 65 (2): 261 - 294.

[101] Heckman J J. Micro data, heterogeneity, and the evaluation of public policy: Nobel lecture [J]. Journal of Political Economy, 2001, 109 (4): 673 - 748.

[102] Heckman J, Ichimura H, Todd P. Matching as An Econometric Evaluation Estimator [J]. Review of Economic Studies, 1998, 6 (2): 261 - 294.

[103] Heckman J. Instrumental variables: A study of implicit behavioral assumptions used in making program evaluations [J]. Journal of Human Resources, 1997: 441 - 462.

[104] Hummels D, Skiba A. Shipping the Good Apples Out? An Empirical Confirmation of the Alchian-Allen Conjecture [J]. Journal of Political Economy, 2004, 112 (6): 1384 - 1402.

[105] Imbens G W, Angrist J D. Identification and Estimation of Local Average Treatment Effects [J]. Econometrica, 1994, 62 (2): 467 - 475.

[106] Imbens G W, Wooldridge J M. Recent developments in the econometrics of program evaluation [J]. Journal of Economic Literature, 2009, 47 (1): 5 - 86.

[107] Imbens G W. Better LATE than nothing: Some comments on Deaton (2009) and Heckman and Urzua (2009) [J]. Journal of Economic literature, 2010,

48 （2）：399 － 423.

［108］ Imbs J, Mejean I. Elasticity optimism ［J］. American Economic Journal: Macroeconomics, 2017 （3）：43 － 83.

［109］ Jang Y J. The impact of bilateral free trade agreements on bilateral foreign direct investment among developed countries ［J］. The World Economy, 2011, 34 （9）：1628 － 1651.

［110］ Jaumotte M F. Foreign Direct Investment and Regional Trade Agreements: The Market Size Effect Revisited ［M］. International Monetary Fund, 2004.

［111］ Jiang W. Have Instrumental Variables Brought Us Closer to Truth? ［J］. Review of Corporate Finance Studies, 2017, 6 （2）：127 － 140.

［112］ Kee H L, Nicita A, Olarreaga, M. Import Demand Elasticities and Trade Distortions ［J］. The Review of Economics and Statistics, 2008, 90 （4）：666 － 682.

［113］ Khandelwal A K, Schott P K, Wei S J. Trade Liberalization and Embedded Institutional Reform: Evidence from Chinese Exporters ［J］. American Economic Review, 2013, 103 （6）：2169 － 95.

［114］ Kohli U. Technology, Duality, and Foreign Trade: The GNP Function Approach to Modeling Imports and Exports ［M］. University of Michigan Press, Ann Arbor, 1991.

［115］ Kolstad I, Wiig A. What determines Chinese outward FDI? ［J］. Journal of World Business, 2012, 47 （1）：26 － 34.

［116］ LaLonde R J. Evaluating the econometric evaluations of training programs with experimental data ［J］. The American Economic Review, 1986：604 － 620.

［117］ Lesher M, Miroudot S. Analysis of the economic impact of investment provisions in regional trade agreements ［J］. OECD Trade Policy Working Papers, 2006 （36）.

［118］ Leuven E, Sianesi B. PSMATCH2: Stata module to perform full Mahalanobis and propensity score matching, common support graphing, and covariate imbalance testing [J]. Statistical Software Components, 2015.

[119] Levy-Yeyati E L, Stein E, Daude C. Regional Integration and the Location of FDI [R]. Inter-American Development Bank (IAD) Working Paper, 2003.

[120] Lu J, Liu X, Wright M, et al. International experience and FDI location choices of Chinese firms: The moderating effects of home country government support and host country institutions [J]. Journal of International Business Studies, 2014, 45 (4): 428 – 449.

[121] Ludema R D, Yu Z. Tariff Pass-Through, Firm Heterogeneity and Product Quality [J]. Journal of International Economics, 2016, 103 (11): 234 – 249.

[122] Mallick S, Marques H. Pass-Through of Exchange Rate and Tariffs into Import Prices of India: Currency Depreciation versus Import Liberalization [J]. Review of International Economics, 2008, 16 (4): 765 – 782.

[123] Manski C F. Learning about treatment effects from experiments with random assignment of treatments [J]. Journal of Human Resources, 1996: 709 – 733.

[124] Mohler L. On the Sensitivity of Estimated Elasticities of Substitution [R]. FREIT Working Paper, 2009.

[125] Morck R, Yeung B, Zhao M. Perspectives on China's outward foreign direct investment [J]. Journal of International Business Studies, 2008, 39 (3): 337 – 350.

[126] Mu R, Van de Walle D. Rural roads and local market development in Vietnam [J]. The Journal of Development Studies, 2011, 47 (5): 709 – 734.

[127] Olarreaga M, Özden Ç. AGOA and Apparel: Who Captures the Tariff Rent in the Presence of Preferential Market Access? [J]. World Economy, 2005, 28 (1): 63 – 77.

[128] Özden Ç, Sharma G. Price Effects of Preferential Market Access: Caribbean Basin Initiative And The Apparel Sector [J]. The World Bank Economic Review, 2006, 20 (2): 241 – 259.

[129] Peinhardt C, Allee T. Failure to Deliver: The Investment Effects of US Preferential Economic Agreements [J]. The World Economy, 2012, 35 (6): 757 – 783.

[130] Peltzman S. Prices Rise Faster Than They Fall [J]. Journal of Political Economy, 2000, 108 (3): 466 – 502.

[131] Quer D, Claver E, Rienda L. Political risk, cultural distance, and outward foreign direct investment: Empirical evidence from large Chinese firms [J]. Asia Pacific Journal of Management, 2012, 29 (4): 1089 – 1104.

[132] Ramasamy B, Yeung M, Laforet S. China's outward foreign direct investment: Location choice and firm ownership [J]. Journal of World Business, 2012, 47 (1): 17 – 25.

[133] Reed R, Lira C, Byung-ki L. Free Trade Agreements and Foreign Direct Investment: The Role of Endogeneity and Dynamics [J]. Southern Economic Journal, 2016, 83 (1): 176 – 201.

[134] Rosenbaum P R, Rubin D B. Constructing a control group using multivariate matched sampling methods that incorporate the propensity score [J]. The American Statistician, 1985, 39 (1): 33 – 38.

[135] Rosenbaum P R, Rubin D B. The central role of the propensity score in observational studies for causal effects [J]. Biometrika, 1983, 70 (1): 41 – 55.

[136] Rubin D B. Estimating causal effects of treatments in randomized and nonrandomized studies [J]. Journal of Educational Psychology, 1974, 66 (5): 688.

[137] Silva J S, Tenreyro S. The log of gravity [J]. The Review of Economics and Statistics, 2006, 88 (4), 641 – 658.

[138] Smith J A, Todd P E. Does matching overcome LaLonde's critique of nonexperimental estimators? [J]. Journal of Econometrics, 2005, 125 (1 – 2): 305 – 353.

[139] Soderbery A. Estimating Import Supply and Demand Elasticities: Analysis and Implications [J]. Journal of International Economics, 2015, 96 (1): 1 – 17.

[140] Stuart A, Matching Methods for Causal Inference: A Review and A Look Forward [J]. Statistical Science, 2010, 25 (1): 1 – 21.

[141] Summers T. China's 'New Silk Roads': sub – national regions and networks of global political economy [J]. Third World Quarterly, 2016, 37 (9): 1628 – 1643.

[142] Te Velde D W, Bezemer D. Regional integration and foreign direct investment in developing countries [J]. Transnational Corporations, 2006, 15 (2): 41 – 70.

[143] Wooldridge M. Econometric Analysis of Cross Section and Panel Data. Cambridge [M]. MA: MIT Press, 2010.

[144] Xu Y. Generalized synthetic control method: Causal inference with interactive fixed effects models [J]. Political Analysis, 2017, 25 (1): 57 – 76.

[145] Yeung H W, Liu W. Globalizing China: The rise of mainland firms in the global economy [J]. Eurasian Geography and Economics, 2008, 49 (1): 57 – 86.